21世纪音乐教育丛书

形体实训教程

XINGTI SHIXUN JIAOCHENG

王　雷　卢　锋◎顾问
张北丽　杨高山◎审定
张潇云　盛丹丹◎主编

西南大学出版社
SWUP
国家一级出版社　全国百佳图书出版单位

图书在版编目(CIP)数据

形体实训教程 / 张潇云，盛丹丹主编 . — 重庆：西南大学出版社，2022.8（2023.6 重印）
ISBN 978-7-5697-1586-6

Ⅰ . ①形… Ⅱ . ①张… ②盛… Ⅲ . ①形体 – 训练 – 高等学校 – 教材 Ⅳ . ① G831.3

中国版本图书馆 CIP 数据核字（2022）第 134500 号

形体实训教程
XINGTI SHIXUN JIAOCHENG

张潇云 盛丹丹 主编

责任编辑：牛振宇
责任校对：朱司琪
封面设计：王玉菊
排　　版：黄金红
出版发行：西南大学出版社（原西南师范大学出版社）
　　　　　地址 重庆市北碚区天生路 2 号
经　　销：新华书店
印　　刷：重庆天旭印务有限责任公司
幅面尺寸：185mm × 260mm
印　　张：19.5
字　　数：390 千字
版　　次：2022 年 8 月　第 1 版
印　　次：2023 年 6 月　第 2 次印刷
书　　号：ISBN 978-7-5697-1586-6

定　　价：59.00 元

编委会 BIANWEIHUI

QIANYAN 前 言

随着我国经济快速的发展，人民生活水平不断提高；移动通信技术、计算机技术、5G 技术、人工智能等科技的发展，使我国人民的生活方式发生了重大的改变。静坐、静卧、伏案时间增长，身体活动时间逐渐变少，导致人群不良体态发生率迅速上升。《形体实训教程》一书，旨在帮助读者形成正确的“身体形态”概念，找到适合自身的形体训练方法。书中内容重点介绍人体形体姿态与肌肉、骨骼的关系；针对“形体与健康”领域的重大理论问题和现实问题，为读者提供姿态检测方法，帮助读者全面对身体状态进行检测，有效指示读者的体态健康状况，同时提供相应的形体训练计划。在体态评测环节不仅有专业的评测方法，还加入了简单易学的自测方式，增强读者在训练时的兴趣，也为课程教师按需施教、因材施教提供有效指导。

本书涉及的多种类型训练组合为团队老师们近 5 年来课堂教学中的自编原创组合。组合将优秀传统文化与中国美学教育元素融入编排作品，希望能通过身心合一的形体训练将社会主义主流价值观根植到“身体”与“内心”深处，通过嵌入人文精神的课程来增强和深化课程思政主体的情感认同，坚持价值引领与榜样力量。

本书适合播音主持专业的学生使用。然而，本书的实用性不仅限于此。本书对表演、空乘、幼教等对形体要求较高的专业也有较大的指导意义，对形体训练初学者或对自身体态有困扰的人群在形体训练方面同样是一本有价值的工具书。

本书由张潇云、盛丹丹主编。全书共三篇九章，其中，张潇云编写第一篇第一章、第二章，第四章第一节、第二节；盛丹丹编写第二篇第二章，第二篇第三章第一节、第二节；杨汪莹露编写第一篇第三章、第三篇第二章；韩冰编写第二篇第一章；陈晨编写第三篇第一章第一节、第三节；袁雨萌编写第三篇第一章第二节、第四节；王芳编写第一篇第四章第三节、第二篇第三章第三节。全书由张潇云统稿。

本书在编写过程中得到了四川传媒学院领导的大力支持与帮助，在此表示衷心的感谢！同时，本书在编写过程中还参考了许多相关教材与资料，在此向有关作者表示诚挚的谢意。书中的示范动作由四川传媒学院有声语言艺术学院教师杨汪莹露、韩冰和四川师范大学舞蹈学院音乐剧专业研究生陈晨及四川传媒学院有声语言艺术学院播音主持专业学生曹羽泉、安江钰完成，在此表示衷心的感谢！

由于编者水平有限，书中难免会有不妥或错误之处，恳请广大读者批评指正。

编　者

2022 年 8 月 1 日

目录
MULU

第一篇　形体训练与体态

第二篇 形体综合训练

第三篇　形体舞蹈训练

第一篇　形体训练与体态

第一章　形体训练与体态

学习提示：通过本章的学习，了解什么是体态，标准的体态是什么，不良体态的危害有哪些。如何在日常生活中预防不良姿势的产生？体态的评测方式有哪些？

第一节 什么是体态

在形体训练中，我们常常提到一个词——“体态”，那么体态到底指的是什么呢？

陈达明在《实用体质学》一书中提出：人体形态主要包括人体测量和观察。在医学上，“体态”一词确切地说描述的是身体各个部位之间的关系，包括它们自然排列的位置，或者从解剖学角度看它们的位置是否契合。而脊柱侧弯、斜肩这类词则是在描述人体的一种先天的状态或是由不良习惯导致的姿态。例如，很多人用手机时脑袋及身体会不自觉前倾，这会导致脊柱顶部的神经受挤压，产生头痛、脖颈僵硬、疲惫等感觉，而反映在体态上的变化最明显的是头前倾、驼背等。

肌肉以不同形式进行收缩，可以让人体随意变换各种姿势。但是，由于受我们平时的不良习惯或其他因素影响，身体习惯性长时间处在同一姿势下，并反复持续这种重复动作，最终造成了肌肉之间的不平衡。在这里要强调的是，这些动作可能并非某种意义上的错误动作或者不良体态，而是指身体处于某一动作持续的时长过长，例如：长时间地弯腰伏案工作会导致腰肌劳损。要想改善这些肌肉劳损的问题，首先要有正确的体态意识，了解身体各个部位的正确位置，并在日常生活中有意识地改变长时间的身体错位的姿势。

我们针对未接触过形体训练课程的学生做了一项调查，几乎百分之九十的学生认为：不良姿态是弯腰驼背、没精打采的样子；良好的体态应该是自信、积极、抬头挺胸，像军人一般笔直地站立。显而易见，对于大多数学生而言，体态的定义是指全身的位置关系，是我们日常生活中身体大多数时间里的外形，是我们刻意或者自然摆放身体各肢体位置的方式。从艺术的角度来说，这是一种为实现审美效果而刻意摆出的造型或姿势。“体态”一词也可以叫作人体的姿势：从解剖学角度来看，它是指人们在站立、行走、坐卧等姿势状态下身体各个部位的排列，是通过身体的肌肉力量、关节及身体各部位的位置之间的平衡来表示的。

第二节 人体体态（姿势）

（一）标准体态

人体在自然放松的状态下直立时，在地球引力的作用下人体各部分对于关节表面的压力应该是均匀分布的。在这种状态下，关节的结构是不会给任何软组织提升张力的，同时肌肉也不需要额外为调整身体姿态而发力。所以，只有当人体的各个关节处于这种“正常”状态下，我们才能认为这个姿势是标准的。

如图 1-1-1、图 1-1-2 所示，标准的姿势是在自然放松状态下，双脚自然站立、眼睛平视前方、双手自然下垂，从侧面观察，耳朵、肩、髋、膝、踝在重心垂直线上。

从正面观察，双耳、双肩关节、两髋关节、双膝关节、两踝关节五条线都能平行于地面且左右五部分到达人体正中线的距离相等。

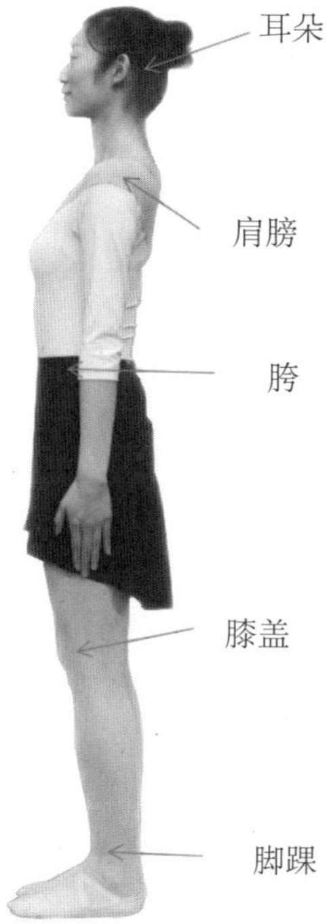

图 1-1-1 标准体态侧面

图 1-1-2 标准体态正面

（二）影响体态的原因

对于有效的形体训练及体态矫正来讲，找到影响体态发生变化的源头是非常关键的。我们暂时抛下先天性和病理性因素，一起来看看影响我们身体体态变化的因素有哪些。

1. 社会环境与文化

每个人生活和成长的环境是个人体态后天形成的直接原因之一，此因素也是目前绝大多数人体态变化的原因。例如，一个长期遭受校园暴力的学生，长期以低头驼背的形态出现在同学老师面前，长此以往不加干预就会发生脊柱椎体之间及肋骨的位置变化。伴随着5G时代的来临，智能化家居的发展让人们的生活质量大幅提升，同时家务劳动的减轻使得某些人运动的时间变少，长时间窝在沙发上刷手机、打游戏，给颈椎、腰椎带来了极大压力。近几年来患颈椎病、腰疼（腰椎间盘突出）的人越来越多，且年轻化的趋势越来越明显。长期让身体处于不良的姿态状态下，如跷二郎腿、单肩背包、走路时低头玩手机等动作，会对我们的身体造成不同程度的损伤，并影响身体肌肉组织的力学结构，最终导致身体的异常体态。

另外，我们也要看到不同国家、不同民族的文化差异对人体体态的影响。例如，日本人民比较喜爱榻榻米，坐时多用盘腿或者跪姿，长时间使用这种方式坐，腿部与臀部肌肉的平衡会被破坏，腿型的问题随之而来。

2. 职业因素

在对学生进行体态评估时，不少家长也非常感兴趣并积极参与其中。在评测完毕后的问卷调查中，我们发现不同的职业环境对人们体态改变的影响也是至关重要的。例如：每天跑车的出租车司机和每天对着电脑的文职人员与从事体力劳动、热爱运动的人群，在体态上的差异是非常明显的。

3. 环境与情绪

这两个方面对体态的影响一般情况下是短暂的。比如，我们在寒冷的冬季，从温暖的空调房来到室外的瞬间，身体直观的感受会使我们不自觉地团身驼背。当然，情绪的不稳定同样也会使身体的姿态发生变化。例如，生气时与人争辩，为了增强气势人们总会提高声量，抬起下巴、挺起胸脯，一副胸有成竹的样子。

4. 年龄因素

人们的体态是随着年龄的增长不断变化的，人体在不同时期肌肉、骨骼的状态决定着体态的状态。随着我们年龄的增长，身体的机制也在发生着变化。身体的软组织弹性开始下降，脂肪层逐步增厚以及骨量的减少，使身体出现驼背、大肚腩、老妇背等形态。例如，我们常常形容一位年轻美貌的女性，身材轻盈、凹凸有致；而对于中年发福的人又以背厚腹坠来形容身材的走样。

5. 运动因素

由于不同运动对身体动作的要求不一样，所以长期参加不同运动的人群体态上的差异性比较明显。例如：长期进行羽毛球运动的人群右臂的力量与灵活性会高于左臂，而长期进行有氧舞蹈训练的人群身体的平衡性会更好。进行游泳运动的人与进行半程马拉松运动的人相对比，前者上肢肌肉相对发达，后者下肢肌肉力量更突出。

6. 性别因素

由于性特征的不相同，男性与女性分泌的激素有所不同，导致他们在体态上的表现也会有各自的特色。成年女性为了能符合孕育下一代的需求，相较于男性来讲在肌肉的需求上没有那么迫切，反而对脂肪的需求量较大。在远古时期，由于男性需要在外捕猎，长时间的奔跑使男性的肌肉更加发达，骨架相对于女性的骨架更加强壮。这些男性与女性由于生存特性带来的身体演变一直保留至今。在今天根据数据的统计，我们依然可以看到成年女性相较于成年男性更容易产生体态走样的问题。

第四节 体态与骨骼肌

一、运动平面

在形体训练与体态调整训练中，因为动作的需要，经常会改变身体的方向和位置，因此了解运动中身体的基本平面是很重要的。运动解剖学描述了骨骼相对于身体的三个基本平面的运动：矢状面、冠状面、水平（横截）面，如图 1-1-3 所示。

（一）矢状面

矢状面，它是将身体分成左右两个部分的平面。人体可以有无数个矢状面，但是，只有将身体平均分为左右两个部分的面才可以称为正中矢状面。运动中的伸展和屈曲一般都发生在矢状面上。例如，在进行体态评估时我们观察学生的骨盆有没有发生前倾或后倾，这就是一个矢状面上的姿势体态变化。

（二）冠状面

冠状面又可以称为额状面，它是将身体从左右两边切分为前后比例相同的两个部分的平面。运动中身体的侧屈、内收、外展等动作都发生在这个面上。例如，在进行体态评测的时候观察学生有没有发生高低肩、脊柱侧弯、骨盆侧倾等问题，这些都属于冠状面上的姿势体态变化。

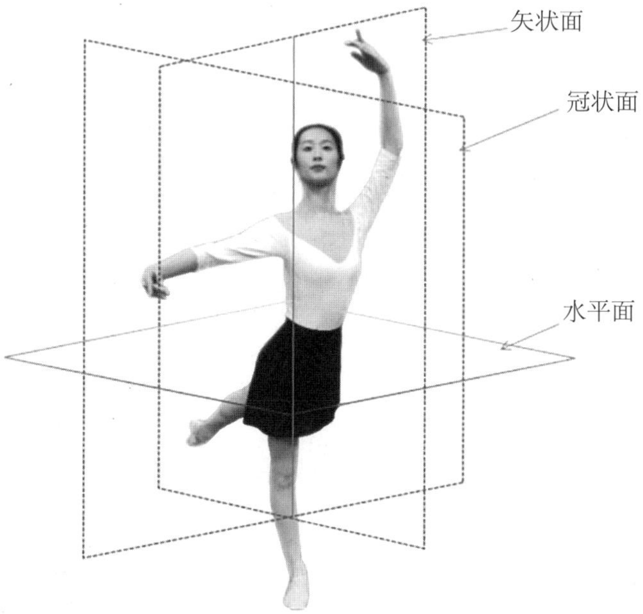

图 1-1-3 运动平面

（三）水平面

水平面也可以称为横截面或横断面，水平面是一个与地面平行的面，是能将身体分为上、下两个部分的平面。几乎所有旋转运动，如肩关节或髋关节的内旋和外旋及躯干的旋转等都发生在水平面上。例如，在体态评测时观察学生肩胛骨是否有内外回旋、骨盆是否有前后旋转等问题，这些都是属于水平面上的姿势体态变化。

三个平面交汇的地方便是身体理想状态下重心的位置，此重心点应该处于人体的第一或第二骶骨前缘的位置，穿过重心的铅垂线是重力线。在了解了身体的三个基本运动平面后，就可以清楚判断出不同运动动作的有效性，并给予体态评测时准确的参考面。

二、骨骼肌

人体拥有大小不一的600多块肌肉，分为心肌、平滑肌和骨骼肌三类。形体训练中所讲的肌肉一般是指骨骼肌，如图1-1-4、图1-1-5所示。骨骼肌是附着在骨骼上的肌肉，属于横纹肌的一种，具有产生运动，维持姿势，保护，产热和液体泵等多种功能。

(1) 骨骼肌的主要功能是牵拉骨骼产生运动，例如肌肉的收缩可以产生走路或手臂的抬举等动作。

(2) 在维持姿势方面，骨骼肌能帮助人体克服重力保持直立的姿势。

(3) 保护功能方面，在人体没有骨骼的部位，骨骼肌

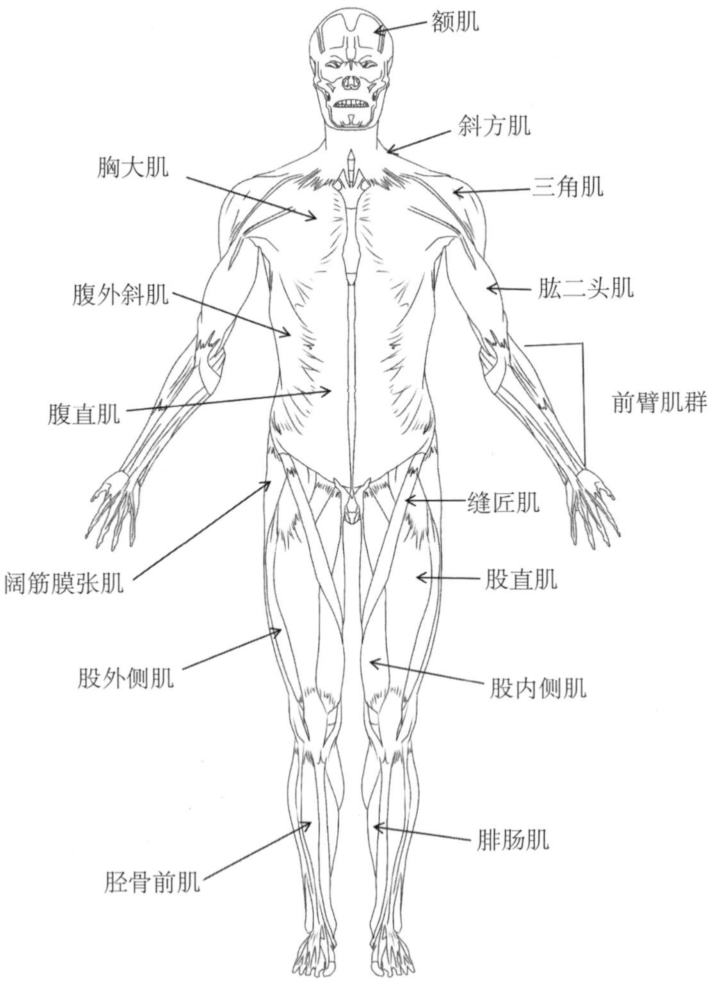

图1-1-4 前方骨骼肌

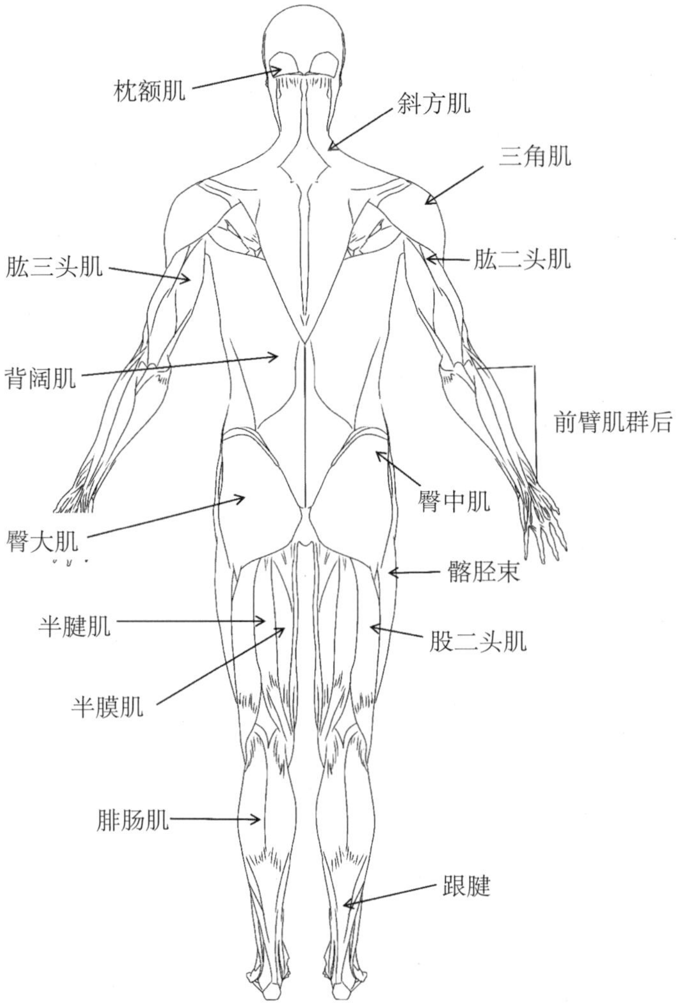

图 1-1-5 后方骨骼肌

起到了保护内部结构的作用。例如，腹部位置是没有骨骼保护的部位，它内部的器官是极易受到外力伤害的，强大的腹部肌群为躯干提供自由活动的同时，还能充分保护腹部内的器官。

（4）产成热量方面，骨骼肌的收缩产生运动的同时，也会产生热量，这种热量的产生就叫产热。骨骼肌产生的能量约 3/4 是热能，当外环境处于寒冷状态人体由此产生颤抖时，这种不自主的肌肉收缩可产生热量用于维持体温。

（5）在血管泵方面的作用，众所周知，骨骼肌的收缩可以促进静脉血和淋巴的回流，尤其是在液体需要克服重力向上逆流的时候。如骨骼肌的收缩可以有效地促进下肢的静脉血从下肢回流到心脏。

二、骨骼肌在运动中的分类

骨骼肌是横纹肌的一种，它是在躯干运动神经的支配下进行收缩运动的，通常情况下这种肢体的运动需要相邻多块肌肉协同作用完成。这类身体运动中参与的肌肉分为：原动肌、拮抗肌、协同肌。在形体训练与体态矫正训练中，了解身体在做每个动作时原动肌、拮抗肌、协同肌各自是哪些肌肉作用，可以避免在形体训练过程中运动损伤的产生，也能提高体态矫正的成效。

（1）原动肌：原动肌又称为主动肌，可以理解为直接主动参与完成运动的肌肉，产生收缩运动。例如，髋关节外展这个动作，原动肌是臀小肌、臀中肌、梨状肌，而其他肌肉是次要肌肉，起辅助作用。

（2）拮抗肌：对原动肌或主动肌起阻力作用的肌肉叫作拮抗肌。我们可以将原动肌和拮抗肌的力看作是正好相反的力。原动肌在收缩时，拮抗肌会逐步放松确保动作的平稳完成；原动肌在收缩时，拮抗肌就会处于自然放松，从反面协助原动肌完成动作。在一般情况下，拮抗肌除了放松外，还在动作的末尾适当地收缩，以避免关节损伤。

（3）协同肌：协同肌又可以叫合作肌。顾名思义协同肌就是在某些特定动作中，对原动肌的收缩加以辅助的肌肉。例如，肩关节外展这个动作，原动肌为三角肌中束、冈上肌，协同肌为三角肌前束、三角肌后束、肱二头肌长头、肱二头肌短头。协同肌有两种作用：一是互相协调促进运动，二是互相协调抵消运动。

三、肌肉收缩的形式

原动肌的三种产生力的方式：向心收缩、离心收缩、等长收缩。

（一）向心收缩

向心收缩又称缩短收缩，是指肌肉主动发力收缩时，肌肉张力增加，长度变短。

1. 特点：内部扭矩大于外力产生的外部扭矩。收缩的时候肌肉近端和远端的附着点相互接近，肌肉内部张力大于外部的阻力。

2. 作用：向心收缩是肌肉运动的主要形式，它是实现动力性运动的基础。例如，在形体训练的跳跃运动中，做屈膝后踢臀跳的时候，股二头肌长头、半腱肌、半膜肌会鼓起来，这是股二头肌、半腱肌、半膜肌在做缩短收缩，肌肉内部的张力没变，但是肌腹的长度缩短所以凸起来，同时引起了膝关节的屈曲运动。

（二）离心收缩

离心收缩又称为退让性收缩，肌肉在尝试收缩时产生主动的力量，但是同时被更强势的外力拉到更加长的长度。肌肉在离心收缩的过程中，由重力所产生的外部扭矩通常会大于肌肉自身产生的内部扭矩。

1. 特点：肌肉内部张力小于外部的阻力，肌肉的长度被拉长。

2. 作用：在肌肉收缩时可以起到控制力量，做出缓冲、制动、减速等动作保护关节、身体。例如：从站立到坐下、将高举的重物放到胸前位置、从高处跳落等动作，相关联的肌肉群做离心收缩是为了避免运动中伤害的发生。

（三）等长收缩

等长收缩就是肌肉内部已经产生了张力，但它的长度依然保持着恒定不变，这时肌肉就发生了等长收缩。这种情况下，肌肉内部的扭矩等于外部的扭矩，此时肌肉内部的张力增加但不会发生关节运动与角度变化。

1. 特点：肌肉内部张力等于外部的阻力，肌肉的长度恒定不变。

2. 作用：肌肉收缩时可以起到支撑、固定、维持某种身体姿势的作用。如：在姿态训练中半脚尖起踵立的动作，一直保持持续控制身体时腿部的肌群就是在做等长收缩。

四、体态调整中几块重要的肌肉

（一）胸锁乳突肌

1. 胸锁乳突肌的位置

胸锁乳突肌是一块根据附着位置来命名的肌肉，它位于颈部的前外侧。分别由一个肌腹和两个头组成，即扁平的锁骨头和细长的胸骨头，两个头汇合后附着于耳后的乳突和上项线的外侧。胸锁乳突肌的肌腹大部分位于颈阔肌下方，由于颈阔肌是一层非常薄的皮肌，所以我们依然可以很容易触摸到胸锁乳突肌。

2. 胸锁乳突肌的功能

胸锁乳突肌的主要运动功能，是使头部向前屈、侧屈、向对侧旋转。

胸锁乳突肌的主要姿势功能，是维持头颈部的平衡和稳定。

长期的头部姿势不正确，使它出现短缩时就会改变头部在颈椎上的位置。例如，头部前倾，双侧的胸锁乳突肌就会处于短缩的状态。如果一侧胸锁乳突肌出现挛缩，就会引起颈部的歪斜。所以，有时候落枕，头部歪向一侧不能活动时，往往就与这块肌肉有着很大的关系。

（二）肩胛提肌

1. 肩胛提肌的位置

肩胛提肌位于颈部后方外侧，也有人称它为提肩胛肌。肩胛提肌起于 1—4 颈椎的横突后结节，止于肩胛骨上角及肩胛冈上方的肩胛骨内侧缘。

2. 肩胛提肌的功能

肩胛提肌不仅有上提肩胛骨的功能，它还有更加重要的作用，就是可以防止头颈部向前移动。在对某大学大二未接触形体训练的 900 多名学生进行体态评测后，发现八成学生伴随有头颈部前倾的现象出现。而头前倾的关键在于肩胛提肌处于过度代偿状态，长期的头前倾会引发肩胛骨上角处的疼痛，并牵涉到颈后部下方的疼痛。此外，如果发现自身肩部有长期紧张高耸的现象也要引起重视，这将会使肩胛提肌过度挛缩导致颈部出现僵硬的现象。由于肌肉在内部张力已经很强大的状态下，强行做拉伸动作会使肌肉更容易受到损伤，所以，放松肩胛提肌的方式不能直接拉伸，应该首先降低肌肉的内部张力。比如，可以通过推拿或热敷的方式来进行处理。

（三）阔筋膜张肌

1. 阔筋膜张肌的位置

阔筋膜张肌是大腿上部前外侧浅层的一块肌肉。在臀部肌肉中体积比较小，大约有三个手指的宽度。它的起点附着于髂前上棘后方的髂嵴上，止于经髂胫束至胫骨外侧髁。

2. 阔筋膜张肌的功能

阔筋膜张肌的主要功能是作用于髋关节，它可以使髋关节前屈、外展。它也是一块强有力的髋内旋肌，它可以通过髂胫束的连接间接地伸展膝关节。很多短跑运动员的阔筋膜张肌是非常发达的，这主要得益于长期屈髋和伸髋的跑步训练。所以，这块肌肉也被称为短跑肌。经常久坐的人由于长期屈髋，其阔筋膜张肌处于紧张短缩的状态。在骨盆前倾或膝外翻的体态中，很多人的阔筋膜张肌往往也是这种紧张状态。所以，调整骨盆前倾或膝外翻，这块肌肉也是需要重点考量的。

阔筋膜张肌的肌力过弱，对我们会有什么样的影响呢？正常状态下阔筋膜张肌的内旋力可以抵消臀大肌的外旋作用，从而保持股骨的中立位，而当阔筋膜张肌的肌力变弱之后，这种平衡状态就无法维持，很多人在日常姿势中就会出现外八字或 O 形腿的体态。这是阔筋膜张肌肌力过弱所引发的最常见的一种问题。

（四）髂腰肌

1. 髂腰肌的位置

髂腰肌是重要且有力的屈髋肌，也是稳定腰椎必不可少的肌肉。它由髂肌和腰大肌构成，少部分的人可能还拥有腰小肌。腰小肌对于 4 足类动物，比如猫和狗来说是一块重要的运动肌肉，但对于我们人类来说却并没有那么重要。所以，我们只需重点了解髂肌和腰大肌。髂肌起于髂窝、髂腰韧带和骶髂前韧带；腰大肌起于第十二胸椎到第四腰椎体侧面，以及第一到五腰椎横突。他们向下汇聚成一束肌腱止于股骨小转子。

2. 髂腰肌的功能

髂腰肌是主要的髋关节屈肌，另外，它还有使腰椎曲度增大和使骨盆前倾的作用。形体训练中坐姿单脚前抬腿就是髂腰肌使髋关节屈曲的表现。另外，在做仰卧起坐的时候，有的人觉得腹部没有太明显的感受，反而腹股沟的感觉较明显，这其实也是髂腰肌用力收缩导致的。因为，仰卧起坐是一个脊柱屈曲和髋部屈曲相结合的动作，如果腹部肌肉力量不够往往就会用屈髋肌来过度代偿，所以，这就是为什么很多人的腹股沟和大腿前侧感觉更强烈的重要原因。此外，髂腰肌的短缩会直接作用于腰椎和骨盆，使腰椎过度前突，从而引发腰痛甚至导致腰椎间盘突出。所以，在体态矫正训练中髂腰肌是一块不可忽视的肌肉。

（五）缝匠肌

1. 缝匠肌的位置

缝匠肌是一块狭窄的扁带状肌肉，肌腹大约两指宽，它是人体最长的肌肉。缝匠肌起于髂前上棘斜向内下方，经过大腿前面止于膝关节内侧的胫骨上端。缝匠肌的命名缘由较多，有一种说法是因为在没有裁缝机的时代，裁缝们在缝制衣服时多盘腿而坐，而做这个动作时这块肌肉动用最多，故其名为缝匠肌。

2. 缝匠肌的功能

从缝匠肌的附着位置我们可以了解，它是一块既能够作用于髋关节也能作用于膝关节的肌肉。作用于髋关节时它可以使髋关节外展、前屈、旋外，作用于膝关节时它可以使膝关节屈曲、旋内。特别是对于维持膝关节内侧的稳定，缝匠肌有着至关重要的作用。

大腿内侧有很多内收肌，但这些肌肉绝大部分都没有跨过膝关节，真正在内侧跨过膝关节的只有这三块肌肉，它们是缝匠肌、股薄肌、半腱肌。它们的肌腱交织在一起就像一只鹅足，所以鹅足腱就是指的这三块肌肉的肌腱复合体。鹅足腱有助于支撑膝关节内侧副韧带，特别是在拉紧的状态下它们可以帮助韧带加强稳定膝关节。所以，缝匠肌如果出现功能障碍，最容易引发膝关节的问题。比如，缝匠肌的肌力不足，可能就会降低膝关节的动态稳定性，而它的紧张短缩或过度使用可能就会引发鹅足腱炎。当然，在体态调整中，我们也会很重视这块肌肉，比如，现在有很多人喜欢跷二郎腿，这会导致缝匠肌过度使用，这类人行走时会有不适感，在跑步时会感到剧烈刺痛。疼痛部位在大腿内侧靠近膝盖部分，甚至连膝盖内侧也会有疼痛感。

第五节 体态与脊柱

在体态评测与形体训练中，脊柱椎体之间良好的位置是体态评估最重要的依据。同时，脊柱的稳定性训练也是形体训练不可分割的一部分。

一、脊柱

脊柱是人体的躯干骨，成人的脊柱由26块椎骨排列组成。如图1-1-6所示，从侧面观察，脊柱有四个生理曲度，由颈椎、胸椎、腰椎、骶骨和尾骨构成。它连接着颅骨、肋骨、髋骨，直接或间接影响着头部、肩部、骨盆、下肢的状态。一个健康的脊柱代表着稳定性和活动性之间良好的平衡，它对于人体姿势排列和运动功能的发挥至关重要。

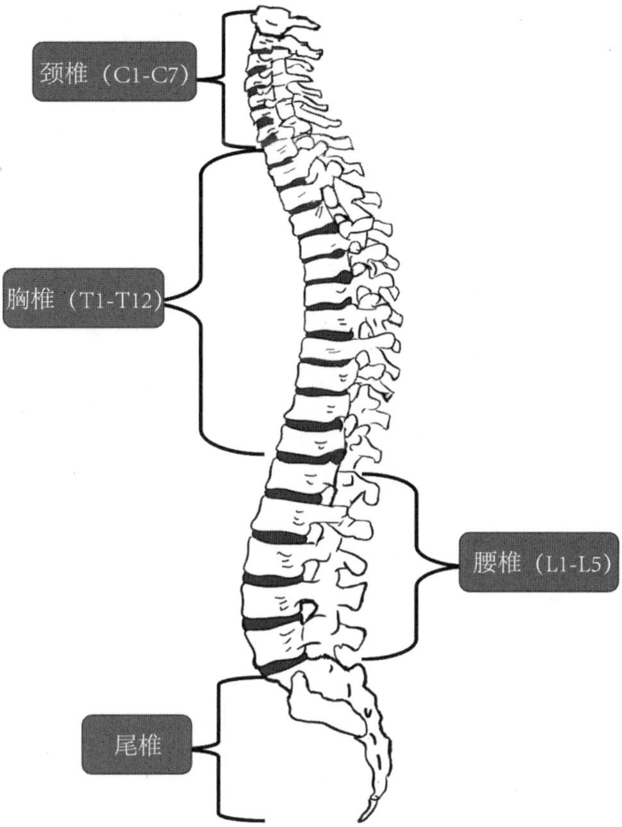

图1-1-6 脊柱

脊柱是人体躯干的中心柱，脊柱的曲线结构提供了更大的强度和弹性，这也使得它可以承受更多的负荷。脊柱最重要的作用就是支撑躯干，并保护脊髓免受伤害。它由椎骨和椎间盘构成，是多关节的柱状结构，脊柱的运动来自各椎骨的复合运动。

椎骨由椎体和椎弓构成，圆柱体结构的叫作椎体（第一颈椎没有锥体），它是脊柱的承重部分，锥体的厚度在每个阶段都是不一样的，而且椎间盘厚度与椎体厚度的比值一定程度上也决定了脊柱的活动性。

椎体和椎弓之间的孔洞叫作锥孔，脊髓通过其中，脊髓是脑的延髓的延续，从枕骨大孔穿出，一直在椎管内行走至腰椎，止于第二腰椎处然后延伸为聚集的神经根，这些聚集性的神经根也被称为马尾。椎弓是椎体的后部结构也被称为神经弓，它由椎弓根、椎板、棘突、横突以及上下关节突构成，关节突关节是一个可动关节，上下关节突决定了脊椎的活动度和方向，并具有一定的承重能力，在健康状态下关节突之间可以彼此滑动。

（一）颈椎

颈椎有 7 块，通常我们用 C1-C7 来表示，它的生理曲度凸向前方。第一颈椎叫寰椎，第二颈椎叫枢椎，它们构成了寰枢关节，寰枢关节是脊柱最灵活的关节。整个颈椎 50% 的旋转发生在寰枢关节，而且这两个椎骨间没有椎间盘，因此缺乏稳定性。它的稳定性主要依赖于关节囊、韧带和周围的肌肉筋膜。

（二）胸椎

胸椎有 12 块，可以用 T1—T12 来表示，它的生理曲度凸向后方。12 个胸椎分别衔接着 12 对肋骨，胸椎、肋骨加上前面的胸骨一起构成了整个胸廓。

（三）腰椎

腰椎有 5 块，可以用 L1-L5 来表示，它的生理曲度凸向前方。腰椎是脊柱中重要的承重阶段。

（四）骶骨和尾骨

骶骨和尾骨构成了骶曲，它的生理曲度凸向后方。骶骨由五个骶椎融合而成，它是连接脊柱和骨盆的桥梁。尾骨由 3 到 5 块尾椎融合而成，它是退化之骨，构成了脊柱的尾端。关于尾骨的功能至今仍有争议。尾骨很容易因为摔倒而发生骨折，尾韧带也很容易拉伤。

二、脊柱的平衡

脊柱的上端是颈椎，与头骨相连接。它是脊柱椎体中体积最小，却是脊柱中活动范围最大、活动频率最高、最为灵活的部分。加之脊椎周围的肌肉相对比较薄弱，所以，颈椎也是最容易发生劳损的地方。胸椎同 12 对肋骨与胸骨组成胸廓，对胸腔内的脏器和组织起到至关重要的保护作用。由于胸椎与肋骨相连，受肋骨的影响它相对更加稳定，在四个椎体中是稳定性最好的部分。腰椎在脊柱中下方，上接胸椎下接脊柱底部盆骨。在稳定身体的动作中，发挥着承上启下的作用。特殊的位置致使胸椎被称为“最累椎体”。

脊柱中段前方主要是腹直肌，两侧的腹内斜肌和腹外斜肌连接着肋骨和骨盆。腹横肌连接下 6 肋（第 7—12 肋）至骨盆，它是位置最深的腹外侧肌，同时也是重要的姿势肌和脊柱稳定肌。髂腰肌也是连接脊柱的肌肉，它和脊柱下段、骨盆以及股骨直接相连接。髂腰肌的紧张或松弛会使脊柱下段处于不稳定状态。髋关节屈肌等长收缩有助于定位并且在不造成腰背部不稳定的情况下收缩髂腰肌。

脊柱下段由竖脊肌和多裂肌所支撑，它们从盆骨向上直至颅底。多裂肌对于身体置位也极为重要，其收缩可以给脊柱温和的压力，从而控制躯干和稳定脊柱。腰方肌位于脊柱两侧，作用是使脊柱能侧屈和伸展腰背部。脊柱两侧力量和柔韧性的平衡会给身体良好定位提供必要的支持。骨盆底连接骨盆的底部和骶骨，位于人体脊柱的底部，给脊柱下段和骨盆以强大的支撑。

第六节 形体体态评测

为了促进学生的健康发展，提高学生的身体素质能力，激励学生积极参加体育运动，教育部、国家体育总局于 2007 年 7 月 4 日颁布了《国家学生体质健康标准》，2014 修订此标准。健康标准中对学生体重指数、柔韧能力做了明确规定。见表 1-1-1、表 1-1-2、表 1-1-3、表 1-1-4。

BMI 的计算公式　$\text{BMI}=\dfrac{\text{体重（kg）}}{[\text{身高（m）}]^2}$

例：张三身高 1.70m，体重 60kg，$\text{MBI}=\dfrac{60}{(1.7)^2}=20.76$

表 1-1-1 男生体重指数（BMI）单项评分表（单位：千克 / 米 ^{2}）

等级	单项得分	一年级	二年级	三年级	四年级	五年级	六年级	初一	初二	初三	高一	高二	高三	大学
正常	100	13.5—18.1	13.7—18.4	13.9—19.4	14.2—20.1	14.4—21.4	14.7—21.8	15.5—22.1	15.7—22.5	15.8—22.8	16.5—23.2	16.8—23.7	17.3—23.8	17.9—23.9
低体重	80	≤ 13.4	≤ 13.6	≤ 13.8	≤ 14.1	≤ 14.3	≤ 14.6	≤ 15.4	≤ 15.6	≤ 15.7	≤ 16.4	≤ 16.7	≤ 17.2	≤ 17.8
超重		18.2—20.3	18.5—20.4	19.5—22.1	20.2—22.6	21.5—24.1	21.9—24.5	22.2—24.9	22.6—25.2	22.9—26.0	23.3—26.3	23.8—26.5	23.9—27.3	24.0—27.9
肥胖	60	≥ 20.4	≥ 20.5	≥ 22.2	≥ 22.7	≥ 24.2	≥ 24.6	≥ 25.0	≥ 25.3	≥ 26.1	≥ 26.4	≥ 26.6	≥ 27.4	≥ 28.0

表 1-1-2 女生体重指数（BMI）单项评分表（单位：千克 / 米 ^{2}）

等级	单项得分	一年级	二年级	三年级	四年级	五年级	六年级	初一	初二	初三	高一	高二	高三	大学
正常	100	13.3—17.3	13.5—17.8	13.6—18.6	13.7—19.4	13.8—20.5	14.2—20.8	14.8—21.7	15.3—22.2	16.0—22.6	16.5—22.7	16.9—23.2	17.1—23.3	17.2—23.9
低体重	80	≤ 13.2	≤ 13.4	≤ 13.5	≤ 13.6	≤ 13.7	≤ 14.1	≤ 14.7	≤ 15.2	≤ 15.9	≤ 16.4	≤ 16.8	≤ 17.0	≤ 17.1
超重		17.4—19.2	17.9—20.2	18.7—21.1	19.5—22.0	20.6—22.9	20.9—23.6	21.8—24.4	22.3—24.8	22.7—25.1	22.8—25.2	23.3—25.4	23.4—25.7	24.0—27.9
肥胖	60	≥ 19.3	≥ 20.3	≥ 21.2	≥ 22.1	≥ 23.0	≥ 23.7	≥ 24.5	≥ 24.9	≥ 25.2	≥ 25.3	≥ 25.5	≥ 25.8	≥ 28.0

表 1-1-3 男生坐位体前屈单项评分表（单位：厘米）

等级	单项得分	一年级	二年级	三年级	四年级	五年级	六年级	初一	初二	初三	高一	高二	高三	大一大二	大三大四
优秀	100	16.1	16.2	16.3	16.4	16.5	16.6	17.6	19.6	21.6	23.6	24.3	24.6	24.9	25.1
	95	14.6	14.7	14.9	15.0	15.2	15.3	15.9	17.7	19.7	21.5	22.4	22.8	23.1	23.3
	90	13.0	13.2	13.4	13.6	13.8	14.0	14.2	15.8	17.8	19.4	20.5	21.0	21.3	21.5
良好	85	12.0	11.9	11.8	11.7	11.6	11.5	12.3	13.7	15.8	17.2	18.3	19.1	19.5	19.9
	80	11.0	10.6	10.2	9.8	9.4	9.0	10.4	11.6	13.8	15.0	16.1	17.2	17.7	18.2
及格	78	9.9	9.5	9.1	8.6	8.2	7.7	9.1	10.3	12.4	13.6	14.7	15.8	16.3	16.8
	76	8.8	8.4	8.0	7.4	7.0	6.4	7.8	9.0	11.0	12.2	13.3	14.4	14.9	15.4
	74	7.7	7.3	6.9	6.2	5.8	5.1	6.5	7.7	9.6	10.8	11.9	13.0	13.5	14.0
	72	6.6	6.2	5.8	5.0	4.6	3.8	5.2	6.4	8.2	9.4	10.5	11.6	12.1	12.6
	70	5.5	5.1	4.7	3.8	3.4	2.5	3.9	5.1	6.8	8.0	9.1	10.2	10.7	11.2
	68	4.4	4.0	3.6	2.6	2.2	1.2	2.6	3.8	5.4	6.6	7.7	8.8	9.3	9.8
	66	3.3	2.9	2.5	1.4	1.0	-0.1	1.3	2.5	4.0	5.2	6.3	7.4	7.9	8.4
	64	2.2	1.8	1.4	0.2	-0.2	-1.4	0.0	1.2	2.6	3.8	4.9	6.0	6.5	7.0
	62	1.1	0.7	0.3	-1.0	-1.4	-2.7	-1.3	-0.1	1.2	2.4	3.5	4.6	5.1	5.6
	60	0.0	-0.4	-0.8	-2.2	-2.6	-4.0	-2.6	-1.4	-0.2	1.0	2.1	3.2	3.7	4.2
不及格	50	-0.8	-1.2	-1.6	-3.2	-3.6	-5.0	-3.8	-2.6	-1.4	0.0	1.1	2.2	2.7	3.2
	40	-1.6	-2.0	-2.4	-4.2	-4.6	-6.0	-5.0	-3.8	-2.6	-1.0	0.1	1.2	1.7	2.2
	30	-2.4	-2.8	-3.2	-5.2	-5.6	-7.0	-6.2	-5.0	-3.8	-2.0	-0.9	0.2	0.7	1.2
	20	-3.2	-3.6	-4.0	-6.2	-6.6	-8.0	-7.4	-6.2	-5.0	-3.0	-1.9	-0.8	-0.3	0.2
	10	-4.0	-4.4	-4.8	-7.2	-7.6	-9.0	-8.6	-7.4	-6.2	-4.0	-2.9	-1.8	-1.3	-0.8

表 1-1-4 女生坐位体前屈单项评分表（单位：厘米）

等级	单项得分	一年级	二年级	三年级	四年级	五年级	六年级	初一	初二	初三	高一	高二	高三	大一大二	大三大四
优秀	100	18.6	18.9	19.2	19.5	19.8	19.9	21.8	22.7	23.5	24.2	24.8	25.3	25.8	26.3
	95	17.3	17.6	17.9	18.1	18.5	18.7	20.1	21.0	21.8	22.5	23.1	23.6	24.0	24.4
	90	16.0	16.3	16.6	16.9	17.2	17.5	18.4	19.3	20.1	20.8	21.4	21.9	22.2	22.4
良好	85	14.7	14.8	14.9	15.0	15.1	15.2	16.7	17.6	18.4	19.1	19.7	20.2	20.6	21.0
	80	13.4	13.3	13.2	13.1	13.0	12.9	15.0	15.9	16.7	17.4	18.0	18.5	19.0	19.5
及格	78	12.3	12.2	12.1	12.0	11.9	11.8	13.7	14.6	15.4	16.1	16.7	17.2	17.7	18.2
	76	11.2	11.1	11.0	10.9	10.8	10.7	12.4	13.3	14.1	14.8	15.4	15.9	16.4	16.9
	74	10.1	10.0	9.9	9.8	9.7	9.6	11.1	12.0	12.8	13.5	14.1	14.6	15.1	15.6
	72	9.0	8.9	8.8	8.7	8.6	8.5	9.8	10.7	11.5	12.2	12.8	13.3	13.8	14.3
	70	7.9	7.8	7.7	7.6	7.5	7.4	8.5	9.4	10.2	10.9	11.5	12.0	12.5	13.0
	68	6.8	6.7	6.6	6.5	6.4	6.3	7.2	8.1	8.9	9.6	10.2	10.7	11.2	11.7
	66	5.7	5.6	5.5	5.4	5.3	5.2	5.9	6.8	7.6	8.3	8.9	9.4	9.9	10.4
	64	4.6	4.5	4.4	4.3	4.2	4.1	4.6	5.5	6.3	7.0	7.6	8.1	8.6	9.1
	62	3.5	3.4	3.3	3.2	3.1	3.0	3.3	4.2	5.0	5.7	6.3	6.8	7.3	7.8
	60	2.4	2.3	2.2	2.1	2.0	1.9	2.0	2.9	3.7	4.4	5.0	5.5	6.0	6.5

续表

等级	单项得分	一年级	二年级	三年级	四年级	五年级	六年级	初一	初二	初三	高一	高二	高三	大一大二	大三大四
不及格	50	1.6	1.5	1.4	1.3	1.2	1.1	1.2	2.1	2.9	3.6	4.2	4.7	5.2	5.7
	40	0.8	0.7	0.6	0.5	0.4	0.3	0.4	1.3	2.1	2.8	3.4	3.9	4.4	4.9
	30	0.0	-0.1	-0.2	-0.3	-0.4	-0.5	-0.4	0.5	1.3	2.0	2.6	3.1	3.6	4.1
	20	-0.8	-0.9	-1.0	-1.1	-1.2	-1.3	-1.2	-0.3	0.5	1.2	1.8	2.3	2.8	3.3
	10	-1.6	-1.7	-1.8	-1.9	-2.0	-2.1	-2.0	-1.1	-0.3	0.4	1.0	1.5	2.0	2.5

一、体态的评测

（一）体态评测的准备

我们现在采用的是“体态评估体系”测量系统。没有专业“体态评估体系”测量系统设备的老师，也可以采取传统的测量方式。

1. 测试所需要的设备

（1）一个温度适宜且私密性较好的场地

（2）体态评估表

（3）体态评估地面脚踏板

（4）记号笔和消毒酒精

（5）肢体角度尺（传统测量）

（6）两把 50cm 尺子（传统测量）

（7）体态评估辅助棒一根（传统测量）

2. 被测者体态评测前的准备

（1）女生建议穿内衣，着装以露出肩胛骨、脊柱为准。

（2）女生扎起头发，不能挡住颈部，露出耳朵。

（3）赤脚，不穿鞋袜。

（4）取下佩戴的饰品。

由于测量时被测者所穿衣服较少，所以一定要保证测试场所的私密性，并要取得被测者的同意。有条件的老师可以和被测者签订“体态评测协议书”，在测试时注意同性测试，身体接触时注意分寸。

（二）传统测量方法

将“体态评估表”张贴到墙上，将“体态评估地面脚踏板”中心线与“体态评估表”中心线对齐，固定脚踏板不能移动。开始测试，被测者站到“体态评估表”前，双脚放到“体态评估地面脚踏板”要求的位置。双脚自然站立，双手自然下垂，身体放松，不要刻意做任何动作。老师一人测试一人记录，分别测量四个面：正面、背面、左右两个侧面。测量方法见表 1-1-5、1-1-6、1-1-7。

表 1-1-5 体态背面测评

测评结论	测量位置	测评方式	涉及肌肉
颈椎侧屈	双耳耳垂	采用背面观察测量的方式，参照体态评估表的辅助线，使用肢体角度尺测量双耳耳垂的位置。测量双耳是否在同一水平面上或者是否存在角度，如果存在角度，测出双耳耳垂的高度差。计量单位为（°），倾斜差为（cm）	斜方肌上束、肩胛提肌、胸锁乳突肌、斜角肌
高低肩	肩胛骨下角	采用背面观察测量的方式，用记号笔找到被测者脊柱（如果有脊柱侧弯者请参考体态表中心线在被测者背部标注）、肩胛骨下角，用记号笔标注好。使用尺子尺测量两个记号的位置，测量是否在一水平面上或者是否有高度差。计量单位为（cm）	斜方肌上束、肩胛提肌、
驼背	肩胛骨下角	采用背面观察测量的方式，用记号笔找到被测者脊柱（如果有脊柱侧弯者请参考体态表中心线在被测者背部标注）、肩胛骨下角，用记号笔标注好。使用尺子测量肩胛骨下角两个记号到脊柱线的长度。测量被测者除大拇指外四指并拢的宽度，与单侧肩胛骨下角记号到脊柱线的长度相对比。单侧肩胛骨下角记号到脊柱线的长度比四指并拢的宽度大，说明有驼背现象。计算出两个数据的差值。计量单位为（cm）	斜方肌下束、小菱形肌、斜方肌上束、大菱形肌、前锯肌
脊柱侧弯	胸椎	采用背面观察的方式，用手触摸胸椎的棘突，用记号笔标注好。参照体态评估表的中心线，观察胸椎是否笔直。如果有明确弯曲度可提示被测者，到医院做 X 光检查。弯曲度数在 20° 以内者可以做体态训练调整	由于脊柱侧弯的成因比较复杂，可能有长短腿、受伤、先天因素、脊柱代偿等因素，因此，涉及肌肉不具体描述

表 1-1-6 体态正面测评

测评结论	测量位置	测评方式	涉及肌肉
骨盆侧倾	骨盆两侧的 ASIS（髂前上棘）	采用正面观察测量的方式，参照体态评估表的水平辅助线，找到被测者骨盆两侧的 ASIS，使用肢体角度尺测量骨盆两侧的 ASIS 的位置，用记号笔标注好。测量两个标记点是否在同一水平面上或者是否存在角度，如果存在角度，测出骨盆两侧的 ASIS 的高度差。计量单位为（°），倾斜差为（cm）	骨盆侧倾一般会伴随脊柱侧弯。腰方肌、长收肌、耻骨肌、大收肌、短收肌、臀中肌、臀小肌、梨状肌
膝内翻（O 形腿）	膝关节	采用正面观察测量的方式，请被测者双侧踝关节内侧尽可能靠拢。如果双膝内侧无法并拢，使用尺子测量出双膝内侧距离。计量单位为（cm）	髂胫束、股二头肌、股薄肌、半膜肌、半腱肌
膝外翻（X 形腿）	膝关节	采用正面观察测量的方式，请被测者双侧踝关节内侧尽可能靠拢。如果双膝内侧并拢，但双侧踝关节内侧却无法靠拢。使用尺子测量出双侧踝关节内侧的距离。计量单位为（cm）	髂胫束、股二头肌、股薄肌、半膜肌、半腱肌

表 1-1-7 体态侧面测评

测评结论	测量位置	测评方式	涉及肌肉
头前倾	单侧耳垂	采用侧面观察测量的方式，参照体态评估表的垂直中心辅助线，耳垂在中心线位置为正常，耳垂向前移为头前倾。使用尺子测量耳垂到中心辅助线的距离。计量单位为(cm)	胸锁乳突肌、前斜角肌、枕下肌
圆肩	中指指尖	采用侧面观察测量的方式，参照体态评估表的垂直中心辅助线，将体态评估辅助棒放到脚部侧面重心的位置，与体态评估表的垂直中心辅助线一致。观察被测手臂、手与辅助棒的位置，如手臂向前移动是圆肩、驼背的表现。使用尺子量出中指到辅助棒的距离。计量单位为（cm）	斜方肌、斜角肌、背阔肌、大圆肌、肩胛下肌、胸大肌、胸小肌、冈下肌、菱形肌、前锯肌
骨盆前倾		采用侧面观察的方式，正常人的骨盆都有一定角度的前倾，只要腰椎没有不适感，可以不用过多关注。如果发现腰椎曲度加大，被测者反映有腰疼状态，需建议到正规医院做骨盆 X 光片评估整体脊柱骨盆力线是否平衡	
骨盆后倾		采用侧面观察的方式，目测腰部曲线，如发现正常的腰部曲线消失，则被测者有骨盆后倾现象	腰方肌、长收肌、耻骨肌、大收肌、短收肌、臀中肌、臀小肌、梨状肌

二、体态调整的原则

（一）体态调整的统一性

在体态评测时，我们不能只做体态单一问题评测，通常我们会发现当被测者出现具象性体态问题时，相关联的其他身体部位也会发生改变。比如进行体态评测后发现被测者有骨盆后倾的现象，这时观察被测者整体形态，你会发现被测者还会有塌腰、驼背、头前倾等一系列的问题。因此，我们在进行训练调整时，要考虑到相互影响的关联部位的肌肉力调整。

（二）体态调整的持久性

体态调整和训练不能操之过急，不良体态的形成原因大多是身体长期处于某种姿势状态，或不正确的用力习惯引起的支配关节的肌肉力学失衡。本身的形成过程比较漫长，解决它的过程也需要抽丝剥茧般的耐心，并要有持之以恒的意志。

（三）体态调整的习惯性

在调整训练中，一定要注意在坚持训练改善肌肉问题的同时，改变平时惯用的不良姿态，如瘫坐、跷二郎腿、单肩背包等动作。在日常的生活、工作和学习中尽量养成良好的体态姿势习惯。如，不久坐、久躺；坐在电脑旁工作一段时间后一定要起身活动；注意玩手机、电脑时的姿势正确；等等。常运动保持良好身体素质减轻工作、生活和学习带来的压力，调整好情绪保持良好心情，也是体态调整训练的一个重要环节。

三、 体态评估的意义

（一）体态评估的心理健康意义

我们做体态评估的目的就是为学生提供很多蛛丝马迹，暴露出学生身体的真实情况，比如或新或旧的外伤，或轻或重的病变等。有趣的是，我们会发现身体的姿态也会透露出对自身的感知，例如喜怒、哀乐、恐惧、自卑、自信。我们通常在某种特定的情绪下会本能地做出相应的身体姿态。在课堂教学中，我们用了“猜、猜、猜”的游戏方式让学生体会情绪与身体姿态的关系。游戏中，老师准备了表示正面情绪和反面情绪的两类对比明显的词、短语或句子，让一名学生根据提示不能说话只用身体做出表达，其他同学猜这位同学表达的意思。从游戏中可以看出同学们在遇到表示反面情绪的词语时身体姿态的运动方向会不自觉地指向地心方向。如“垂头丧气”“生病肚子疼”“知道自己犯错主动向他人道歉”。而面对表示正面情绪的词语时身体姿态的运动方向也会自然地远离地心，如“兴高采烈”“人逢喜事精神爽”。而当我们让学生全部闭上眼睛做同样一个情绪的动作时，绝大多数学生身体表达动作都十分类似。

对此，我们也在尝试通过体态评测和形体训练，帮助某些心理上出现问题的同学，对其进行有效的帮助和改善。

（二）体态评估的教学意义

课堂程序规范教师和学生在教学过程中的行为，因材施教创新教学才能促进学生对技术掌握，并预防意外伤害的出现。

体态评测能帮助老师实施有针对性的矫正训练，同时防止和控制学校体育运动伤害事故的发生并减少其所造成的相关损伤。帮助建立健全《国家学生体质健康标准》，动态监测影响学生身体健康的成因。

体态评测还可以用作为老师判断学生的训练矫正是否有效的依据以及健康的标准。传统的形体课程教学的重点偏向于，提高学生的身体协调、肢体优美程度，忽视了学生体态与健康的关系。对于学生的体态问题虽然有所认识，但未真正引起重视。学生的体态变化也能反映出学生体质健康状况，有的学生在体质达标检测中达标了，但是我们在体态评估时发现他们的体态依旧有问题，生活和学习中的姿势习惯也没有改善。如：长时间躺在床上或椅子上使用手机，使他的头部前倾并且伴有双耳高低不平的症状，肩部和颈部有疼痛不适感。要真正解决这些健康问题，提高他们的身体素质， 就应该对这类人群的体态做出科学的评价，提供具有强针对性的教学内容和教学方法，比如有效的运动项目、运动强度、运动方式等，并督促学生建立良好的生活、学习习惯。

思考与练习

1. 你的体态有什么问题？
2. 体态的自测方式有哪些？
3. 影响体态的主要肌肉有哪些？

第二章　体态的调整训练

学习提示：通过本章的学习，你将会了解到日常生活中常见不良体态的形成原因和调整训练方式。

训练前需要准备的物品见图 1-2-1。

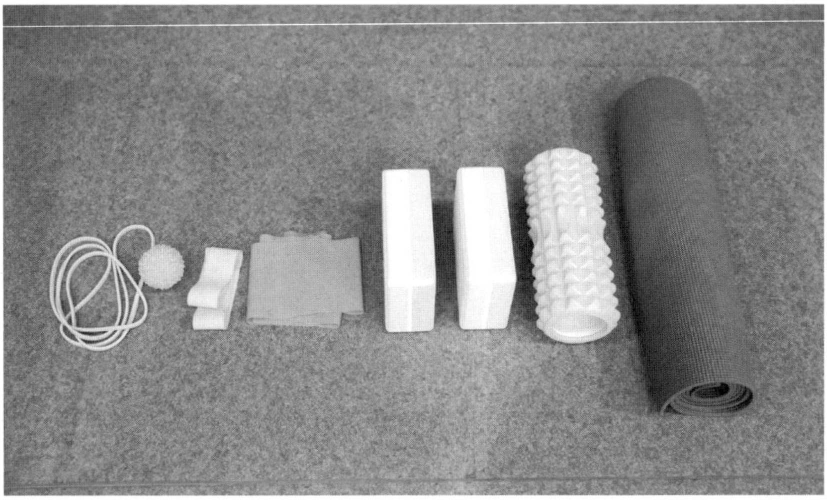

图1-2-1

第一节　“O”形腿的矫正

一、什么是“O”形腿

“O”形腿俗称“罗圈腿”，体态评估中称为：膝内翻。在体态评估测评中，被测者处于静止放松状态，双足跟、双足掌并拢，双腿直立评估时，两膝存在距离者，我们判断为“O”形腿。

一般情况下根据静态膝距和主动膝距两个指标，判断“O”形腿的轻重程度。以下数据来源于医学上对“O”形腿严重程度等级的划分，供读者参考。

静态膝距指的是直立时两足踝部靠拢、双腿和膝关节放松时，双膝关节内侧的距离。

主动膝距指的是直立时两足踝部靠拢、腿部和膝关节向内用力并拢，双膝关节内侧的距离。

根据双膝距离的大小，“O”形腿分为Ⅰ度、Ⅱ度、Ⅲ度和Ⅳ度

Ⅰ度：静态膝距在3cm以下，主动膝距为0；

Ⅱ度：静态膝距在3cm以下，主动膝距＞0；

Ⅲ度：静态膝距在3-5cm之间；

Ⅳ度：静态膝距＞5cm。

二、“O”形腿形成的原因

“O”形腿形成的原因是多种多样的，在这里排除天生畸形、疾病和外力伤害所导致的“O”形腿。一般情况下有以下几种比较常见的原因。第一，不正确的姿势。只有当我们的膝关节处于正常位置时，股骨、髌骨和胫骨相互作用的受力面才均衡，日常生活中长期的不正确姿势导致腿部肌肉力学失衡，比如长期跷二郎腿、外八字行走、站立时喜欢脚外侧着地等，这些动作使膝关节发生位移，受力面发生改变。表象上会直观发现双膝内侧出现缝隙距离。第二，走路时不正确的发力方式，也是引起“O”形腿的重要原因之一。走路是一个上下肢身体联动性的动作，尤其是下肢三大关节，即髋关节、膝关节、踝关节协调性配合动作。当踝关节平衡性降低，在行走时由足跟触地期过渡到全足触地期再到支撑相中期这一过程中，就会很容易发生重心偏移。重心偏向外侧，加上行走时大腿外侧肌群发力，内侧肌群基本不发力，慢慢就会导致膝关节发生内翻。第三，在身体发育的时期因为营养不良导致身体缺少钙、磷等元素也有可能造成“O”形腿。

三、矫正“O”形腿的练习

（一）激活肌肉

器械：瑜伽垫、泡沫棒

训练：侧卧，将一侧大腿外侧放到泡沫棒上，来回滚动泡沫棒，利用自身重力刺激腿部肌肉。感到所刺激的肌肉有发热感，换另一条腿。同样动作，将一侧大腿内侧放到泡沫

棒上，来回滚动泡沫棒，利用自身重力刺激腿部肌肉，感到所刺激的肌肉有发热感，换另一条腿。如图 1-2-2。

* 注意：大腿肌肉会有疼痛感，每个人的疼痛感知不一样，只要是在自身承受范围就一定要坚持。

（二）拉伸大腿内侧肌肉

器械：瑜伽垫

训练：拉伸髋关节外侧的肌群。首先俯身单脚跪姿到瑜伽垫上，跪姿腿 90° 向内将小腿放于身体前侧垫子上。另一侧的腿向后伸直。一只手按住前腿膝盖，一只手按住前腿踝关节。俯身向前拉伸肌群，每组 30—40 秒，做 4—6 组为佳。见图 1-2-3。

* 注意：膝盖方向朝向地面，不要翻胯、掀胯；俯身向下时，要保持腰背挺直，不要做驼背、弓腰的动作。

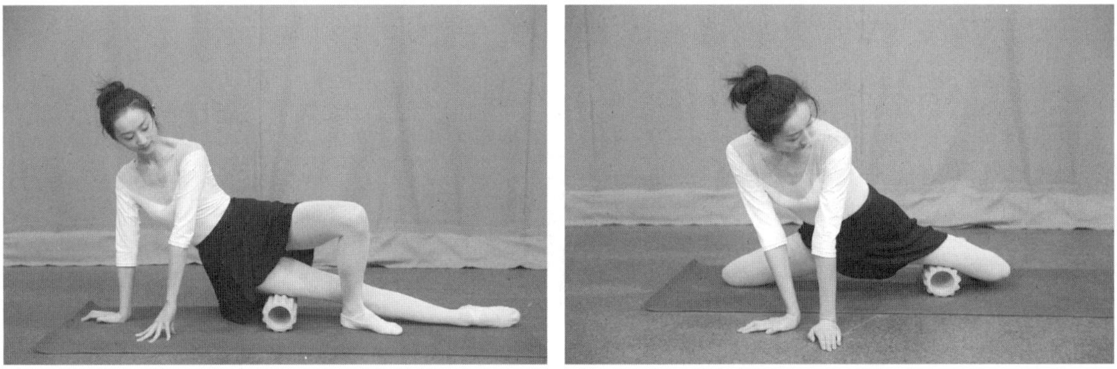

图 1-2-2

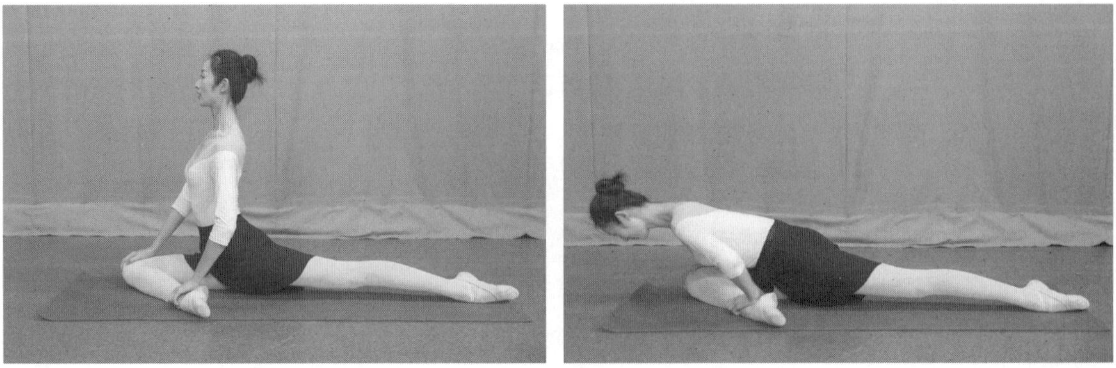

图 1-2-3

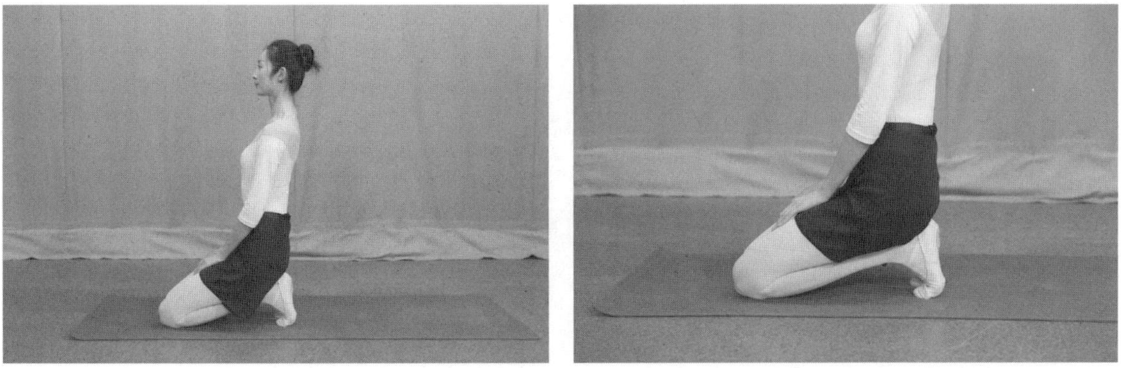

图1-2-4

（三）拉伸踝关节

器械：瑜伽垫

训练：双腿并拢跪姿于瑜伽垫上，全脚趾着地，在保持背部挺直的状态下，将自己的臀部坐在后脚跟上，用自身重量压脚后跟，时间维持2分钟左右为一组，做3组为佳。见图1-2-4。

*注意：脚部柔韧不好的同学可以根据自身能力来完成，在整个过程中脚部肌肉感受会很明显，只要是在自身承受范围就一定要坚持。整个过程，一定保持背部挺直，坐下去的时候保持双脚并拢不分开。

（四）肌肉力量

1. 训练一

器械：15磅弹力带、把杆

训练：将弹力带套于膝盖上，双脚脚尖正向前方，一手扶把杆一手七位手准备，1-4拍下蹲，5-8拍起身还原为一个完整动作。10个为一组，整体练习重复3-4组为佳。见图1-2-5。

*注意：下蹲时，保证内侧肌肉发力，膝盖始终对着正前方；下蹲时重心在脚后部，膝盖不超过脚尖为准；下蹲到90°即可。

图1-2-5

图1-2-6

2. 训练二

训练：面向墙站立双脚站距略比肩宽，保持膝盖和脚尖外开，双手七位准备。1 至 4 拍深蹲，5 至 8 拍起身还原为一个完整动作。15—20 个为一组，整体练习重复 4—6 组为佳。见图 1-2-6。

* 注意：沿着墙蹲下时，尽量保持挺胸。

（五）外旋伸髋

器械：瑜伽垫

训练：俯身平躺于瑜伽垫上，双手放于头下方。双脚分开与肩同宽，屈膝保持宽度，脚后跟靠拢。将膝关节抬离地面，时间维持 1 分钟左右为一组，做 4—6 组为佳。(如图 1-2-7)

* 注意：抬膝时骨盆尽量保持不动，感受大腿后侧和臀部发力，腰部不发力。

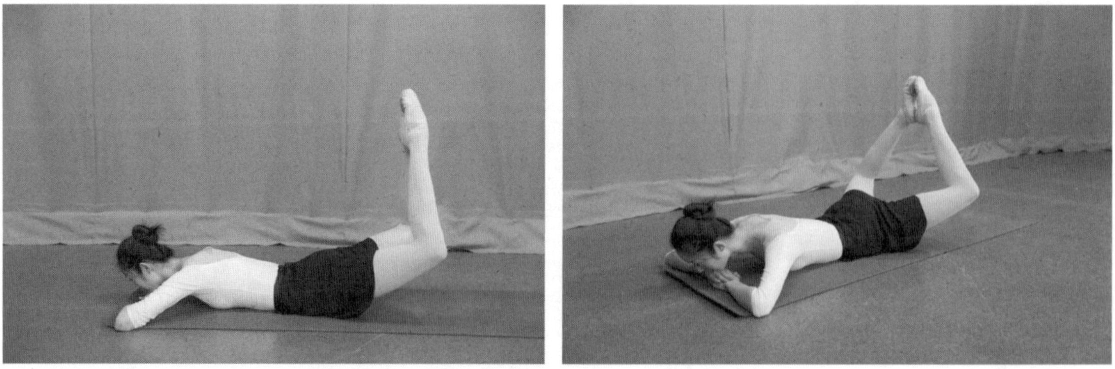

图1-2-7

第二节　“X”形腿的矫正

一、什么是“X”形腿

“X”形腿在医学上被称为膝外翻，从外形上观测也有人称它为膝内扣。“X”形腿指的是膝关节髌骨向内使得大腿（股骨）与小腿（胫骨）有一定的夹角，膝内扣绝大多数情况下都伴有股骨相对胫骨过度内旋。

医学上定义 Q 角（Quadricep Angle），是指髂前上棘至髌骨中心连线与髌骨中心至胫骨结节连线的夹角。简单来说，Q 角是一个角度，其角度越大时，髌骨就越容易跑偏，膝关节的稳定性就越差。一般情况下，男性的 Q 角的角度在 10° -15°，女性的 Q 角的角度在 12° -18°，当被测者的 Q 角的角度大于 20° 时，就会被认定为膝外翻，也就是“X”形腿。

运动康复学认为 Q 角的角度是评估膝关节功能的一个重要技术因素。当 Q 角超出正常范围时，意味着肌肉失衡的概率会变大，而且会增加在冠状面上（可以简单理解成侧方向运动）的膝盖受伤的概率。比如在很多的运动项目中，矢状面上（前后方向运动）的激烈运动膝关节一般不会损伤，但在有着侧向的急停与跳跃等的项目中或者落地时关节并没有很好地对位时，膝关节更倾向于向内塌陷并且施加压力在前交叉韧带 ACL 上，此时膝关节受伤的概率便会增加。平时的日常姿势、运动动作模式加上 Q 角的角度异常，多种因素综合在一起就导致膝关节受压劳损、髌骨滑动轨迹异常等问题，最终导致膝关节受伤概率倍增。

“X”形腿的症状：

①走路姿势改变；

②脚踝和臀部疼痛；

③平衡感降低；

④跛行（走路有一瘸一拐的感觉）；

⑤膝盖疼痛；

⑥有时腰部有痛感；

⑦严重的“X”形腿，长期下去会导致半月板撕裂、关节损伤和骨关节炎。

二、“X”形腿形成的原因

“X”形腿同前面讲到过的“O”形腿一样，是存在天生畸形的成因的。当然，在这里我们依然要排除这类情况与后天疾病导致的因素。下面我们来谈谈几种常见的由后天习惯问题造成的膝外翻。首先，体重偏重的人群，其足弓曲度消失形成扁平足，在站立时双脚重心偏向脚内侧。扁平足人群在行走时，由足跟触地期过渡到全足触地期再到支撑相中期这一过程中重心偏向脚内侧，股骨发生向内旋转的动作，胫骨相反外旋，踝关节也随之外翻。长此以往形成“X”形腿。其次，我们也可以观察到这一腿形在女生中的比例较大，那是由于女生生育需要比男性更宽大的骨盆，Q角角度大于男性，当女性生育后或日常姿态习惯不好时，比男性更容易发生膝盖外翻现象。再次，“X”形腿的形成，也有可能是日常穿着的鞋子所造成的，或者在做某些动作时姿态不准确使大腿内收肌群过于紧张，而外侧肌群能力薄弱，迫使股骨向内旋转膝关节稳定性被打破，最终逐步形成“X”形腿。最后，“X”形腿的形成也可能是膝关节韧带松弛的原因，特别是膝关节内侧副韧带，它是限制膝盖外翻的保持绳，一旦过于松弛不仅会使膝盖外翻，膝关节外侧两端骨头挤压到一起，承受过度压力，还会增加外侧软骨面的磨损致使膝关节外侧部分发生关节炎或更严重的情况。

三、矫正“X”形腿的练习

（一）激活肌肉

1. 器械：瑜伽垫、泡沫棒

训练：侧卧，将一侧大腿外侧放到泡沫棒上，来回滚动泡沫棒，利用自身重力来回刺激腿部肌肉。感到所刺激的肌肉有发热感，换另一条腿。同样动作，将一侧大腿内侧放到泡沫棒上，来回滚动泡沫棒，利用自身重力来回刺激腿部肌肉，感到所刺激的肌肉有发热感，换另一条腿。(如图 1-2-2)

*注意：大腿肌肉会有疼痛感，每个人的疼痛感知不一样，只要是在自身承受范围就一定要坚持。

2. 器械：瑜伽垫

训练：身体侧卧于瑜伽垫上，单侧身体着地，单侧屈肘，手肘下侧和屈膝单侧腿外侧着地，紧贴地面。做练习时两脚始终并拢，上腿向上打开，打开时呼气收回时吸气。两边各 15—20 个为一组，整体练习重复 2—3 组动作为佳。(如图 1-2-8)

* 注意：在整个过程中，不要含胸、弓腰，保持一侧身体紧贴地面。

（二）拉伸髋关节内收肌群

器械：瑜伽垫

训练：屈膝坐于瑜伽垫上，膝盖向外打开，双脚脚底相对。双手向前抓住踝关节，前屈俯身向前拉伸时，手肘屈肘抵住大腿内侧将双腿向下压，每组 30—40 秒，做 4—6 组为佳。(如图 1-2-9)

* 注意：腿部柔韧较差的人，膝盖会比较高，没有关系，只要大腿内侧有拉伸感即可。拉伸时，身体要放松，方向朝向地面，不要翻胯、掀胯；俯身向下时，要保持腰背挺直，不要做驼背、弓腰的动作。

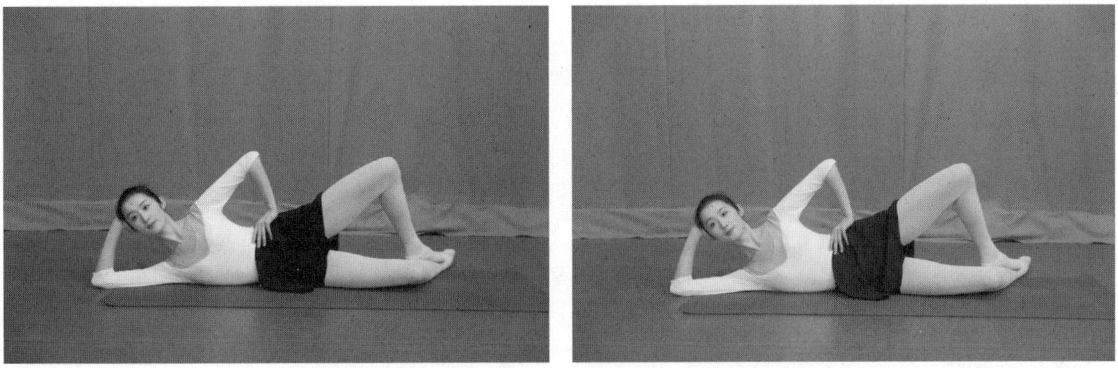

图 1-2-8

图 1-2-9

（三）加强髋外旋肌群强化

1. 训练一

器械：瑜伽垫

训练：身体侧卧于瑜伽垫上，单侧身体着地，着地手屈肘手撑头。着地腿伸直，让胯和脚后跟保持在一条直线。匀速抬起上面的腿，集中注意力感受发力点集中在臀外侧。抬起时呼气回收时吸气。两边各 15—20 个为一组，整体练习重复 2—3 组动作为佳。(如图 1-2-10)

* 注意：整体练习时保持着地腿伸直，脚尖始终向前，时刻防止脚尖向上。

2. 训练二

器械：弹力带

训练：侧对把杆站立准备，将弹力带一端固定在把杆上，另一端套入外侧腿膝盖位置，内侧腿后侧一步。做弹力带弓步蹲。两边各 15—20 个为一组，整体练习重复 2—3 组动作为佳。(如图 1-2-11)

* 注意：整体练习时弹力带腿膝盖要保持中立，感受大腿外侧肌肉的发力。后脚屈伸在 90° 为宜，保持挺胸抬头收腹。

图 1-2-10

图 1-2-11

第三节　高低肩的矫正

一、什么是高低肩

高低肩就是双肩没有在一个水平面上，从身体后方观察肩胛骨的位置不在正常状态。外观身体整体表现为一侧肩膀高，一侧肩膀低。高低肩基本分为两类：结构性高低肩与功能性高低肩。结构性高低肩一般与脊柱侧弯有关。功能性高低肩一般是由肌张力不平衡引起的。功能性高低肩又分为两类，肩胛下沉与肩胛下旋。

肩胛下沉是指肩胛上角低于第 2 胸椎脊突（T2）。这类高低肩比较少见，我们在这里不做详细的分析。下面的分析与矫正主要围绕肩胛下旋造成的高低肩进行。肩胛下旋造成的高低肩，从肌肉平衡来分析，基本是高肩过度活跃，向上提拉肩膀的肌肉有上斜方肌与肩胛提肌；而低肩中过度活跃将肩胛骨往下拉的肌肉有胸小肌、菱形肌与肩胛提肌。

二、高低肩的自我评测

在体态评估辅助图的帮助下，请学生背对教师，面向体态评估辅助图。老师可以从后观察学生的后背部，借助体态评估辅助图观察两个肩部的高低。当然，这个方法非常简单，从正面也是可以观察到的。自己面对镜子观察两肩是否在一个水平面上，没有在一个水平面上就是高低肩。另外在没有体态评估仪器设备时，老师也可以在被测者身后用拇指托住其肩胛骨下角，然后对比两侧高低，这样也可以很明显地判断出被测者两肩的高低程度。

三、形成高低肩的原因

一般情况是生活中的不良习惯引起的高低肩。例如，长期一侧单肩背包等习惯，使背包侧的肩胛提肌、斜方肌过度代偿、紧张，肩胛骨上提形成肩部一高一低的现象。未成年人歪斜上身伏案写作业，让身体的肌肉和骨骼形成记忆造成肩部长时间处于高低状态下导致肩部高低肩。

四、高低肩的矫正训练

（一）拉伸斜方肌

器械：瑜伽垫

训练：放松坐于瑜伽垫上，将一侧手放于对侧肩膀上，压住肩头。头慢慢向压肩对侧倾斜。同样动作反方向拉伸另一侧。每组 30—40 秒，做 4 组为佳。（如图 1-2-12）

* 注意：头向一侧倾斜时动作要缓慢。

（二）拉伸腹外斜肌

训练：准备动作 抬头、挺胸、头顶向天花板方向顶拔起来。双手十指交叉用力向天上推伸，两肩胛骨向上提拉使两肩胛骨高度一致，一条腿在另一侧支撑腿后面交叉，如：把右腿放在左腿后方。吸气呼气的时候把身体侧向一边。同样动作反方向拉伸另一侧。两侧各 10 次为一组，做 4 组为佳。（如图 1-2-13）

* 注意：身体一侧倾斜时动作要缓慢，配合好呼吸，尽力而为不要用力过猛。

（三）肩胛骨训练

1. 训练一

训练：准备动作 抬头、挺胸、头顶向天花板方向顶拔起来。两腿分开与肩同宽，双手十指在体后相扣同时保持手肘伸直的状态。使两肩胛完全内收向脚后跟的方向延展，尽力把两肩胛骨统一到同一高度上。呼气将手臂向上抬起，吸气时还原到原来动作。以 15—20 个为一组，整体练习重复 2—3 组动作为佳。（如图 1-2-14）

* 注意：在整体练习中抬起手臂的时候，要始终保持挺胸不要弯腰。

2. 训练二

器械：瑜伽垫

训练：俯身平躺于瑜伽垫上，双手做“好”的手势，大拇指要向上指，同时将双手在身体两侧侧平举。开始时，将双臂缓慢向上抬，同时要感觉到两边的肩胛骨尽量往中间夹紧。往下回落时，一定要慢慢放下，感受肌肉在持续发力。以 10—15 个为一组，整体练习重复 2—3 组动作为佳。（如图 1-2-15）

*注意：侧平举时，手臂要离开地面。往下回落时速度要缓慢，有控制地感觉肌肉保持发力。

图1-2-12

图1-2-13

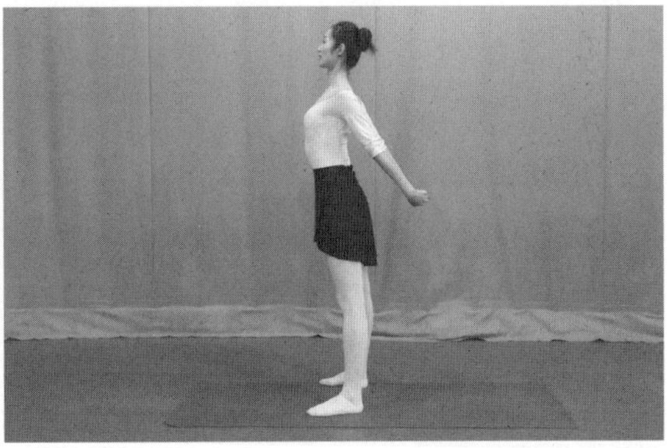

图1-2-14

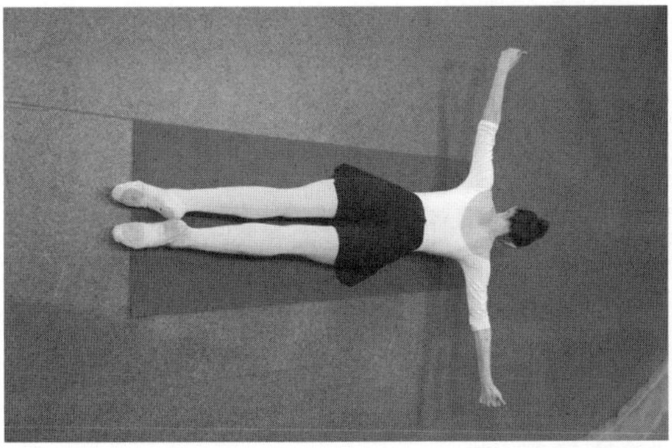

图1-2-15

3. 训练三

器械：瑜伽垫

训练：俯身平躺于瑜伽垫上，头抬离地面即可，眼睛向下方看。双手做“好”的手势，大拇指要向上指，同时将双手在身体两侧做成“W”形。保持手腕抬起动作，然后往前推直到手肘伸直的状态，返回时，一定要有控制地缓慢运动，感受肌肉在持续发力。以10—15个为一组，整体练习重复2—3组动作为佳。(如图1-2-16)

*注意：整体练习的时候要感受肩胛骨整体的运动；往前伸直时，要注意抬高手臂尽量使肩胛骨向中间挤压；伸直手臂后要保持手腕比手肘高、手肘比肩高。

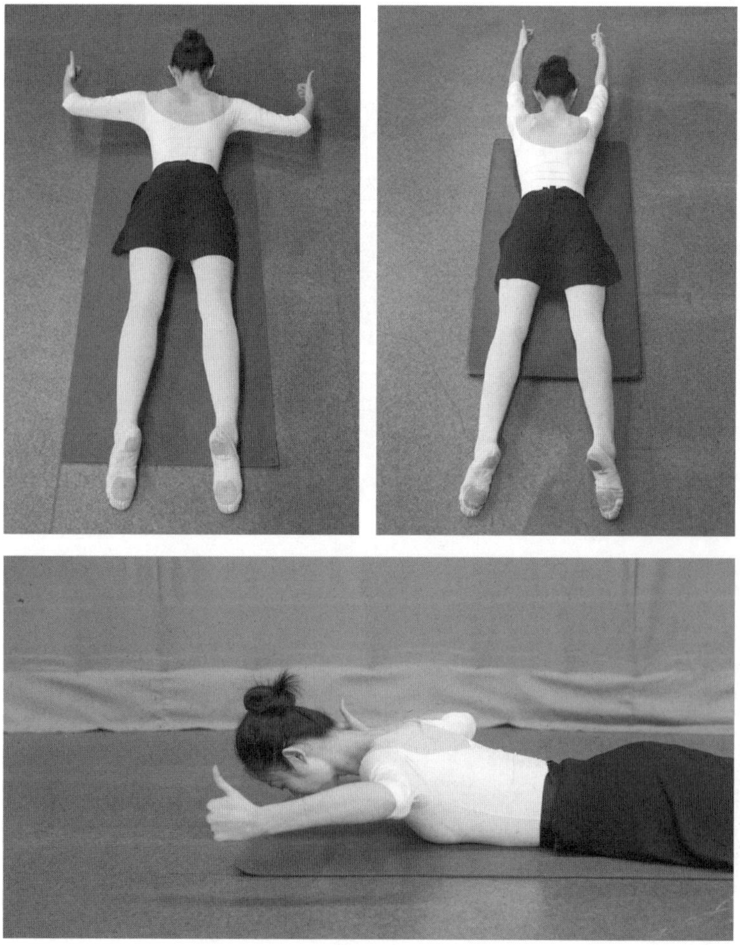

图1-2-16

第四节 圆肩、驼背、颈前倾的矫正

一、什么是圆肩、驼背、颈前倾

圆肩、驼背、颈前倾是一种肌肉能力失衡导致的上肢动作模式异常综合病症。这些问题会导致肌力失衡，形成错误的代偿性运动引发肌肉和关节不适感，甚至疼痛和病变。

在自我评测时，有上交叉综合征的人颈椎的活动能力会降低，甚至伴有不适感。在病症前期可能肩背部疼痛感会较明显。由于颈肩背部肌群相对薄弱无力，对应的关节由于长时间的失用和被动牵拉，因此出现了肌肉废用性萎缩和关节僵直。最直观的便是引起圆肩、驼背、颈前倾等体态异常情况。

二、圆肩、驼背、颈前倾形成原因

1. 颈椎生理曲度向前凸，胸椎生理曲度向后凸，一前一后，形成一个转折。上段胸椎后凸过大或者颈椎前探。

2. 生活、工作、学习中，长期低头或者头部前倾，都会导致圆肩、驼背、颈前倾。尤其是经常低头玩手机、低头学习的学生和经常低头工作的白领等，特别容易出现圆肩、驼背、颈前倾的现象。

3. 圆肩、驼背、颈前倾人群的颈部胸锁乳突肌、斜方肌上束和斜角肌等肌肉长期处于紧张或过劳状态，会使肩颈酸痛。对应拮抗侧的斜方肌中下束、菱形肌及颈后深层肌肉逐渐变得薄弱无力，且进入受抑制状态。由于颈肩背部前后肌力的失衡，使得肌肉功能也出现了紊乱，引起上背部酸胀痛和肩颈区域麻木、麻痹等感觉。颈肩背部的紧张肌群及相关关节分工或代偿过多，导致筋膜或软组织劳损及疼痛，可致颈椎关节功能活动受限。这类人群会有一些胸闷心慌、睡不着觉、心跳加快、血压升高等问题。大部分会出现类似于颈椎病状态的头晕以及手臂放射性麻木。

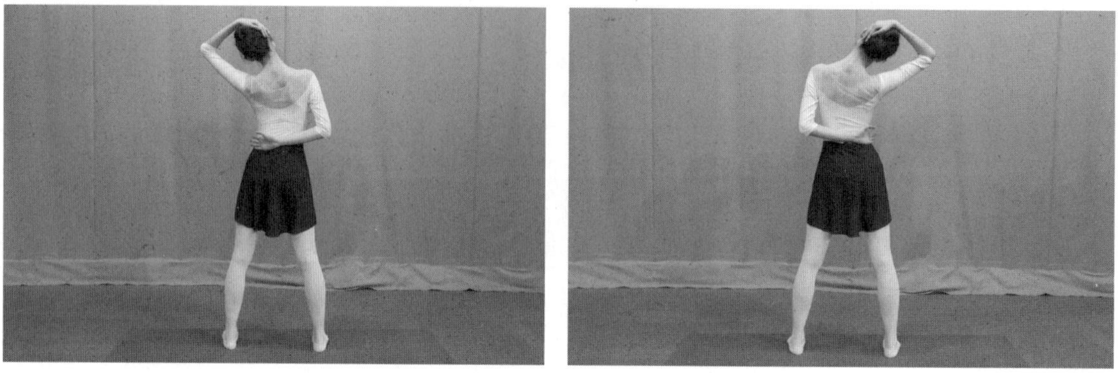

图 1-2-17

三、圆肩、驼背、颈前倾的矫正训练

（一）拉伸肩背肌肉群

训练：准备动作——抬头、挺胸、头顶向天花板方向顶拔起来，两腿分开与肩同宽。将一侧手臂屈肘放于身体后方腰部位置，这侧肩膀要下沉保持肩胛骨下压。用对侧的手将头往对侧下压，同时头要做一个和手对抗的动作向上抬。每组 30—40 秒，同样动作反方向拉伸另一侧。做 3 组为佳。(如图 1-2-17)

* 注意：头向一侧倾斜时动作要缓慢。下压头部时要感受颈部侧面肌肉的拉伸感。

（二）肩背肌肉群

1. 训练一

训练：准备动作——抬头、挺胸、头顶向天花板方向顶拔起来，两腿分开与肩同宽。双手屈肘 90°，打开手臂保持肩平行于地面。手臂向上伸直，再缓慢还原。每组 15—20 次，做 4 组为佳。(如图 1-2-18)

* 注意：手臂打开的位置略微向前 15° 左右。运动过程中要感觉肩胛骨向上抬起和落下。

2. 训练二

训练：准备动作——抬头、挺胸、头顶向天花板方向顶拔起来，两腿分开与肩同宽。双手屈肘 90°，打开手臂保持肩平行于地面。将手臂向胸前移动做一个肩胛骨前引动作，再原路返回做一个肩胛骨后缩夹紧肩胛骨的动作。每组 15—20 次，做 4 组为佳。(如图 1-2-19)

*注意：当手臂向前运动时，要感受到背部、肩胛骨的肌肉发力和拉伸感，后夹的动作也要有肩胛骨的肌肉持续发力感。

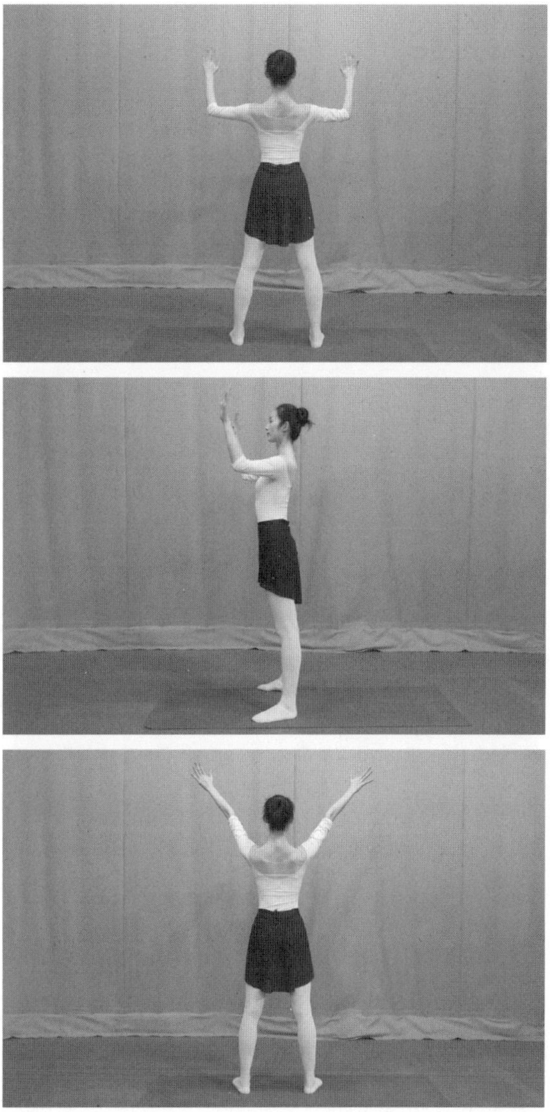

图 1-2-18

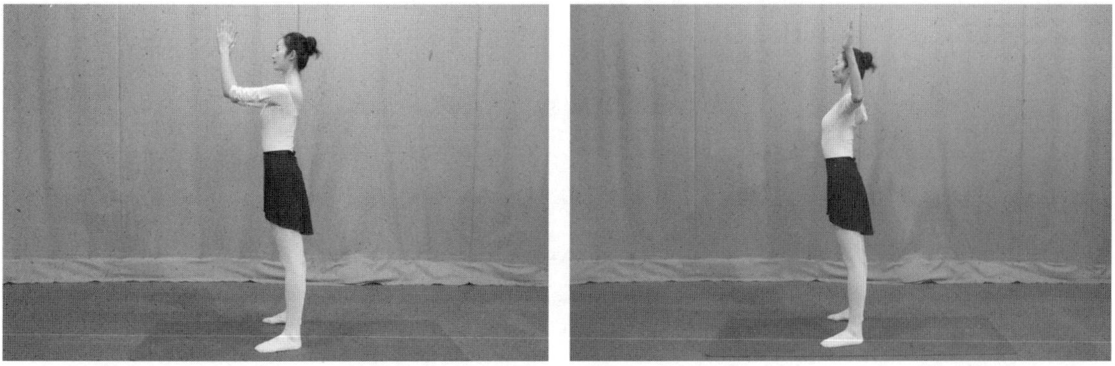

图 1-2-19

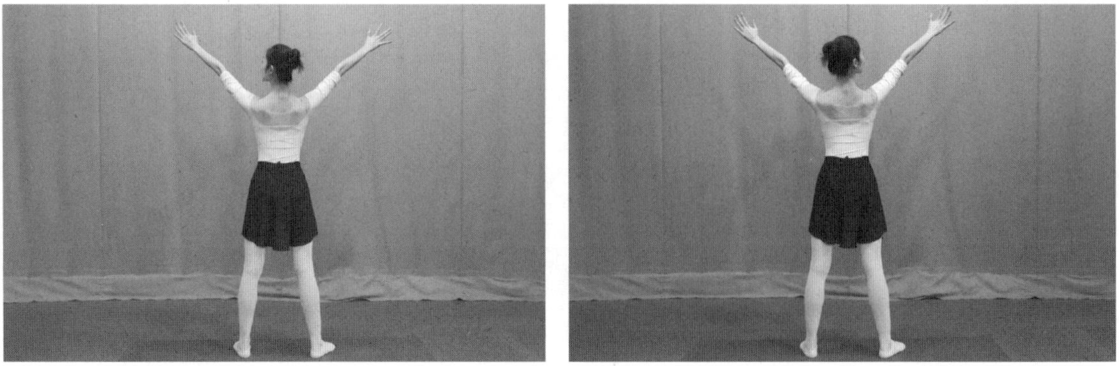

图1-2-20

3. 训练三

训练：准备动作——抬头、挺胸、头顶向天花板方向顶拔起来，两腿分开与肩同宽。将双臂伸直斜上举，双手手心向前。头左右转动，来回 15-20 次，做 3 组为佳。(如图 1-2-20)

*注意：转动头部时要感觉颈部上方肌肉的发力感，同时肩胛骨下方和中间的肌肉也要保持发力。

第五节 翼状肩胛

一、什么是翼状肩胛

肩胛骨能正常地紧贴在胸壁上，主要是由前锯肌和斜方肌协同收缩来实现的。但是，如果这两处肌肉处于受抑制状态，就会使肩胛骨失去贴胸的作用力，出现因脊柱缘失去牵拉而翘起的状况。又因翘起的肩胛骨形似翅膀，据此特征将其命名为翼状肩胛。

自我评测的方式有多种，可以在放松状态下请他人帮忙观察肩胛骨内侧缘是否翘起，当然，如果你是一位背部脂肪较多的人，这个方法就不容易辨别了。所以，你也可以将双手手臂向前抬起，再请他人帮忙观察肩胛骨内侧缘翘起的情况；或者将一只手手臂向后伸，用手触摸对侧肩胛骨，再观察肩胛骨内侧缘翘起情况。

二、翼状肩胛形成原因

同样排除开天生的驼背畸形导致的翼状肩胛，后天形成的比较常见的原因有以下几种。

首先常见的是神经受损性的，可能是长期从事某种特殊的运动或工作，导致胸长神经受损或副神经受损形成翼状肩胛。例如，长期从事农耕的农业人士反复挖地的动作、棒球运动员右臂反复扔球的动作、羽毛球运动员挥拍的动作等都极容易过度牵拉胸长神经使其受损，从而形成神经性翼状肩胛。当然，由于副神经是唯一支配斜方肌的神经，它的受损表现同胸长神经受损刚好相反，这类人群由于背部两侧受损将无法展开手臂。其次，日常比较常见的形成原因，还是长期的不良姿势导致的肌肉失衡。比如长时间低头玩手机、打游戏、伏案工作、睡觉时喜欢团身侧卧、单肩背包等动作，都有可能使胸椎曲度发生改变，前胸肌群过度紧张把肩膀向前拉，而固定肩胛骨的前锯肌失去活力变得松弛，无法有效收缩将肩胛骨固定在背部，最终形成翼状肩。最后，翼状肩胛看似是肩背部的问题，但有可能是骨盆位置的原因引起的，这是由于像骨盆前倾一类的动作，可能引起前锯肌的无力或松弛，因而导致翼状肩胛。

三、翼状肩胛的矫正训练

（一）拉伸肩胛提肌

训练：准备动作——抬头、挺胸、两腿分开与肩同宽。一侧手放在头顶将头按向斜下45°方向，另一侧手侧上举45°，同样动作反方向拉伸另一侧。每组30—40秒，做3组为佳。（如图1-2-21）

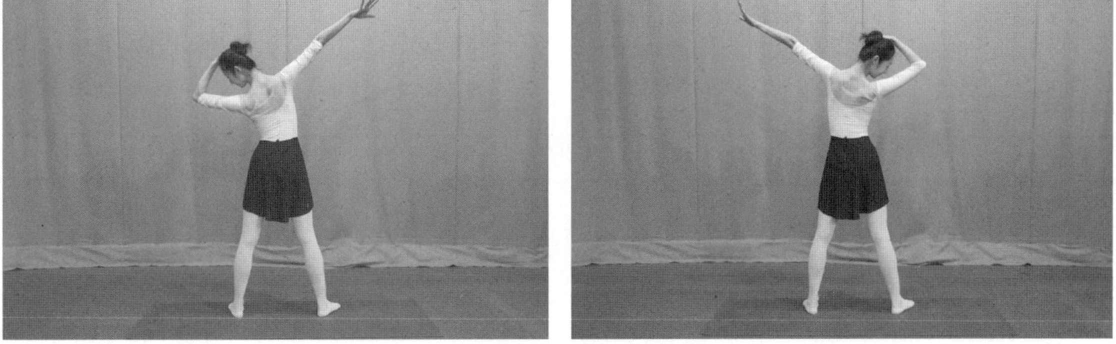

图1-2-21

图1-2-22

*注意：头向一侧倾斜时要动作缓慢，下压头部时要感受颈部侧面肌肉的拉伸感。

（二）拉伸菱形肌

训练：准备动作——两腿分开与肩同宽。双手上下搭在一起，上举双臂夹住耳朵。身体前屈同时将双手用力向前伸，脊柱向后背方向用力，使肩胛骨向两侧完全打开。每组30—40秒，做3组为佳。(如图2-1-22)

*注意：身体前屈拉伸时要充分感受肩胛骨中间肌肉的拉伸感。

（三）拉伸胸小肌

器械：瑜伽垫

训练：侧躺在瑜伽垫上，双腿屈膝放在一起。下方手侧平放紧挨地面，另一侧手伸直尽可能靠近地面向后背方向划圆。同样动作反方向拉伸另一侧。左右各15—20次为一组，做3组为佳。(如图1-2-23)

*注意：在整体动作中一侧手画圆时，在打开快到180°时，胸前侧靠近肩关节位置肌肉会有拉伸感，动作不要太快。

图1-2-23

（四）前锯肌力量训练

1. 训练一

器械：瑜伽垫

训练：准备动作——四肢跪姿，面向地板。开始后将胸椎向天花板方向顶，肩胛骨向两侧打开，双手用力按压地面，同时臀部往脚跟上坐下去。10—15 次为一组，做 4 组为佳。(如图 1-2-24)

* 注意：动作要缓慢进行，在整体动作中要感受后背肌肉的拉伸。

图1-2-24

2. 训练二

器械：阻力带（女生：35 磅；男生：65 磅）

训练：准备动作——两腿分开与肩同宽，挺胸、抬头，保持肩胛骨向身体两侧打开。双手握住阻力带，手伸直向两侧拉开阻力带，吐气缓慢将手还原。15—20 次为一组，做 4 组为佳。(如图 1-2-25)

* 注意：在整体运动中，发力拉阻力带时肩胛骨不要向中间收拢，全程要保持肩胛骨向两侧打开的状态。

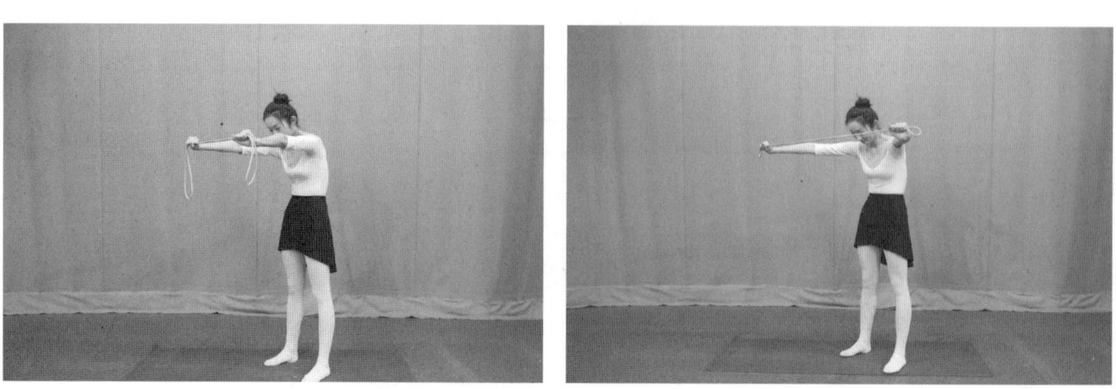

图1-2-25

第六节 肋骨外翻

一、什么是肋骨外翻

肋骨外翻是指身体的肋骨下缘第 7 至第 10 肋骨向外突出超出了身体外缘的现象，特别是在身体平躺或做深呼吸这种动作时，肋骨外翻的现象会特别明显。

肋骨外翻的自测方法比较简单，可以仰卧平躺请他人帮忙观察，如果发现上身前侧最下面的肋骨超过身体外缘，那么你可能存在肋骨外翻的情况。通常而言超过越多，肋骨外翻的情况就越严重。

二、肋骨外翻形成原因

首先，要清楚呼吸这个动作主要由膈肌来完成，可以说如果没有膈肌那么我们就没有办法呼吸。我们呼吸时胸廓肋骨是向四周打开的，但是很多人呼吸时单纯向胸前顶肋骨，没有向旁边和后侧，就会造成肋骨外翻的问题。其次，不良的身体姿态致使胸椎生理曲度改变也是造成肋骨外翻的原因。人体的脊椎有 4 个生理曲度，分别在颈椎、胸椎、腰椎和骶骨。颈椎和腰椎凸向前，胸椎和骶曲凸向后。经常驼背的人的胸椎生理曲度会增大，胸曲的增大会影响到肋骨的开合，最终导致肋骨外翻的产生。最后，肋骨外翻同样要考虑向身体下方寻找原因。例如骨盆前倾也会导致肋骨外翻，这是由于骨盆前倾就是腰椎前凸曲度过大，前侧腹部肌肉无力，背部肌肉紧张导致的向前挺肚子，此类动作不仅影响呼吸状态，还会导致肋骨外翻。

三、肋骨外翻的矫正训练

（一）呼吸训练

1. 训练一

训练：坐姿准备，挺胸、抬头。使用腹式呼吸法，吸气时将肚皮往外撑到最大，呼气时腹肌将肋骨往下拉向骨盆。使用腹式呼吸，吸到 50% 的气，然后收紧外侧的腹肌，双

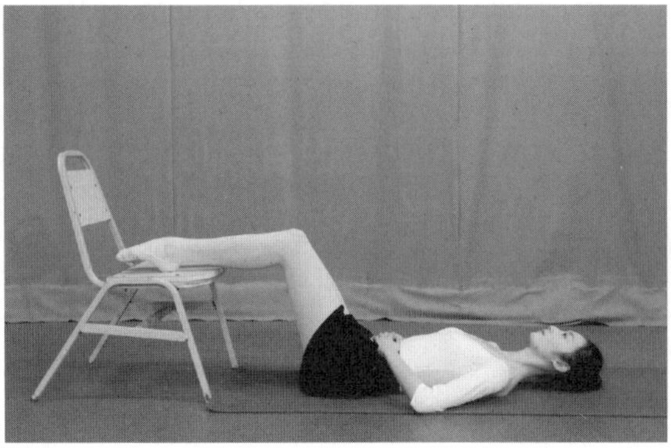
图1-2-26

图1-2-27

手成拳打向肚子，感觉肚子发力变得硬硬的就可以了。12 次为一组，做 3 组为佳。

* 注意：不习惯的同学，可以前期缓慢完成，找到呼气时腹肌将肋骨往下拉向骨盆的感觉，拳头敲打时用力不要猛。

2. 训练二

器械：瑜伽垫

训练：准备动作，仰卧平躺于瑜伽垫上，屈膝 90° 抬起小腿，将脚放到凳子上。开始腹式呼吸法，充分感受用腹肌将骨盆往回拉。12 次为一组，做 3 组为佳。(如图 1-2-26)

* 注意：用腹肌将骨盆往回拉时，骨盆不要前倾，腰部要始终紧贴在地面。

（二）放松激活背部肌群

1. 训练一

器械：瑜伽垫、泡沫棒

训练：平躺在瑜伽垫上，将泡沫棒放到背部，使用泡沫棒对我们的背部进行前后的滚动刺激背部肌肉群。泡沫棒来回滚动放松 30—60 秒为一组，做 4 组为佳。(如图 1-2-27)

* 注意：背部肌肉会有疼痛感，每个人的疼痛感知不一样，只要是在自身承受范围就一定要坚持。

2. 训练二

器械：瑜伽垫、泡沫棒

训练：侧躺在瑜伽垫上，将泡沫棒放到肩胛骨外侧（腋下部位），上侧手扶地支撑身体保持平衡。使用泡沫棒对我们容易紧张的背阔肌进行前后滚动刺激。泡沫棒来回滚动每个方向30秒为一组，做2组为佳。(如图1-2-28)

*注意：泡沫棒所放的地方是腋下一个比较疼痛的位置，要仔细体会。

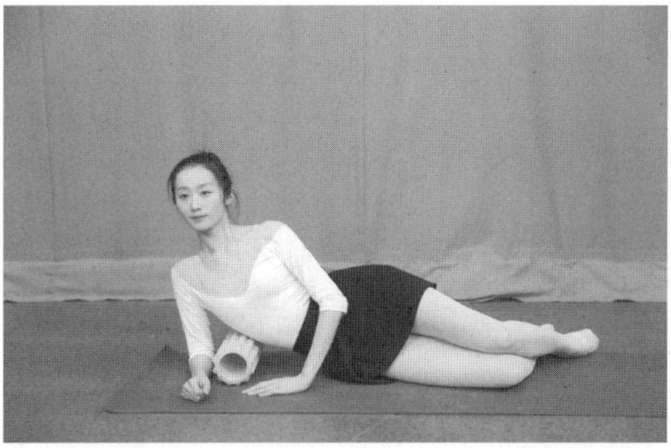

图1-2-28

（三）胸椎腹肌的强化训练

1. 训练一

器械：瑜伽垫

训练：侧躺在瑜伽垫上，上方腿屈膝，膝盖压到一侧地面，下方腿伸直放于地面，上方手臂伸直带动肩胛骨做开合的动作。同样动作反方向再做另一边。左右各12—15次为一组，做3组为佳。(如图1-2-29)

*注意：这个动作是帮助打开胸椎，提升胸椎灵活性，所以在整个动作中不要驼背塌腰。吐气的时候动作幅度可以大一些。

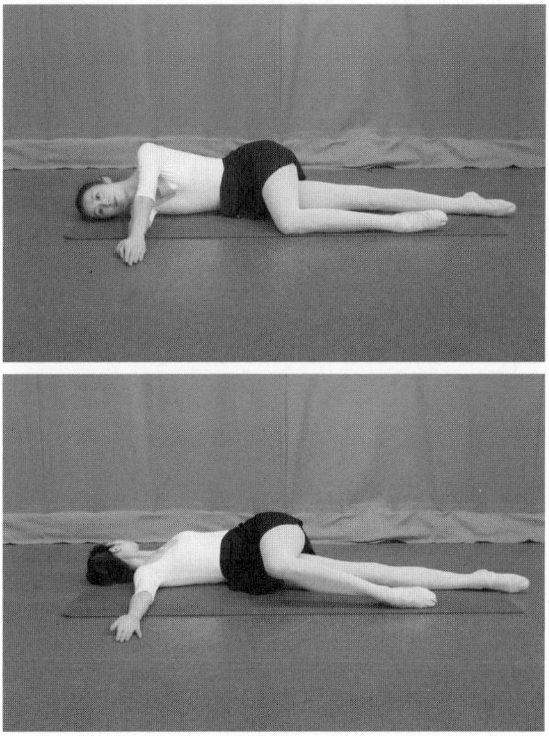

图1-2-29

2. 训练二

器械：瑜伽垫

训练：俯身做平板支撑准备，将手肘放到肩关节的前方，注意力放到腹肌上。保持动作60秒为一组，做3—4组为佳。(如图1-2-30)

*注意：在做平板支撑时想象腹肌将肋骨往骨盆拉近的感觉。

图1-2-30

第七节 扁平足

一、什么是扁平足

医学上对扁平足的定义是先天性或后天性病因导致足踝部肌肉、肌腱或韧带的功能不全无法维持正常的生理结构，导致足内侧纵弓降低或消失，足底接触面积变大。患有扁平足的人群由于脚底部没有很好的支撑力，在站立或步行时会使脚底内侧脚弓塌陷消失，无法起到缓冲的作用，容易出现足底疲乏和疼痛的现象。

扁平足的自测方法：赤脚，可以在脚底涂抹可清洗颜料，踩到合适的白纸上。观察脚印的特征，如果前足和后足的脚印断开了，应该属于高足弓。前后足印连在一起，但未超过脚后跟与中指的连线为正常足弓。超过脚后跟与中指的连线为扁平足。

二、扁平足形成原因

（一）先天遗传：据研究表明，父母中有扁平足的孩子患扁平足的概率较大。

（二）长期穿着不恰当的鞋所导致，有的人喜欢穿着鞋底软、偏厚或者完全平跟的鞋子，如在夏天特别爱穿凉拖的人，他们认为这样的鞋子穿着舒适感较强。但是长期穿这类鞋子会使脚部过度支撑，脚底肌肉力量变弱，脚部先天性结构发生改变，形成扁平足。

（三）肥胖因素：一项调查显示，肥胖人群中至少有 50% 的人患有扁平足。肥胖的人群由于自身体重过大，双脚的压力加大，脚弓塌陷的概率也会增加。

三、扁平足的矫正训练

（一）脚底肌肉激活

器械：筋膜球、瑜伽垫。

训练：赤脚，将筋膜球放到一侧脚底，轻轻踩在筋膜球上前后左右移动按摩刺激脚底肌肉，同样动作换另一侧的脚按摩。左右两只脚各按摩 30—40 秒为一组，做 2 组为佳。（如图 1-2-31）

*注意：用球来按摩脚底时可以根据个人喜好来选择合适的力度。

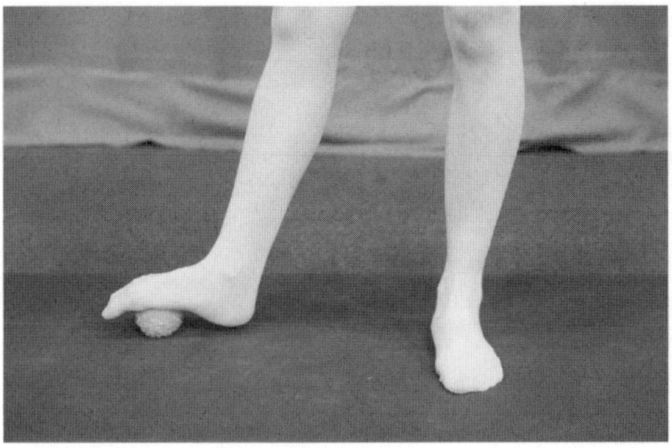

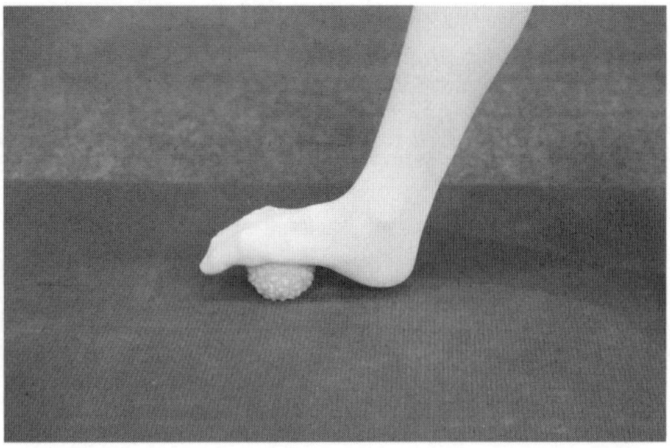

图 1–2–31

（二）脚腿部肌肉强化训练

1. 训练一

器械：把杆

训练：准备动作，一侧手扶把杆，一侧手叉腰。将左脚抬离地面即可，左脚绷脚，再向右边上钩然后经过绷脚再向左边上钩，左脚内摆上钩时可以激活胫骨前肌，外摆上钩可以激活胫骨后肌，这两块小腿前侧的肌群都可以很好地帮助我们保持足弓曲度。交换方向做右脚。左右两只脚各做 30—40 次为一组，做 2 组为佳。（如图 1-2-32）

*注意：整个动作过程中，感受胫骨前后肌肉的用力，动作缓慢不要着急。

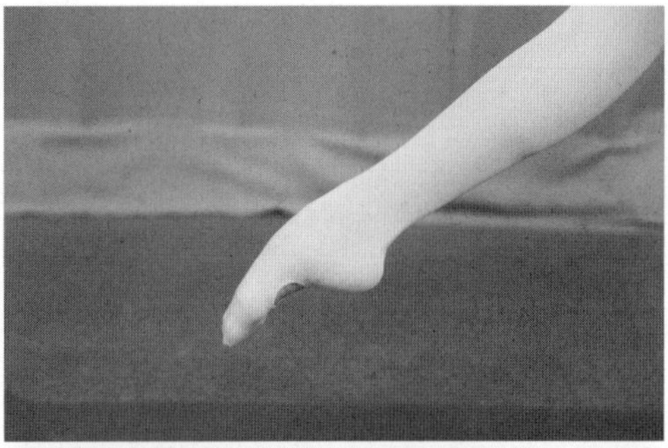

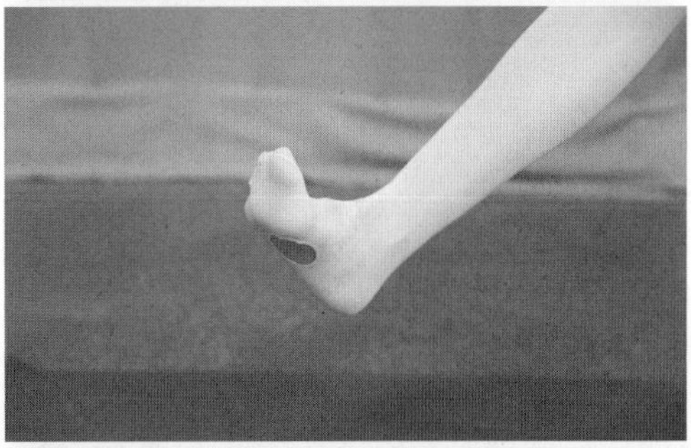

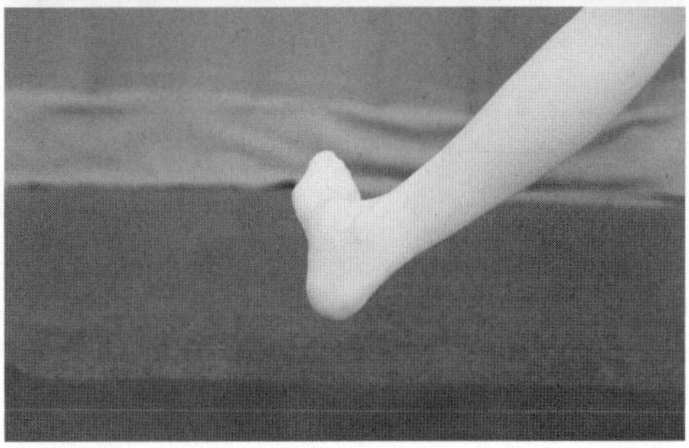

图 1–2–32

2. 训练二

器械：把杆、瑜伽垫

训练：准备动作，一侧手扶把杆，一侧手叉腰，站到瑜伽垫上。将一侧脚平踏在地面上，在脚趾和脚跟不离开地面的情况下，用力弓起脚弓，稍作停顿后再慢慢还原。左右两只脚各做 30—40 次为一组，做 2 组为佳。(如图 1-2-33)

* 注意：在弓起脚弓时，要尽量增大脚内侧和地面之间的距离。平时不经常进行脚部练习的人，在做这个动作时很有可能发生脚部抽筋，这是正常现象。经常练习可以得到改善。

3. 训练三

器械：把杆、瑜伽垫、弹力带

训练：准备动作，一侧手扶把杆，一侧手叉腰，站到瑜伽垫上，将弹力带放到脚边。把准备好的弹力带铺在地面上，一侧脚趾放到弹力带上，脚趾持续屈趾发力抓弹力带。左右两只脚各做 30—40 次为一组，做 2 组为佳。(如图 1-2-34)

* 注意：在脚趾用力抓弹力带时感受足弓隆起。

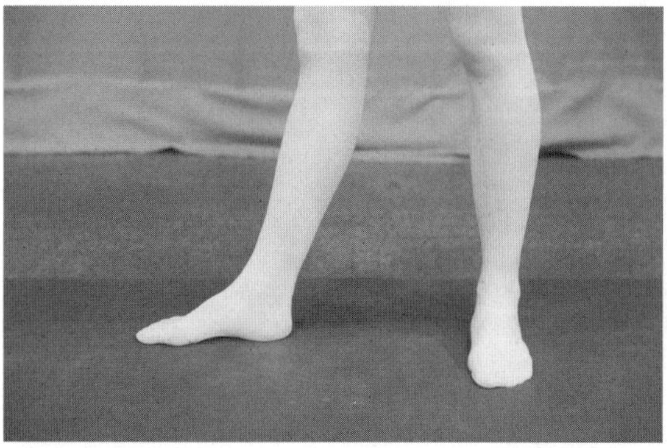

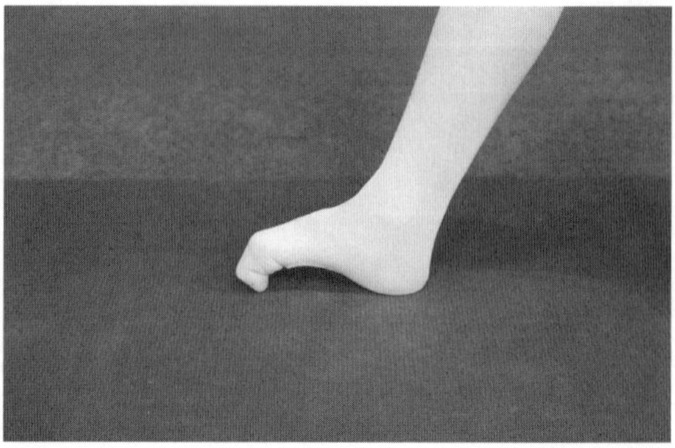

图 1-2-33

4. 训练四

器械：瑜伽垫

训练：准备动作，双手七位，单脚支撑在地面上，另一只脚吸腿，保持动作平衡。左右各保持 30 秒为一组，做 2 组为佳。(如图 1-2-35)

* 注意：保证内侧足底离地，脚的外延紧紧抓住地面。

5. 训练五

器械：瑜伽垫

训练：准备动作，双手七位，单脚支撑在地面上，另一只脚吸腿，支撑脚起踵。交换方向做另一侧脚。左右两只脚各做 30 次为一组，做 2 组为佳。(如图 1-2-36)

* 注意：小腿发力带动脚跟上提，还原时仍然要保持足弓的曲度。

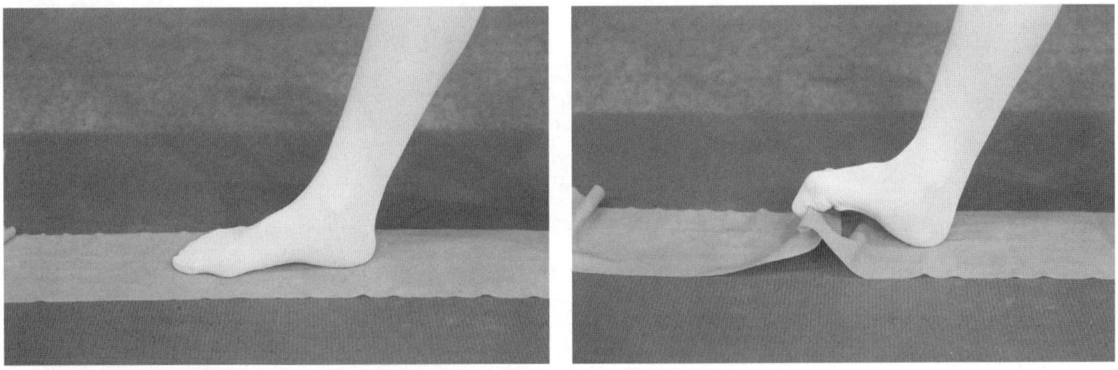

图 1-2-34

图 1-2-35

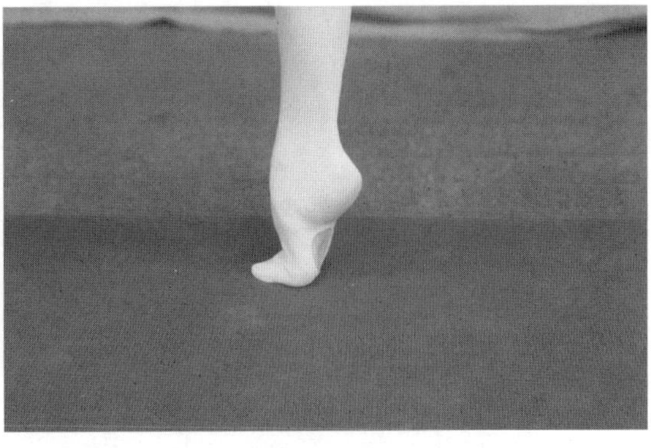

图 1-2-36

6. 训练六

器械：瑜伽垫

训练：准备动作，双手七位，单脚支撑在地面上，另一只脚吸腿，做单脚小跳。交换方向做另一侧脚。左右两只脚各做30次为一组，做2组为佳。(如图1-2-37)

*注意：足部和小腿肌群同时发力，轻轻起跳，落地时只有脚趾和脚跟贴地，内侧足弓始终保持离地。

图1-2-37

（三）小腿、脚部拉伸

器械：瑜伽砖、把杆

训练：双手扶把，将一侧脚尖放到瑜伽砖上，脚跟下沉，感受足底和小腿的拉伸，左右两只脚各做30秒为一组，做1—2组为佳。(如图1-2-38)

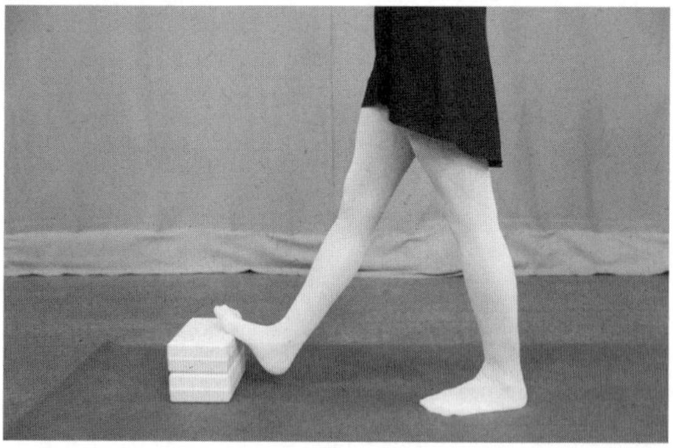

图1-2-38

思考与练习

1. 圆肩、驼背的形成原因是什么？
2. 怎样预防“高低肩”？
3. 膝外翻和膝内翻的区别是什么？

第三章 情绪训练

学习指导：在本章中了解情绪训练的重要性以及掌握情绪训练的基本方法，并根据自己的兴趣，选择适合自己的训练项目。

舞蹈是一种文化，是一种内涵美与形式美高度统一的艺术，给人一种美好崇高的想象与感触。眼睛是心灵的窗户，而眼神是舞蹈艺术的灵魂，在形体训练当中眼神更是画龙点睛之笔。镜头展示者如果能善用眼神，准确把握艺术作品的神韵，便能展现出最美的神情魅力。对于播音主持艺术专业的学生，面对采访对象，也是需要情绪的控制，面部表情和眼神的运用的。表演者通过对舞蹈作品的理解，运用恰当的眼神传情达意，进行二度创作，使作品人物“活”起来，让观众产生共鸣，享受艺术的美。面部表情的训练与运用是形体训练的精髓，传情达意更是对艺术的诠释与意象表达，具有十分重要的意义与价值。

第一节 眼神训练

我国著名京剧教育家钱宝琛曾经说过一句话：“形三，劲六，心意八，无形者十。”这句话的意思是表现出形体美者得三分，表现出劲道者得六分，而融心会意者得八分，形神统一、无迹可寻者才可得到十分，这便是艺术家毕生追求的“绚烂之极而归于平淡”的终极艺术境界。为了达到这种境界，我们需要加强眼神传情表现手法的训练：由心出发，通过感觉、欲望的诉说，让心、意、气、力，在肢体动作中完美地结合起来，让眼神和心理的节奏交织表达出来。眼神要通过心理情感表现出来。这样在舞台上表演或者出境时，才能产生台上、台下的情感交流和互动，达到想要的艺术效果。

还要从生活中学。学会细微的观察，理解不同层次、不同方面的人和事，把握好人物性格特征和言谈举止以及事物发展变化的状况。

一、眼部练习操

（一）特点：能灵活运用眼神，准确把握动作的神韵与精神

（二）目的：放松眼睛，训练眼睛空间能力与眼神转换能力

（三）方法

1. 定睛训练：寻找窗外20米以外的建筑物或植物，全神贯注盯10秒，不眨眼，做三组，一组10秒。

2. 转睛训练：将黑眼球上翻，慢慢极致转圈，顺时针转5圈，逆时针转5圈，一组10圈，做三组。

3. 扫睛训练：眼睛像扫把一样，由A点快速移动扫到B点，视线经过的位置，物品场景尽量都要看清楚，来回一趟为一组，做三组。

4. 对睛训练：将食指放在双眼之间，做对眼状10秒，或者双眼尽量往鼻子山根处集中注视，一组10秒，做三组。

5. 交替睛训练：左右两只眼睛交替闭目10次，嘴巴尽量控制不动，一组10次，做三组。

二、手眼配合练习

眼睛随着手指尖及韵律、方向形成正上、正前、正下、左上、左前、左下、右上、右前、右下、左后、右后。

（一）特点：神态与舞姿的配合练习在中国古典舞的表演中十分重要，作为古典舞训练中“手、眼、身、法、步”的审美要求之一，它充分表现了古典舞中特有的气质与神韵。

（二）目的：通过手位与眼神的配合练习，在情景中训练学生眼神与舞姿的协调力。（在11个点位上可做各种运动路线的练习，如：左右横线环视、上弧线、下弧线、立圆环视等。）

（三）方法

由心带手、由手带眼，形成手眼相随，身随心动。

准备动作：双手背手，双腿跪坐，面朝 1 点，身体直立，兰花指准备。（如图 1-3-1）

1×8 拍：1 拍单手大臂发力带动小臂，提腕推至正斜上位，眼睛顺过食指间凝视远处，3 至 8 保持不动。(如图 1-3-2)

2×8：一拍单手大臂发力带动小臂，提腕推至正前位，眼睛顺过食指间凝视远处，3 至 8 保持不动。(如图 1-3-3)

3×8 拍：1 拍单手大臂发力带动小臂，提腕推至正斜下位，额头斜上，眼睛顺过食指间凝视远处，3 至 8 保持不动。(如图 1-3-4)

图 1-3-1

图 1-3-2

图 1-3-3

图 1-3-4

4×8 拍：左手背手，右手提腕推至右斜上位，凝视远处，3 至 8 拍保持舞姿。(如图 1-3-5)

5×8 拍：左手背手，右手提腕推至右斜前位，凝视远处，3 至 8 拍保持舞姿。(如图 1-3-6)

6×8 拍：左手背手，右手提腕推至右斜下位，凝视远处，3 至 8 拍保持舞姿。(如图 1-3-7)

7×8 拍 /8×8 拍 /9×8 拍：依次方法，变换方向，重复动作。(如图 1-3-8 至 1-3-10)

图1-3-5

图1-3-6

图1-3-7

图1-3-8

10×8 拍：1 拍左手背手，下右后旁腰，推腕手指至左后，3 至 8 拍保持舞姿。(如图 1-3-11)

11×8 拍：1 拍右手背手，下左后旁腰，推腕手指至右后，3 至 8 拍保持舞姿。(如图 1-3-12)

图 1-3-9

图 1-3-10

图 1-3-11

图 1-3-12

第二节 表情训练

一、注重培养内在文化艺术修养

舞蹈是一种高雅的艺术形式，它来源于生活且高于生活。在形体教学过程中，必须先了解舞种的文化背景、相关的生活习性，再学习这一舞种的基础动律及基本体态特点。例如，学习蒙古族舞时，先要知道蒙古族人民生活的地理位置与历史环境，了解他们的生活习性，了解蒙古族传统文化，包括艺术节日、婚礼、传统习俗等方面的内容，如此，舞动时才能表现出蒙古族舞蹈的风格特征与艺术魅力。可见，在形体教学中培养学生的内在文化艺术修养是非常有必要的。

二、强化外在的表情训练

（一）笑容练习操

笑是指面部呈现出来的神情状态，通过嘴角上扬的弧度、脸颊因肌肉收缩扩张而隆起的程度、眼角的皱纹等来展现。笑有微笑、大笑、害羞地笑、咧嘴地笑等，这就要学生根据意境进行自主选择。

1. 对镜子练习：对着镜子，用食指抵住两边嘴角，慢慢上升，再松，反复 10 次。

2. 咬筷子练习：用牙齿咬住筷子、两边嘴角不能碰到筷子，每组 20 秒，做三组。

3. 分组练习：两人一组面对面进行笑容练习。

（二）面部表情练习

1. 表现兴奋时的面部表情动作：眉毛上提、嘴角上扬、上唇提升、两眼发光。

2. 表现愁苦时的面部表情动作：眉头紧皱、眼睑下垂，嘴角呈下弧线低头沉气，发出叹息声。

3. 表现害羞的面部表情动作：眉头舒展、眼睑下垂，嘴角微微上场，眼神飘忽闪躲。

4. 表现恐怖时的面部表情动作：张嘴、双唇颤动、眼神飘忽不定、皱眉。

5. 表现愤怒的面部表情动作： 双眉紧锁、怒目圆睁、呼吸急促。

人的喜怒哀乐，并不是单一器官作用，而是通过眼睛、鼻子、眉毛、嘴巴、脸部肌肉一起协作完成的。因此，在教学过程中，要让学生学会灵活运用与支配，并根据不同舞蹈表达主题来丰富内心情感，让内心有信念感与依托。

三、配合训练

情感的表达不仅体现在眼神中，有时头眼手的高度配合才能贴切展现人物形象，使所传递情节更准确。头的方向决定传情达意的对象，头手眼的配合说到底还是对舞姿层次感立体感的塑造。例如，古典舞中的形神劲律，民族民间舞的情感表达，更是需要情感与眼神的传递，这不仅是为了体现作品感情，更重要的是体现民族文化背景，更好把握其风格特点。眼神的运用影响着情感表现力，表现力决定演员塑造角色的成败。

第三节　情绪表演训练法在播音主持教学中的必要性

一、增强语言感染力

形体语言是主持人在各类语言节目中感染观众，与观众沟通交流的重要手段，面部表情和情绪更是最直观、最直接、最强烈的表露。因此，面部表情与情绪对于主持人专业素质的提升起到关键性作用。而情绪表演训练中，针对学生的形体表达能力进行培养能提升学生的形体语言支配与创造能力。

二、丰富表现性技巧

随着互联网直播时代的来临，当播音员、主持人在某种特定主题的直播节目中出现时，会让观众和听者感到主持人不接地气，伴随距离感产生，最终造成节目效果不佳，目标未完成。

三、形体表演训练法在播音主持教学中的运用

播音主持专业中涉及的语言表达不仅仅是指有声语言，还包括了无声的身体语言，有声语言是通过声音传递的，而形体语言，即副语言，是指我们的躯干、肢体、神态、动作等，两者缺一不可，相辅相成。哑剧形体训练可以帮助学生们实现副语言能力的有效提升。

（一）音乐启发感受训练

训练意义：在表达的过程中，学生多把重心放在语言表达本身上，忽略了朗诵时舞台空间的感知力带给观众的内心触动。让学生在朗诵时融入真实的情感体验。

训练方法：音乐感受训练，学生闭眼发散思维，设身处地地联想场景、事物、情节、感情。启发学生利用肢体语言表达诉说自己对音乐的理解。

（二）即兴表演训练

训练意义：在节目录制、直播过程中，各种意外情况都有可能发生，所以具备应对突发情况的能力就显得很重要。一种能够帮助学生锻炼临场应变能力的方法就是即兴表演训练。

训练方法：命题，可以用三个词语，来限定场景表达。可以分成 5—6 人一组，团队共同参与。15 分钟后依次表演，相互点评。考验学生们即兴表演的同时，也考验了彼此之间的团队协作能力与创造力。主持人和主持人之间的默契非常重要，有时决定了一个节目的效果与质量。

之所以在播音主持基础教学实践中融入表演训练法，是希望通过表演训练的方式，使播音与主持艺术专业的学生们多途径地提升综合职业能力和素养，这不仅有利于他们增强自身的语言感染力，提升形体创造力，丰富表现性技巧，还有利于他们在节目中对主持人的角色定位进行准确把握。

思考与练习

1. 表情训练时，要注意哪些方面？
2. 眼神训练时候，手如何配合？

第四章　基本仪态

学习提示：通过本章的学习，你会学习到正确的站、坐、走的姿态，同时还能学习到不同姿态各自表达的含义以及在生活、学习和工作中如何正确运用这些动作姿势。

仪态又称为举止，是人们在日常生活中所表现出来的行为动作与表情。日常生活中的行为动作主要包括站、行、坐、卧几个方面。俗话说“站如松，坐如钟，行如风，卧如弓”，也就是说坐立行，应当具有端正秀雅的姿态，要从行为上展示一个人内在的持重、聪慧与活力。

第一节 站姿

对于非专业（舞蹈演员、体育运动员）的学生来讲，形体训练的最终目的不是为了上台表演、展示人体形体美，也不是追求人类身体极限。对一般人而言形体训练的目的是追求美好的身形和健康的体魄。在形体训练中将正确的站姿作为基本姿态训练的基础，是因为只有在正确站姿状态下，人体脊柱所承受的力才是均衡的，所以站姿成为形体训练的关键目标之一。除此之外，正确的站姿会给人以挺拔笔直、舒展俊美、庄重大方、精力充沛、信心十足、积极向上的印象。虽然同学们将来会从事不同的工作，不同岗位对站姿的要求是不相同，但作为一种人体行为的基础姿势对它的训练势必对将来的身体姿态产生影响。因此，体态站姿训练显得格外重要。

一、站姿的要领

男生的站姿要求：站立挺拔如松柏，刚毅洒脱；

女生的站姿要求：端庄秀雅，亭亭玉立。

图1-4-1

二、标准的站姿

1. 头顶天，下颌微收，双眼平视前方，嘴角微闭，面容平和自然。

2. 双肩放松，稍向下沉，头顶有向上拔起的感觉。

3. 躯干挺直，挺胸，收腹，立腰。

4. 双臂自然下垂于身体两侧，上臂放松不能用力；手指自然放松微弯曲，中指在裤缝位置。

5. 双腿立直、并拢，脚跟相靠，两脚尖张开约 45° —60° ，身体重心落于两脚正中。（如图 1-4-1 ）

女生站姿：身体挺拔立直，右手搭在左手上，自然贴在腹部，双脚并拢，脚尖自然打开成 30° 或将右脚脚后跟放于左脚脚心位置呈“丁”字步站立。

男生站姿: 身体立直挺拔, 双臂自然下垂放到身体两侧, 两脚平行, 双腿分开比肩略宽。

三、不同场合的站姿

1. 在非正式场合，双脚的姿势为避免呆板，可做灵活变动。既可以选择并拢，也可以一前一后，自然成形。肌肉放松，但仍然应保持身体的挺直。

2. 女生着礼服或正装套裙时，可让双脚之间前后距离约 5 厘米，双脚脚尖略向外，可以前后交替换重心站立。

3. 在向他人问候或做介绍时，不论握手或鞠躬，重心应当在中间，膝盖要挺直。

四、两种特殊的站姿

1. 肃立

身体立直，双手置于身体两侧，双腿自然并拢，脚跟靠紧，脚掌分开呈“V”字形；面部表情严肃、庄重、自然。例如，在参加升降国旗仪式或庄重严肃的场合，或参加遗体告别仪式等都应该用肃立的站姿。

2. 直立

身体立直，右手搭在左手上，自然贴在腹部（前搭手型），或两手背后相搭在臀部（后背手势），两腿并拢，脚跟靠紧，脚掌分开呈“V”字形（男女都适用，男士两脚可以略分开站立更显洒脱）。

五、站姿的训练方法

1. 九点贴墙法：背靠墙站立，要求墙面平整，最好没有踢脚线。保证头枕肌、肩胛骨肩头、臀部、小腿肚、双脚脚跟位置靠于墙壁，使九点在一个垂直面上。贴墙过程中一定保证不要将身体的力量全部靠到墙上。用以训练身体的控制能力，增强肌肉的记忆感。一组 5—10 分钟，做 2—3 组。

2. 双腿夹 A4 纸：自然站立，在大腿中间夹一张 A4 纸（“O”形腿不做此练习），保持纸不破也不掉，以训练腿部的控制能力。

3. 头上顶书：在九点贴墙站立的基础上，前移不靠墙，同时在头顶放上一本书（书选择硬壳书），保持书在头上的稳定性，以训练头部的控制能力。

4. 训练测试：轻松地摆动身体后，瞬间以标准站姿站立，若姿势不够标准，则应加强练习，直至无误为止。

第二节 步态

步态是一个人走路的状态，一个人正常的步态是需要有一个健康的身体来完成的。换一个思路，我们也可以从走路的状态来评估一个人的身体系统。所以，在体态评测中，我们也常常把步态测试当成一个不可缺少的环节。下面我们从形体仪态方面对步态进行分析。

一、基本要求

1. 行走时，上身保持站立的标准姿势，挺胸收腹，保证胸部在行走时处于最前方，腰背挺拔；两臂以身体为中心，自然前后摆动。

2. 手臂摆动时前摆约 35°，后摆约 15°，手掌自然放松，掌心朝内。

3. 起步时，身子稍向前倾，动力脚重心从脚后跟向前脚掌大拇指方向移动，膝盖伸直，随即支撑身体。

4. 脚尖向正前方伸出，双目平视，收颌，表情自然平和。

（一）女生步态

要领：女生要步履轻捷优雅，步伐适中，不快不慢，展现出温柔、矫健的阴柔之美。

速度：女生的步幅一般在 30 厘米左右，每分钟 118—120 步，可根据所穿鞋的鞋跟高度来适当调整。

要点：女生常见的走姿是“一字步”。

“一字步”走姿的要领：行走时两脚内侧在一条直线上，两膝内侧相碰，收腰提臀，肩外展，头正颈直，微收下颌。（如图 1-4-2）

（二）男生步态

要领：男生要步履雄健有力，不慌不忙，展现雄姿英发、英武刚健的阳刚之美。

速度：男生的步幅一般在 50 厘米左右，每分钟 108—118 步。

要点：男生常见的走姿是“平行步”。

“平行步”走姿的要领：双脚各踏出一条直线，使之平行，步伐快而不乱，与女士同行时，男士步子应与女士保持一致。(如图 1-4-3)

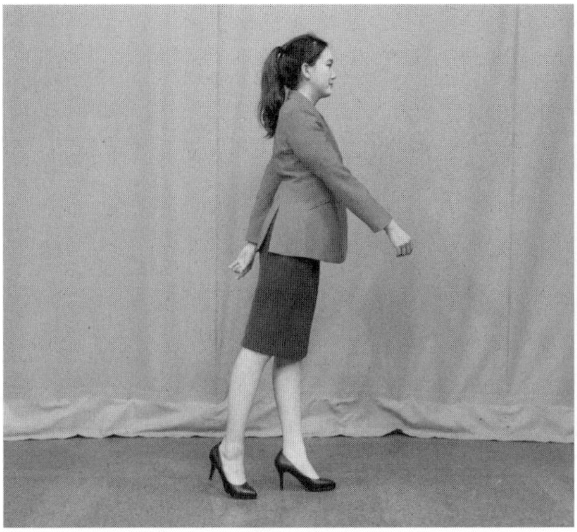
图1-4-2

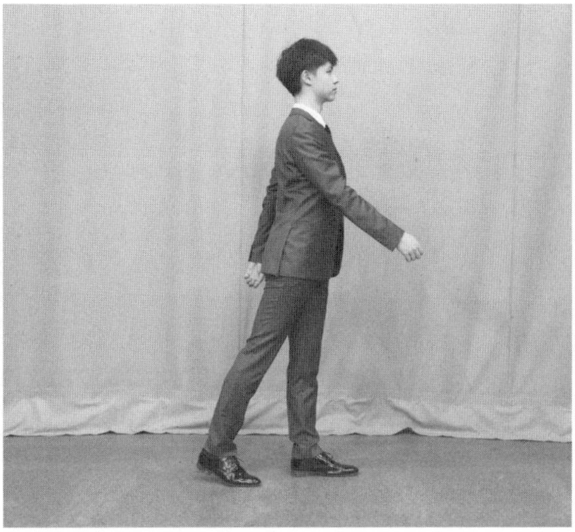
图1-4-3

二、日常生活中的步态问题

1. 注意手臂的摆动，不能夹着手臂走动。用小臂带动大臂自然摆动，幅度大概是前摆向里约35°，后摆向外约15°，摆动手臂的时候，肩膀不要摇晃。不能把手抱在胸前或是倒背着双手走路。

2. 走路的时候脚步拖拉在地上，这是一种很消极的身体语言。如果在工作场合，这种消沉的姿态很容易给他人传递不良的感觉，使大家不愿意与之接近。埋头或耷拉着眼皮走路，同样不是一种积极的感觉。身在职场要始终表现出自信、练达和对工作的热情。

3. 走路时要因场地而及时调整脚步的轻重缓急，不能把地板踩得“咚咚”作响。无论遇到多么紧急的事情，都不能体现在脚步的重量上，可以用提高步伐频率的方法提速。

4. 女生不要岔开双腿走路，那样显得很粗鲁，走路尽量走直线。在家练习时，可以以地板的接缝作为参照线，双脚落在线的两边，并不是完全踩在线上，而是用脚的内侧贴近直线即可，速度要均匀，不能走得过快。所谓仪态万方一定是速度、幅度都控制得当。

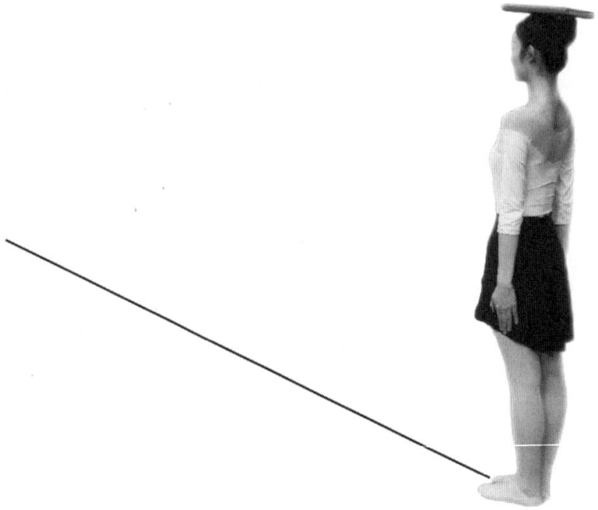

图1-4-4

三、行走的训练方法

1. 核心力量的训练。行走属于动态美，是全身协调性运动，在其中腰部的控制力又是至关重要的。练习时，双手固定于腰部，脚背绷直，踮脚正步行走，不需要额外找场地、时间，在家中随时都可以练习。

2. 良好身姿还体现在背部。脊背是行进中最美妙的音符，因此要练习脊背和脖颈的优雅。头顶上放一本书走路，保持脊背伸展和头正、颈直、目平，起步行走时，身体略前倾，身体的重心始终落于行进在前边的脚掌上，前边的脚落地、后边的脚离地的瞬间，膝盖要伸直，脚落下时再放松。

3. 练习脚步内八字和外八字绝对是不可取的。在地上画一条直线或利用地板的缝隙练习，两脚内缘的着力点力求落在直线两侧，通过不断地练习，保持好行走的轨迹和稳定性。（如图 1-4-4）

4. 进行全身的协调性训练，使行走中身体的每一个部分都能呈现出律动之美。步伐要矫健、轻盈，富有稳定的节奏感。

第三节 坐姿

坐是一个人仪表仪态中的重要表现内容之一，无论是伏案学习、参加会议，还是会客交谈、娱乐休息都离不开坐。坐，作为一种举止，有着美与丑、优雅与粗俗之分。古人云“坐如钟”，是指人的坐姿应像座钟般端直，当然这里的端直指上体的端正感。优美的坐姿会让人觉得安详、舒适、端正、舒展大方，同时也是展现自身的气质与修养的重要形式。

一、坐姿的基本要求

坐时要轻而稳，走到座位前，转身后，轻稳地坐下。女子入座时，若是裙装，应用手将裙摆稍稍拢一下，不要坐下后再站起来整理衣服。面带笑容，双目平视，嘴唇微闭，微收下颌。双肩平正放松，两臂自然弯曲放在膝上，也可放在椅子或沙发扶手上。立腰、挺胸、上体自然挺直。至少坐满椅子的 2/3，脊背轻靠椅背。起立时，右脚向后收半步而后起立。谈话时，可以侧坐，此时上体与腿同时转向一侧。

1. 男生坐姿：双腿分开，上身挺直坐正，两脚略向前伸，两手分别放在双膝上。(如图 1-4-5)

2. 女生坐姿：坐正，上身挺直，两腿并拢，两脚同时向左或向右放，两手叠放，置于左腿或右腿上。(如图 1-4-6)

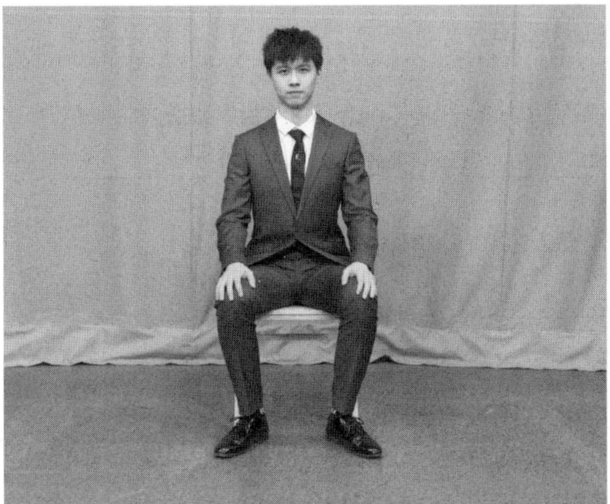

图1-4-5

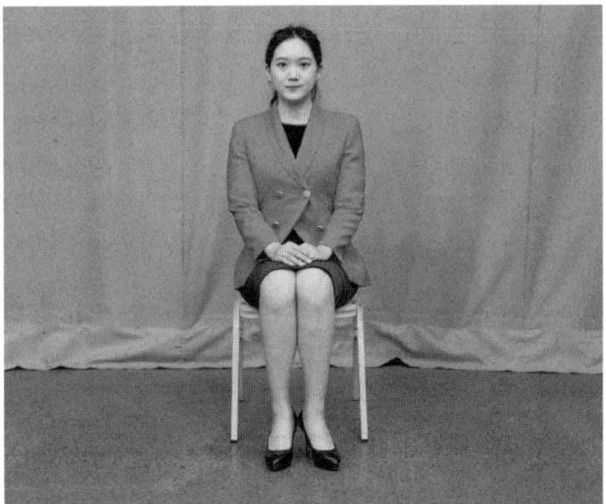

图1-4-6

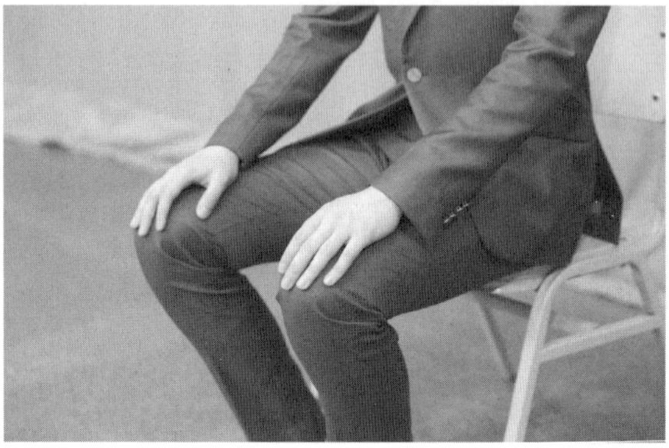

图1-4-7

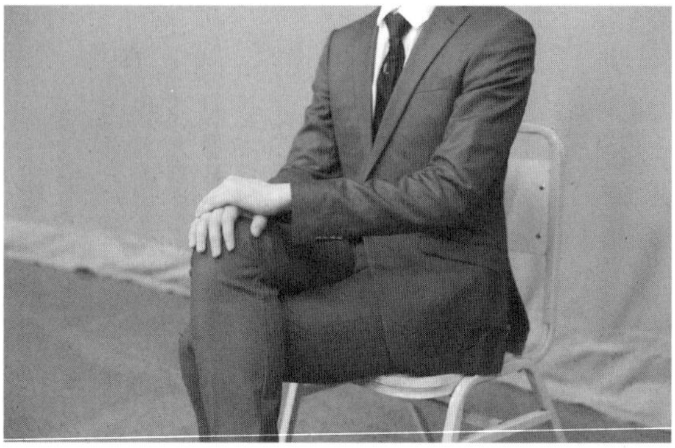

图1-4-8

二、双手的摆法

1. 双手平放在双膝上。(如图 1-4-7)

2. 双手叠放，放在一条腿的中前部。(如图 1-4-8)

3. 一手放在扶手上，另一手仍放在腿上或双手叠放在一侧的扶手上，掌心向下。

三、双腿的基本动作

1. 女士坐姿(如图 1-4-9)

(1) 标准式　(2) 侧点式

(3) 前交叉式　(4) 后点式

(5) 曲直式　(6) 侧挂式　(7) 重叠式

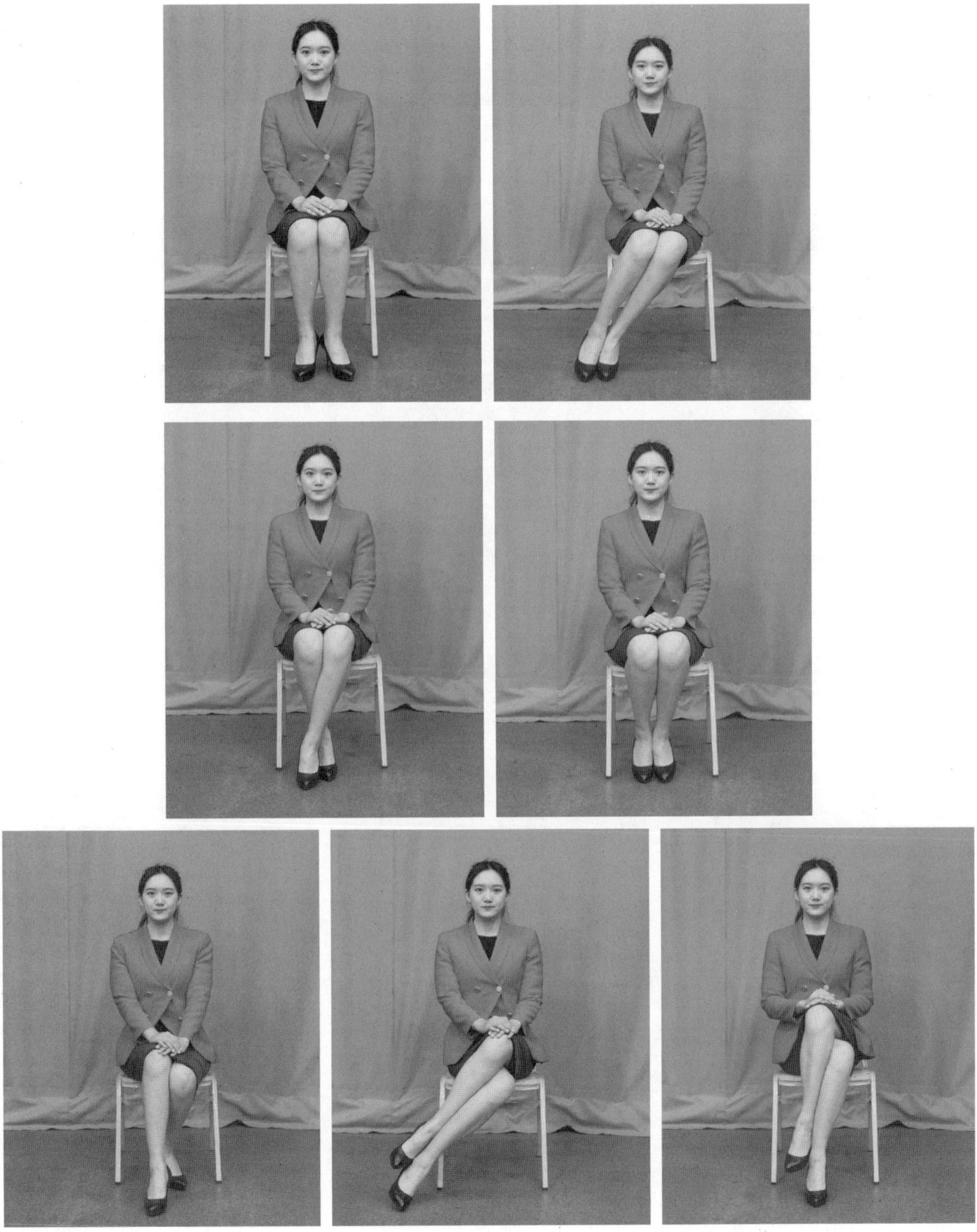

图1-4-9

2. 男生坐姿（如图1-4-10）

（1）标准式　　（2）前伸式

（3）前交叉式　　（4）交叉后点式

（5）曲直式　　（6）重叠式

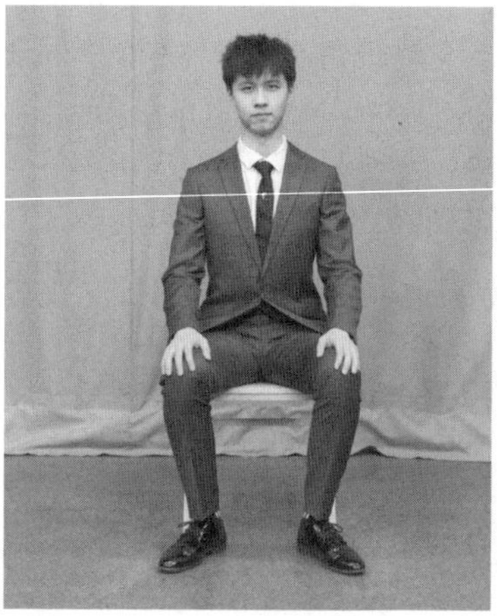

标准式

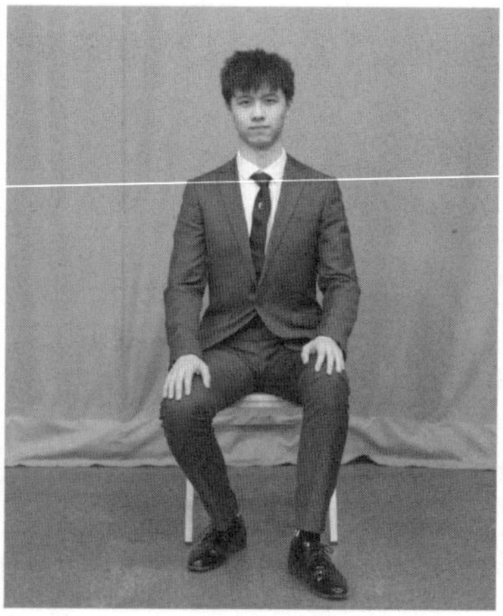

前伸式

前交叉式

交叉后式

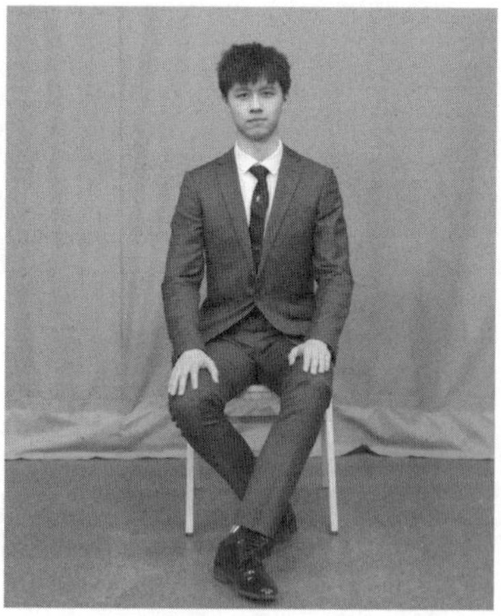

曲直式

重叠式

图1-4-10

四、几种人群坐姿建议

（一）工作中的坐姿建议

1. 身体微微向后倾，颈部有扶托，保证颈部释放自身压力于扶托之上，可避免颈部疲劳。

2. 手臂自然下垂，放松肩部肌肉；手臂有扶托，减少因手臂因用力维持自身位置而疲劳。

3. 调整办公桌的高低，保证手能与键盘平行。

4. 放置腿部健康踏板，使膝盖略高于大腿，保证腿部通畅的血液循环。

5. 视线与向地心垂线的夹角为 115° 角左右。也就是电脑屏幕略低于平行视线。

（二）驾驶时的坐姿建议

1. 上身微微后倾，颈部有汽车驾乘人员颈椎保护头枕释压。

2. 身体正对方向盘，头正肩平，视线平视前方。

3. 后背有双背靠垫做扶托，胸部略挺，小腹略收。

4. 两膝自然分开。

（三）学生听课及做作业时的坐姿建议

1. 腰背自然挺直，胸部张开，双肩放平，胸离课桌一拳左右；双臂放在桌上略张开，左手大拇指和其余四指分开呈八字形，按住纸左边。

2. 写字时，眼睛与纸面保持一尺远距离。

思考与练习

1. 不雅观的坐姿有哪些？

2. 女生坐姿中常见的腿的放法有哪些？

3. 如何避免生活中的不良坐姿？

第二篇　形体综合训练

第一章　芭蕾基础训练

学习提示：通过本章的学习，了解芭蕾基本体态以及肌肉的发力，学习正确的动作姿态和动作规范，为良好的身体形态以及优美的舞蹈动作打下坚实稳固的基础。

芭蕾中的基本功训练是所有舞蹈的基础课程，通过了解芭蕾的基本形态，严谨的动作规范，优雅的肢体动作，使学生在气质上有所提高，并懂得使用舞蹈中丰富的肢体语言鲜活地塑造人物角色。芭蕾的基本形态训练还能够使学生具有一定的舞台表现力以及塑造剧中人物的能力。在基本功训练过程中，始终如一的是“开、绷、直、立”的风格特点，无论是单一动作还是组合训练或者舞台表演都是在此训练的基础上，而具有不同的价值和意义。将每个具体动作一一练习、分解、反复，以获得稳定性和肌肉记忆，是教学过程中最基本的训练步骤。因此通过芭蕾基本功课程训练，还能对其他舞种风格的学习打好坚实稳固的基础。

第一节 地面练习

芭蕾地面组合是一种专门为初学者准备的，具有极高针对性的一种较为单一的练习组合。目的是规范学生们的基本体态，让初学者了解如何正确运用肌肉发力。不仅如此，地面动作练习还为舞蹈动作意识的培养打下了坚实的基础。

一、地面坐姿

（一）训练目的

训练坐姿稳定性与持久性，规范基本身体形态。

图 2-1-1

（二）训练内容

5-8 拍：前四拍准备，身体面对教室 1 点，手在身体两侧，双腿并拢夹紧（如图 2-1-1）

4×8 拍：四个 8 拍保持不动

（三）动作要求

1. 双腿并拢，骨盆直立，腹部收紧后背挺直。
2. 胯、胸、肩保持与地面平行。
3. 目视前方，脊椎挺拔向上。
4. 双脚始终绷住，膝盖向地面压。

二、勾绷脚

（一）训练目的

勾绷脚训练可以加强腿部肌肉流线型的弧度，拉伸韧带。勾绷脚训练能使踝关节以及腿部的肌肉得到有效的锻炼，更主要的是延伸了腿的长度。

（二）训练内容

5-8 拍：面向教师 2 点方向准备

1 拍：右脚半脚掌勾，后背保持挺拔直立，手指尖身体两侧点地

2 拍：右脚全脚掌勾，膝保持盖伸直

3 拍：绷半脚尖

4 拍：绷全脚掌

5×8 拍：反复一次

2×8 拍：左脚反复两次

3-2 拍：双脚同时全脚勾起

3-4 拍：保持不动

5-6 拍：双脚绷下

7-8 拍：保持不动

4×8 拍：双脚同上反复一次，共四个 8 拍

（三）动作要求

1. 在保持地面坐姿后背直立的基础上，从脚趾尖、脚背到脚踝，依次进行最大限度地勾和伸展，膝盖不能放松。(如图 2-1-2)

2. 伸展双脚的方法是将脚背完全推出，绷脚从脚尖发力，勾到最大限度，绷脚时脚趾应该越来越往下延伸。(如图 2-1-3)

图 2-1-2

图 2-1-3

三、腿部外开练习

（一）训练目的

外开对芭蕾舞功能性和技术性有着至关重要的作用。外开是指股骨在髋关节内更大幅度地任意活动，扩展了下肢的自然运动范围，使只能前后移动的双腿可以向任何方向运动，同时又能够提升抬腿的高度，使腿更加修长，满足芭蕾的技术性需求。

（二）训练内容

5-8 拍：绷脚外开身体直立坐在地面，双手在身体两侧（如图 2-1-4）

1-2 拍：双脚缓慢同时转正

3-4 拍：双脚向外旋转

5-8 拍：反复一次

2×8 拍：反复两次

3-2 拍：右腿外开向上抬起 45°，后背直立不能驼背（如图 2-1-5）

3-4 拍：转正腿

5-6 拍：转开

7-8 拍：右腿落下

4×8 拍：左腿反复一次，最后一拍躺到地面

5-2 拍：右腿向上抬起 45°

3-4 拍：右腿向地面缓慢落下，注意不能放松

5-6 拍：右腿贴着地面收回外开绷脚的位置

7-8 拍：不动

图 2-1-4

图 2-1-5

6-2 拍：右腿向旁贴着地面划 45°

3-4 拍：右腿向上回到正前方 45°

5-6 拍：落下

7-8 拍：不动

7×16 拍：左脚同上反复，共八个 8 拍

（三）动作要求

1. 膝盖和脚背尽量外开。

2. 然后从大腿根开始，依次是腹和胸尽量贴近，腿膝盖绷直。

3. 动力腿在做动作时，主力腿那侧要紧贴地面，切记不可跟随动力腿翻过去。

4. 脚趾尖抬起和落地时要有延伸的感觉。

四、吸伸腿练习

（一）训练目的

训练腿部的肌肉和灵活性，经过训练，可以使整条腿修长、有力。还能够有效提高腹背能力，使训练者拥有稳定的躯干。

（二）训练内容

5-8 拍：在地面躺好保持不动

1-2 拍：右脚绷脚吸腿至左腿膝盖处（如图 2-1-6）

3-4 拍：大腿不动小腿伸直，离开地面 45° （如图 2-1-7）

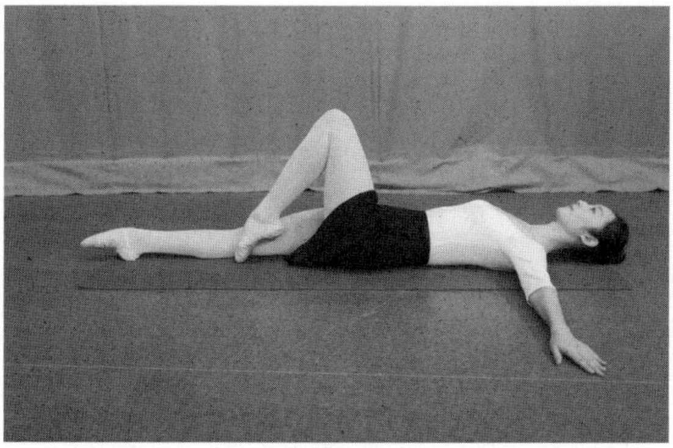

图 2-1-6

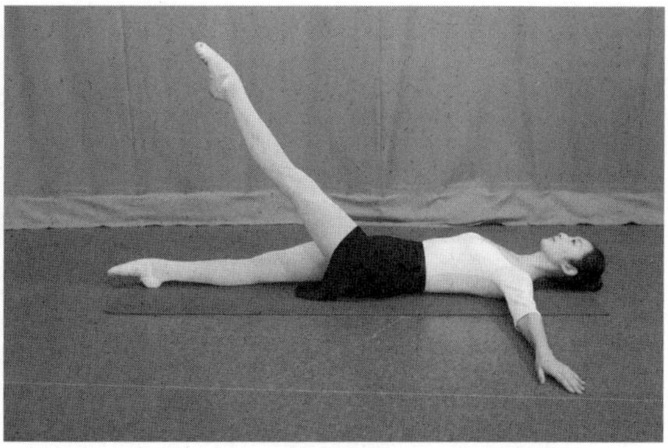

图 2-1-7

5-6 拍：不动

7-8 拍：落回

2-8 拍：左脚反复一次

3-8 拍：右脚反复一次

4-8 拍：左脚反复一次，共四个 8 拍

（三）动作要求

1. 先吸腿，右脚拉紧脚背固定，左脚吸右腿膝盖处，此时，膝盖向上，脚尖在地面，脚跟离地。

2. 膝盖发力推动小腿，伸直到 45°。

3. 收回时，注意腿不能弯曲，脚尖不能松，以上动作背部伸直。

思考与练习

1. 地面动作练习中正确的动作要领是什么？

2. 勾绷脚的要求有哪些？

3. 学习地面动作的目的是什么？

第二节 把杆练习

学习舞蹈一般以基础的把杆动作作为舞蹈练习的开始，让身体为中间练习、把下练习做好充足准备。通过扶把练习，增加躯干和腿部特定部位的力量：例如，plie（蹲），拉伸跟腱，为所有舞蹈动作打基础；battement tendu（绷直的来回拍击），用来训练脚部力量以及腿部肌肉的张力；grand battementjete（大踢腿），训练双腿以髋关节为轴心自由移动，为大腿肌肉增强力量；part de bras（手臂姿态练习）训练身体灵活性和身体的各个部分的协调性。这些练习使学生的动作能力和控制动作的能力逐步提高，使学生的动作协调得更好。当肌肉没有得到充分的锻炼时，有一个支撑杆可以减轻学生为了保持平衡而过度劳累的负担。把杆练习一直是所有学生、舞蹈演员专业技能训练的重要组成部分。它应该被列为每节课或表演的准备练习。

扶把练习分为双手扶把与单手扶把。双手扶把的要求是，两手与肩胯一样宽，身体与把杆一个小臂的距离。单手扶把的要求是，扶把的手轻轻地放在把杆上，在视线所及的范围内，身体稍微向前保持放松。另一只手放在一位准备，不要紧紧握住把手或靠在上面。

一、站姿（一位、二位、三位、四位、五位）

（一）训练目的

双手扶把站位，教学目的是从整体上训练学生克服身体的自然形态，获得正确挺拔的形体姿态。通过规范的芭蕾基本功训练让学生的形体形成良好的体态和气质。

（二）训练内容

5-8 拍：准备拍，双手扶把，双脚一位目视前方

1-8 拍：一位保持不动

2-8 拍：一位保持不动

3-8 拍：右脚向旁 tendu 擦地

4-8 拍：落二位

二位、五位、四位节奏同上

（三）动作要求

1. 一位：两脚脚跟部位相对靠拢，双脚外侧踩实地板，足弓立直（防止倒脚），两个膝盖窝贴住，小腿，大腿和屁股外旋收紧，小腹收起，后背拔直，肩膀下沉，肩胛骨外旋打开，目视前方。（如图 2-1-8）

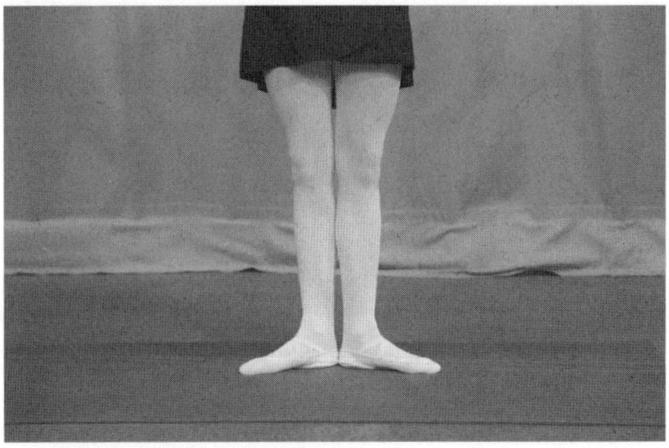

图 2-1-8

2. 二位：站法与一位相同，两脚之间相隔一个脚的距离，要求与一位站姿相同。(如图 2-1-9)

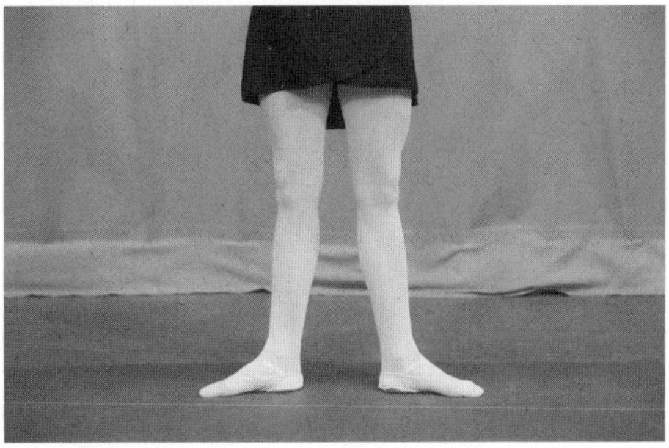

图 2-1-9

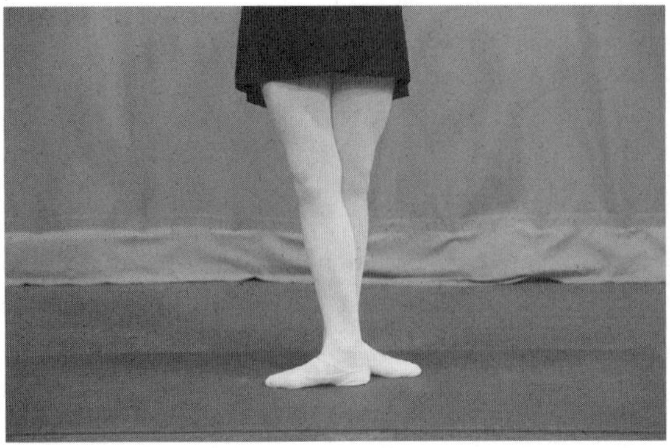

图 2-1-10

图 2-1-11

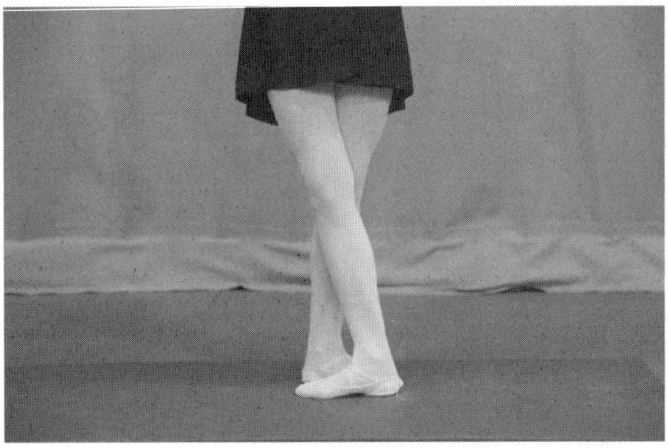

图 2-1-12

图 2-1-13

3. 三位：两脚外开，一脚的脚跟紧靠在另一脚前面的中间部分。(如图 2-1-10)

4. 四位：两脚外开，两脚前后间隔约一只脚的距离，成平行线，前脚脚跟与后脚脚尖对齐，可形成一个正方形。(如图 2-1-11)

5. 五位：站法是在三位的基础上，将其中一只动力脚收到主力腿前方，使前脚脚后跟与后脚脚尖对齐。(如图 2-1-12、图 2-1-13)

二、Plie（蹲）

（一）训练目的

plie 是芭蕾基本功训练中最基本也是最重要的动作练习，它主要训练跟腱，踝关节、膝关节韧带的韧性和弹性，锻炼踝关节、小腿、大腿肌肉的力量。各种舞蹈动作技巧所需

图 2-1-14

图 2-1-15

要的动力，动作结束时的控制以及落地时的轻盈稳定，都离不开正确的 plie 训练，可以说 plie 是一切动作的基础。plie 有两种形式：demi plie（半蹲）与 grand plie（深蹲）。

动作做法：

1.demi plie 是一种缓慢而连贯的屈膝和直立起来的动作。在练习过程中脚跟不能离地。躯干和头保持笔直，屈膝时膝盖要对准外开的脚趾尖方向。每个 demi plie 做完时，双膝都要伸直。在五个基本脚位上，练习若干次，从一位过渡到二位再过渡到三、四、五位。

2.grand plie 是慢速的，持续性的动作。蹲下去和站起来这段过程，中途不能停顿，单手扶把时不扶把的那只手臂要配合着双腿很协调地活动。双膝外开，对准脚尖，脚跟着地，一直往下蹲，蹲到 demi plie 的程度，再继续往下蹲时，脚跟要稍稍离地。做 grand plie 蹲到最深程度时，脚跟要立即往下压，到贴住地面时再往上起。每次 grand plie 结束时，双膝都要伸直。

（二）训练内容

5-8 准备拍双手扶把一位脚

1-4 一位半蹲，膝盖朝着外开的脚趾间方向打开（如图 2-1-14）

5-8 缓慢站直，后背保持挺拔

2-8 反复一次

3-4 一位 深蹲（如图 2-1-15）

5-8 缓慢站直

4-4 动力腿向旁 tendu 绷脚擦地

5-8 落二位站直

二位、五位、四位动作节奏同上反复

（三）动作要求

1.plie 全过程，严格要求双腿膝盖外开，两肩、胯、膝、脚在外开的前提下，保持在一个平面上。蹲和起的过程中，后背保持直立。

2. 做 plie 身体下降时，大腿、腹部以及臀部肌肉一定要有一种对抗力。在做四位 plie 时，躯干保持笔直挺拔，重心均匀地落在两脚之间。

3. 注意只有二位 grand plie 时全脚在地面。

三、Battement tendu（原意为绷直地来回拍打即擦地）

（一）训练目的

Battement tendu 是所有 battement（腿部动作的总称）一类动作的最基础形式，它是以单脚为重心，另一脚不离开地面来练习的第一个动作。它除了 battement 所共有的开、绷直训练功能外，主要训练脚背、脚腕的柔韧性、弹性以及腿部的肌肉力量。通过它的训练来达到在单腿重心动作中保持身体的平衡和稳定。

动作做法：

1. 向前：动力脚的脚尖擦地往前延伸到最远处，脚跟主动往前顶（前四位）。动力脚收回来时，脚尖先收，脚后跟留住，收成严格的一位或五位。

2. 往旁：动力腿经过半脚尖擦地向旁伸点地，到旁边的最远点（即二位）与主力腿的脚跟在一条直线上。收回来时，脚跟始终要保持往前，脚尖擦地，收成严格的一位或五位。

3. 往后：动力脚在伸直膝盖的基础上向后伸，达到身体正后方最远点为止（后四位），从大腿跟到脚尖保持外开。收回时，脚跟先回，留住脚尖，收成严格的一位或五位。

（二）训练内容

初学时双手扶把一位站位准备，一个 8 拍一次（以下练习中将 Battement tendu 简称为 tendu）

5-8 拍：准备

1-2 拍：右脚向旁擦地，脚跟离开地面

3-4 拍：脚趾绷起（如图 2-1-16）

5-6 拍：落半脚掌

图 2-1-16

7-8 拍 : 收回一位

2×8 拍 : 反复一次

3×8 拍 : 右脚向前擦地反复一次

4×8 拍 : 向前反复一次

顺序是旁、前、旁、后各方向两次

右脚完成后换左脚，共 16 个 8 拍

进阶版：双手扶把五位准备 4 拍一次

5-8 拍 : 右前五位准备

1-2 拍 : 右脚经过半脚尖向旁擦地绷起脚趾尖

3-4 拍 : 经过半脚尖收回右后五位

5-8 拍 : 反复一次收右前五位

2×8 拍 : 向旁反复两次

顺序是旁、前、旁、后各方向四次

右脚完成后换左脚，共 16 个 8 拍

高级版双手扶把五位，2 拍一次

5×8 拍 : 右前五位准备

1 拍 : 拍 : 右脚经过半脚尖向旁擦地绷起脚趾尖

2 拍 : 收回后五位

3 拍 : 向旁 tendu

4 拍 : 收回前五位

5-8 拍 : 反复两次

顺序是旁、前、旁、后各方向四次，右脚完成后换左脚，共 8 个 8 拍

（三）动作要求

1.tendu 时要全脚贴在地面，压膝盖往上提，脚下踩，脚跟，脚心，脚掌依次离地绷脚背，脚尖点地在最远点。再依次落脚掌、脚心、脚跟到全脚平贴地面收回到准备位。

2. 动力脚擦出，收回时，全脚在地面的时间要尽可能长。不许空脚心，两腿最大限度外开。

3. 保持后背垂直，两胯平行上提，不论向前、向旁、向后，重心始终保持在主力腿。

4. 动力腿向各方向 tendu 时，整条腿（从大腿到脚尖）要完全外开、绷直，同时伸直膝盖。

四、Battement tendu jete（原意为扔出即小踢腿）

（一）训练目的

这个动作是把杆练习中第一个单脚离开地面的动作，它除了与 battement tendu 有着相同性质外，还需要有比 battement tendu 更强的力量和更快的速度，主要训练腿和脚在 15° 到 45° 之间运动的力量和速度。同时进一步锻炼主力腿的重心感和支撑能力，并为各种跳跃动作储备力量。

动作做法：

1.battement tendu jete 在一位或五位上经过 battement tendu 全过程，向旁或向前，向后快速踢出 25° 。脚要更尖，腿要更长。

2. 初学时，动作要干净利落，节奏快时重拍在里连贯不断，在一位或五位上停。

3. 初学慢做时，腿可以踢到 45° ，以后快做时，脚不能低于 15° 。

（二）训练内容

初学时双手扶把一位站位准备 一个 8 拍一次（以下练习中将 battement tendu jete 简称为 jete）

5-8 拍 : 准备

1-2 拍 : 右脚向旁擦地 脚跟离开地面

3-4 拍 : 脚趾绷起同时踢起 25°

5-6 拍 : 落地不能放松脚趾尖

7-8 拍 : 收回一位

2×8 拍 : 反复一次

3×8 拍 : 右脚向前反复一次

4×8 拍 : 向前反复一次

顺序是旁、前、旁、后各方向 2 次

右脚完成后换左脚 共 16 个 8 拍

进阶版：双手扶把五位准备，四拍一次

5-8 拍 : 右前五位准备

1-2 拍 : 右脚经过半脚尖向旁 jete

3-4 拍：经过半脚尖收回右后五位
5-8 拍：反复一次收右前五位
2×8 拍：向旁反复两次
顺序是旁、前、旁、后各方向四次
右脚完成后换左脚，共 16 个 8 拍

高级版双手扶把五位，2 拍 1 次
5-8 拍：右前五位准备
1 拍：右脚经过半脚尖向旁 jete
2 拍：收回后五位
3 拍：向旁 jete
4 拍：收回前五位
5-8 拍：反复两次
顺序是旁、前、旁、后各方向四次
右脚完成后换左脚，共 8 个 8 拍

图 2-1-17

图 2-1-18

图 2-1-19

（三）动作要求

1.Battement tendu jete 不论向前，向旁，向后，都要按 battement tendu 的要求，从最远点踢起，落最远点收回。(如图 2-1-17)

2. 向旁的 battement tendu jete，动力腿要和主力腿在一条横线，特别是从旁收五位，不能划弧线，要经过一位贴着主力腿的内缘或外缘收回五位。(如图 2-1-18)

3. 要尽可能做到两腿外开，特别是动力腿离开地面，更要强调主力胯外开胯上提，两胯平行，后背收紧。

4.Battement tendu jete 向后时，上身稍往前，双肩下沉两胯稳定不动，腿部转开。(如图 2-1-19)

五、Rond de jambe pas terre（沿地面单腿划圈）

（一）训练目的

主要目的是使髋关节更加灵活自如，放松和稳定，锻炼腿部和脚的外开。通过脚趾在地面最大画圈训练，使足部的脚趾、脚、脚背、脚踝的灵活性和能力得到锻炼，大幅度地增强地面和空中运动的能力，还能增强腰部和背部肌肉的控制能力。

动作做法：

Rond de jambe pas terre 分为 endehors（向外）和 endedans（向里）两种。

1.Rond de jambe pas terre endehors（向外）是动力腿沿着地面向正前方擦前、划圆弧到旁二位再往后，经一位到前。

2.Rond de jambe pas terre endedans（向里）是动力腿沿着地面向正后方擦前、划圆弧到旁二位再往前，经一位到后。

3. 高班时连续的 rond de jambe：单腿画圆圈，地面 / 往里 / 往外划圈 180°，或空中 360°。

（二）训练内容

初学者双手扶把一位脚准备 一个 8 拍一次

5-8 拍 : 准备

1-2 拍 : 动力腿向前擦地（如图 2-1-20）

3-4 拍 : 划到旁，主力腿保持外开，上身保持挺拔（如图 2-1-21）

图 2-1-20

图 2-1-21

图 2-1-22

5-6 拍 : 划到后　(如图 2-1-22)

7-8 拍 : 收回一位

2×8 拍 : 反复一次

3×8 拍 :endedans 反复一次（从后到前）

4×8 拍 :endedans 反复一次 反面同上

进阶版：双手扶把一位准备 四拍一次

5-8 拍 : 准备

1 拍 : 动力腿向前擦地

2 拍 : 划到旁

3 拍 : 划到后

4 拍 : 收回一位

5×8 拍反复一次

2×8 拍反复两次

3×16 拍 endedans 反复四次（从后到前）

反面腿同上

高级版单手扶把

1-4 拍 : 单手扶把一位脚准备

Ta 拍 : 小臂向旁打开 头随手动

5 拍 : 双腿同时 demi plie

6 拍 : 主力腿半蹲基础上动力腿向前 tendu 同时手经过一位抬至二位偏头看手

7 拍 : 主力腿伸直动力腿在地面向旁打开 同时手打开七位

8 拍 : 头向旁看动力腿划到后

1 拍 : 动力腿向前擦地

2 拍 : 划到旁

3 拍 : 划到后

4 拍 : 收回一位

图 2-1-23

图 2-1-24

5×8 拍：反复一次

2-4 拍：反复一次

5 拍：双脚 plie

6 拍：主力腿半蹲的基础上，动力腿向前 tendu

7 拍：主力腿伸直，动力腿在地面向旁打开

8 拍：收回一位

3×16 拍 endedans 从后反复一遍

Ta 拍：呼吸看七位手

5-4 拍：向前下 port de bras，手二位（如图 2-1-23）

5-8 拍：身体起直同时手上三位

6-4 拍：向后下 port de bras，手保持三位 （如图 2-1-24）

5-8 拍：身体起直同时手上三位

7-8 拍：双脚同时立起一位 releve

8-4 拍：双脚落下

5-8 拍：头随手动呼吸，收回一位，结束

（三）动作要求

1. 两胯平行，向上提起保持稳定，运动过程中脚尖划最远点，绷直腿并保持外开，脚尖不要离开地面。

2. 脚尖经前、后四位时不能超越主力腿脚跟最外侧的界限。

3. 动作要求：膝盖绷直，主力腿有力，不能晃动；运动时双腿外开绷紧，每个方向准确。

六、Battement fondu（原意为溶化即单腿蹲）

（一）训练目的

Battement fondu 除了与 plie 有相同的训练意义之外，它是双腿同时弯曲，同时伸直，一条腿做蹲起，另一条腿做有幅度的屈伸动作，从而构成了这个动作难度和复杂的变化，加大了动作本身的训练功能，主要训练单腿重心上腿部各关节韧带的柔韧性、弹性和力量，以及双腿做不同动作的协调性，为日后各种中、大跳舞蹈组合以及旋转做准备。

动作作法：

1. 做 battement fondu 之前，先学做 battement fondu 前、后 sur le cou de pied 位置。前 sur le cou de pied 位置：绷脚背，脚跟前顶，小脚趾贴在主力脚踝方。后 sue le cou de pied 位置：保持脚形，脚踝内凹处贴在主力腿小腿外侧下方。

2.Battement fondu ，可以做向旁、向前、向后，可以做点地、45°、90°的。做点地和 45° battement fondu 时，腿要从 sur le cou de pied 直接伸到要去的位置。

3.battement fondu 下去、起来节奏要做满，没有停顿，要柔和，有控制，平稳下蹲和起直。

（二）训练内容

初级版双手扶把一位或五位准备

1-4 拍：右前五位准备，目视前方

5-8 拍：右脚向旁点地，后背挺拔向上

1-4 拍：右脚收前 sur let cou de pied 膝盖向旁打开，主力腿伸直不动（如图 2-1-25）

5-8 拍：右脚绷脚尖向旁伸出点地

2×8 fondu 收后 sur let cou de pied 位置

共 8 次 8 个 8 拍 最后一次收回后五位接反面左脚向旁的 fondu

图 2-1-25

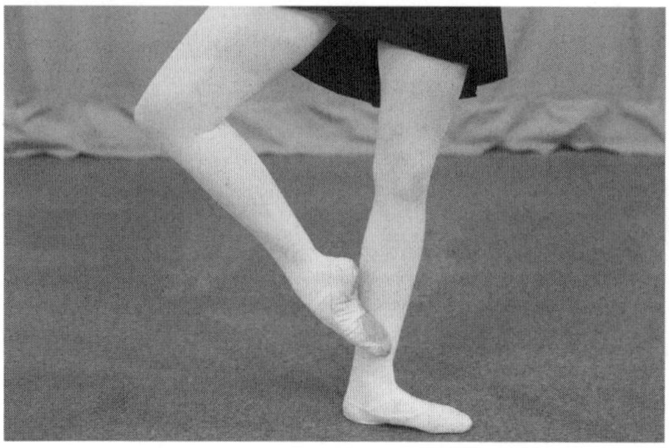
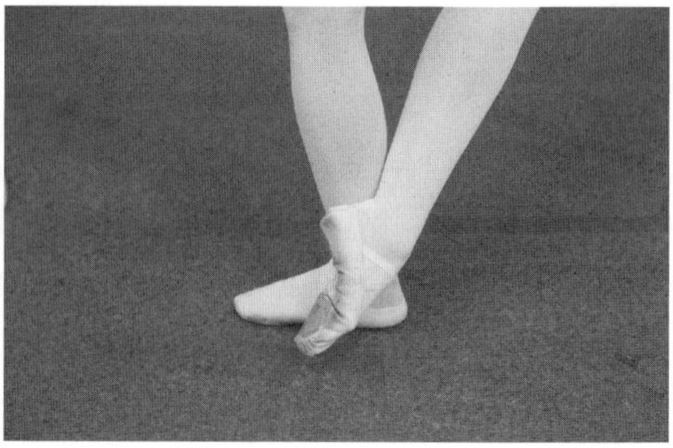

图 2-1-26

进阶版：双手扶把

1-4 拍 : 右前五位准备

5-6 拍 : 动力腿向旁 tendu

7-8 拍 : 停住不动

1-2 拍 : 收前 sur let cou de pied 同时主力腿 plie （如图 2-1-26）

3-4 拍 : 同时伸直动力腿旁点地

5-8 拍 : 反复一次收后 sur let cou de pied

向前向后共做 8 次 共 4 个 8 拍

高级版单手扶把

5-6 拍 : 手从一位到二位，头随手动

7-8 拍 : 手打开七位，同时向旁 tendu

1-2 拍 : 前 fondu 手七位

3-4 拍 : 向前点地

5-8 拍 : 向前 fondu 重复一次

2×8 拍 : 向旁反复两次

3×8 拍 : 向后反复两次

4×8 拍 : 向旁反复两次

（三）动作要求

1. 动作过程中，双腿动作要连贯协调，下去和起直之间没有停顿。双腿要同时弯曲，同时伸直。

2. 重心要始终保持垂直，直蹲直起，主力胯上提，后背收紧直立。

3. 双腿双膝保持外开，特别是主力腿一定朝着外开的脚趾尖。

七、Battement frappe（原意为拍打击打即小弹腿）

（一）训练目的

这个动作主要训练膝关节、踝关节的弹性及灵活性，训练小腿肌肉及脚背的力量及速度。

动作做法：

1. 先学 sur le cou de pied 脚的形状以及位置。 sur le cou de pied 前，动力脚绷脚外开，脚心包在主力脚踝骨上方，脚跟在前，脚趾在后，膝盖外开在旁。 sur le cou de pied 后，保持前 sur le cou de pied 脚形，动力脚踝内侧贴在主力脚踝外上方，膝盖外开在旁。 sur le cou de pied 前、后位置高度要一致。

2. 动作开始脚从准备位， tendu 出旁点地。保持膝盖外开，大腿不动，小腿迅速收回 sur le cou de pied 位置，再迅速有力射出到脚尖点地，脚到达点地位置瞬间，要经过脚掌短促地擦地过程到脚尖点地。

3.frappe 向前，动力脚跟先走，膝盖带动收回。向后，动力腿膝盖先走，收回时膝盖留住，动力脚跟主动收回。向旁，大腿不动、保持膝盖外开，动力脚直线收回或击出。

初学，可以不强调力量。但是 sur le cou de pied 和点地位置要准确，出去和收回节奏要平均。

4.Batement frappe 可以带半脚尖做。出去时带半脚尖，回来时带半脚尖。

（二）训练内容

初学者双手扶把，站五位

5-6 拍 :tendu 旁

7-8 拍 : 不动

1 拍 : 收 sur le cou de pied 前或后 （如图 2-1-27）

2-4 拍 : 停

5 拍 : 点地

6-8 拍 : 停

8 次共 8 个 8 拍

进阶版：双手扶把或单手扶把

5-6 拍 :tendu 旁

7-8 拍 : 不动

1 拍 : 收 sur le cou de pied 前或后

2 拍 : 停

3 拍 : 点地

4 拍 : 停

8 次共 4 个 8 拍

高级版双手扶把或单手扶把

7-8 拍 :tendu 旁

1 拍 : 收 sur le cou de pied 前或后

2 拍 : 点地

3 拍 : 收 sur le cou de pied 前或后

4 拍 : 点地

16 次共 4 个 8 拍

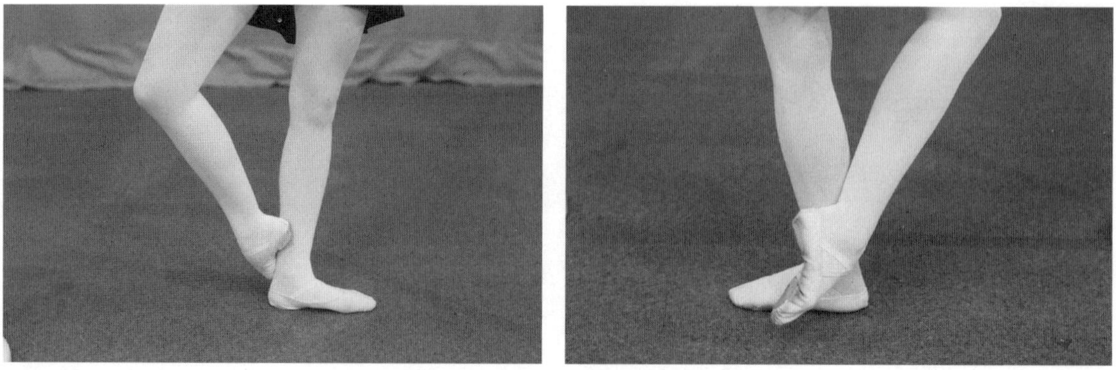

图 2-1-27

（三）动作要求

1. 动力腿保持外开，大腿和膝盖不许上、下和前、后动。

2. 初学节奏平稳,不强调收回、击出的力度,熟练以后要做到收回和击出有力量和速度。

八、 Petit battement sur le cou de pied（小的击打）

（一）训练目的

主要训练膝关节和小腿灵活性，以及主力腿的稳定性。

动作做法：

1.Petit batement sur le cou de pied 脚的位置与 frappe 包脚型的前、后位置相同。

2. 它是由脚在 sur le cou de pied 位置前、后交换来完成的。动力脚从旁点地，收回 sur le cou de pied 前或后。大腿保持不动，小腿向旁打开到与地面垂直的位置，再回到 sur le cou de pied 后或前。这样反复做，一般要连续做多次。

3. 初学时打开、收回节奏是均匀的并带停顿，以后要连续进行并带重拍。

（二）训练内容

初学版：双手扶把，脚下一位或五位

1-4 拍 : 准备

5-6 拍 :tendu 向旁

7-8 拍 : 收前 sur le cou de pied（如图 2-1-28）

1-2 拍 : 小腿与地面垂直，脚不能点地，打开旁 1/2（如图 2-1-29）

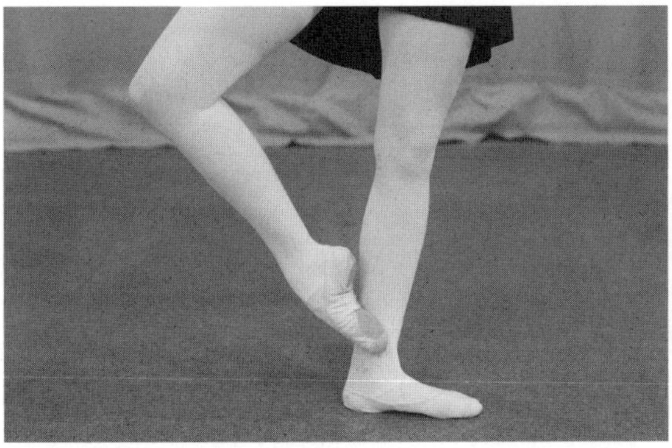

图 2-1-28

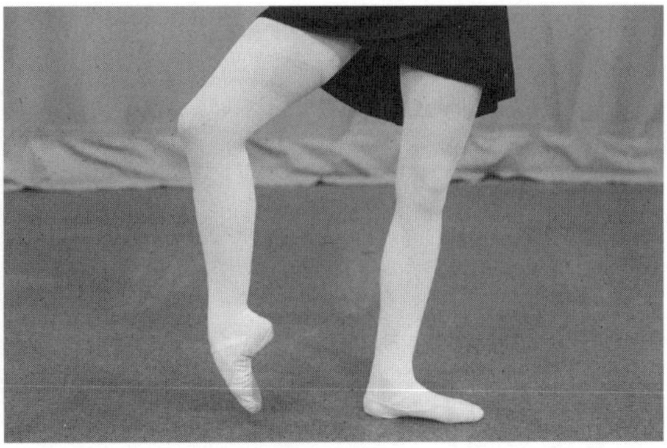

图 2-1-29

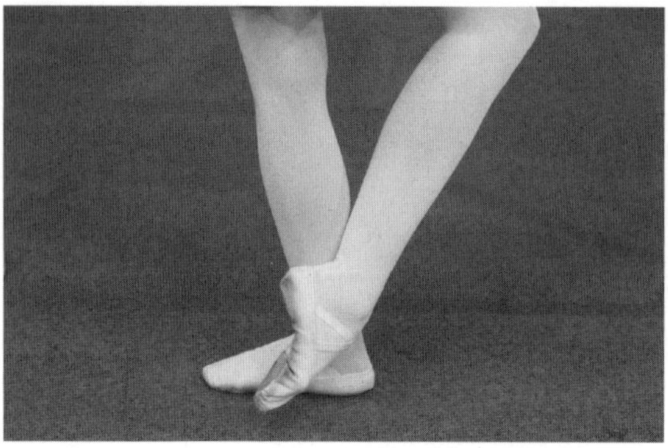

图 2-1-30

3-4 拍 : 收后 sur le cou de pied（如图 2-1-30）

5-6 拍 : 小腿与地面垂直，打开旁 1/2

7-8 拍 : 收前 sur le cou de pied

共 4 个 8 拍，左右两边都要练习

进阶版：准备同上

1-4 拍 : 准备

5-6 拍 :tendu 向旁

7-8 拍 : 收前 sur le cou de pied

1 拍 : 小腿与地面垂直，打开旁 1/2

2 拍 : 收后 sur le cou de pied

3 拍 : 小腿与地面垂直，脚不能点地 ，打开旁 1/2

4 拍 : 收前 sur le cou de pied

5 拍 : 小腿与地面垂直，脚不能点地 ，打开旁 1/2

6 拍 : 收后 sur le cou de pied

7 拍 : 小腿与地面垂直，脚不能点地 ，打开旁 1/2

8 拍 : 收前 sur le cou de pied

共，4 个 8 拍，左右两边都要练习

高级版双手或单手扶把

1-4 拍 : 准备

5-6 拍 :tendu 向旁

7-8 拍 : 收前 sur le cou de pied

Ta 拍 : 小腿与地面垂直，打开旁 1/2

1 拍 : 收后 sur le cou de pied

Ta 拍 : 小腿与地面垂直，打开旁 1/2

2 拍 : 收前 sur le cou de pied

Ta 拍 : 小腿与地面垂直，打开旁 1/2

3 拍 : 收后 sur le cou de pied

Ta 拍 : 小腿与地面垂直，打开旁 1/2

4 拍 : 收前 sur le cou de pied

5-8 拍 : 同上反复 4 次

共 4 个 8 拍，左右两边都要练习

（三）动作要求

1. 要求 sur le cou de pied 的位置准确，脚背绷紧，主力胯上提。

2. 拔直。

3. 保持大腿外开稳定不动，用脚带劲，只动小腿，要直出直收。

九、Battement releve lent（原意为升起踮起即匀速抬腿）

（一）训练目的

这个动作是在 battement tendu 基础上发展来的，训练腿上升到 90°以上，它和 battement developpe 使腿从地面缓慢平稳地抬起或伸出，构成了 adagio（缓慢的）的表现内容和因素。

动作做法：

1. 站一位或五位，全脚要经过一个完整的擦地过程，缓缓抬起到 90°，落地时同样慢落到脚尖点地，不可以一下摔到地面。再经过绷直膝盖的擦地收回一位或五位。

2. 可以做向前、向旁、向后的。

（二）训练内容

初级版准备脚站一位或五位，双手扶把

5-8 拍 : 准备

1-2 拍 :tendu 出旁点地

3-4 拍 : 缓慢抬起 45° 或 90°

5-6 拍 : 缓慢落到点地位置

7-8 拍 :tendu 收回

2-2 拍 :tendu 出旁点地

3-4 拍 : 缓慢抬起 45° 或 90° （如图 2-1-32）

5-6 拍 : 缓慢落到点地位置

7-8 拍 :tendu 收回

3-2 拍 :tendu 出旁点地

3-4 拍 : 缓慢抬起 45° 或 90°

5-6 拍 : 缓慢落到点地位置

7-8 拍 :tendu 收回

4-2 拍 :tendu 出旁点地

3-4 拍 : 缓慢抬起 45° 或 90°

5-6 拍 : 缓慢落到点地位置

7-8 拍 :tendu 收回

各方向 4 次节奏同上，顺序为旁、前、旁、后（如图 2-1-31）

图 2-1-31

图 2-1-32

图 2-1-33

（三）动作要求

1. 做向前时，主力脚脚跟踩地并保持外开，注意不能送胯。（如图 2-1-31）

2. 做向旁时，双腿保持外开，两胯平行，“折断”胯跟，落地过程中，动力腿保持平稳。（如图 2-1-32）

3. 做向后时，主力脚跟保持外开，动力腿外旋 Battement 时不能掀胯，上身不能后仰。（如图 2-1-33）

4. 做向任何方向的抬起和落下时，腿部肌肉都要始终保持收紧。

十、Grand battement jete（大踢腿）

（一）训练目的

Grand battement jete 这个动作是 battement tendu （擦地） 和 battement tendu jete （小踢腿） 由低到高，由易到难纵向训练的最高形式，主要训练腿部的力量和软开度，强化整条腿轻而有力的自如运动能力，为中、大跳提供足够的动力和力量，同时锻炼动力腿在较大幅度运动状态下，保持身体平衡和稳定的能力。

动作做法：

1. 这个动作与 battement tendu jete 的做法一样，只是要更有力地将腿抛到 90° 以上，并有控制地轻落“上去快，上来慢”。

2. 向前时用脚跟带动，向旁时用脚背带动，向后时用脚尖带动。前、旁踢腿时要保持主力腿和躯干的垂直和稳定，同后踢腿时在超过 90° 的前提下，允许上身稍有前倾，但落下时，上身要先于腿起直。

3. 初学时，先不要求踢 90° 以上，重点要求方法准确，动作规范。

（二）训练内容

初学版：一位或五位准备双手扶把

5-8 拍：准备

1 拍：tendu 出

2 拍：踢起 90° 以上（如图 2-1-34）

3 拍：落回点地

4 拍：收回

5 拍：tendu 出

6 拍：踢起 90° 以上

7 拍：落回点地

8 拍：收回

旁、前、旁、后方向各 4 次，共 8 个 8 拍

图 2-1-34

进阶版：准备同上

5-8 拍：准备

1 拍：踢起 90° 以上

2 拍：落回点地

3-4 拍：收回

5 拍：踢起 90° 以上

6 拍：落回点地

7-8 拍：收回

旁、前、旁、后方向各 4 次，共 8 个 8 拍

高级版准备单手或双手扶把

5-8 拍：准备

1 拍：踢起 90°以上

2 拍：收回

3 拍：踢起 90°以上

4 拍：收回

图 2-1-35

图 2-1-36

或：

Ta 拍：踢起 90°以上，落点地

1 拍：收回

Ta 拍：踢起 90°以上，落点地

2 拍：收回

Ta 拍：踢起 90°以上，落点地

3 拍：收回

Ta 拍：踢起 90°以上，落点地

4 拍：收回

旁、前、旁、后方向各 4 次，共，4 个 8 拍

（三）动作要求

1. 动力腿伸直，脚背绷紧，踢起和收回路线准确。

2. 不论向哪个方向踢腿，都要保持腿部外开，两胯平行摆正。（如图 2-1-35）

3. 踢腿时扶把手臂应避免拉把杆、端肩、僵硬，保持上身姿态稳定。（如图 2-1-36）

思考与练习

1. 把杆中的 plie 动作训练意义是什么？

2.Battement tendu 训练目的是什么？

3.Battement releve lent 训练意义是什么？

第三节 中间练习

中间练习其实可以说是将从把杆学到的单一动作融入身体语言或艺术形象符号中，形成脱离把杆支撑的训练，从而强化身体各部分肌肉，形成协调优美的舞姿与体态。中间练习采用芭蕾中柔韧性练习、足部伸展练习、手位练习、腿部屈伸练习等，以形成力量训练，促进舞蹈动作伸展、柔韧性和协调性的发展。正确学习和掌握它的规范动作，可以为学习其他动作打下良好的基础（把杆所有动作均与中间练习动作节奏一样，此处不再赘述）。

一、手位单一练习

（一）训练目的

手的位置和手臂动作练习，是古典芭蕾基本功训练中的重要组成部分。手及手臂的位置、形态、运动规律，是体现古典芭蕾风格的重要因素。它不仅能在各类动作中构成各种舞姿造型，还可以帮助各种旋转、跳跃等技巧动作的完成。因此，手及手臂位置、形态、运动时间、运动路线等方面的训练，对舞蹈动作完成的质量起着至关重要的作用。

（二）训练内容

初学版：在手位训练中，四位、五位、六位左右手都可完成。

5-8 拍 : 面对教室 1 点方向双手一位准备（如图 2-1-37）

1-4 拍 : 经一位抬至二位（如图 2-1-38）

5-8 拍 : 经二位抬至三位（如图 2-1-39）

2-4 拍 : 右手经三位落回二位，左手不动，呈四位头随手动，偏头看手（如图 2-1-40）

5-8 拍 : 右手向旁打开，呈五位（如图 2-1-41）

3-4 拍 : 左手下落至二位呈六位（如图 2-1-42）

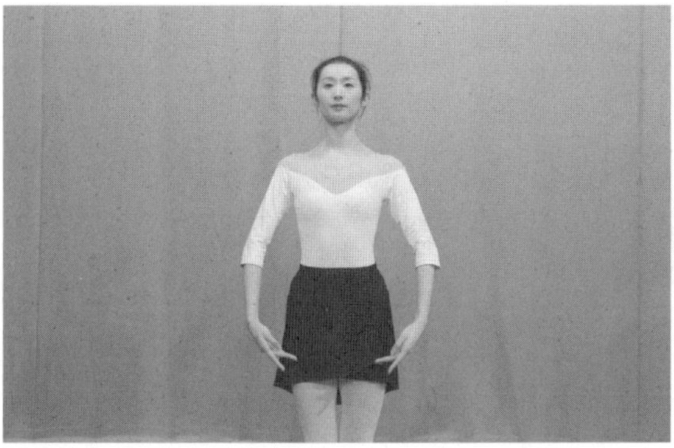

图 2-1-37 一位

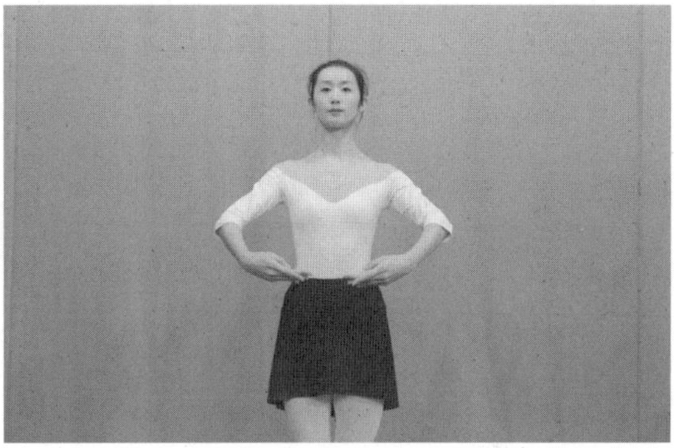

图 2-1-38 二位

图 2-1-39 三位

图 2-1-40 四位

图 2-1-41 五位

图 2-1-42 六位

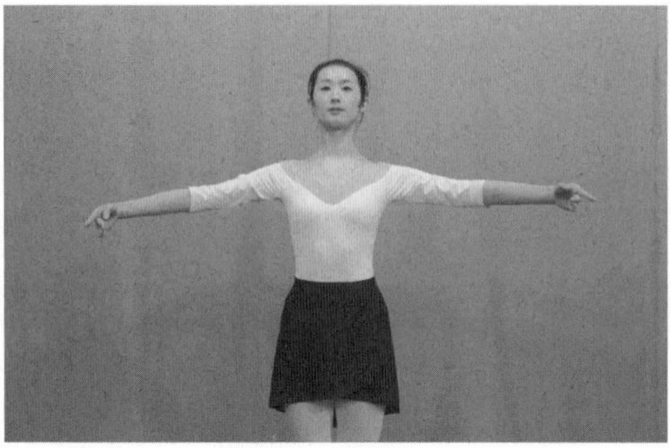

图 2-1-43 七位

5-8 拍：向旁打开呈七位（如图 2-1-43）

4-4 拍：双手同时呼吸，头随手动

5-8 拍：收回一位，目视前方

进阶版：

5-8 拍：面对教室 8 点方向准备，五位脚，一位手

1-2 拍：双手经一位抬至二位

3-4 拍：左手抬至三位，右手打开七位（同时）

5-6 拍：左手落七位

7-8 拍：看手呼吸收回一位

2×8 拍：同上反复一次，结束

高级版

1-4 拍：面对教室 8 点方向准备，五位脚，一位手

5-6 拍：双手抬二位，偏头看手

7-8 拍：左手抬至三位，右手打开七位（同时），头看 2 点方向

1-4 拍：左手经旁落回一位，同时右手抬至三位，头看 6 点方向

5-6 拍：双手同时回到二位

7-8 拍：左手抬至三位，右手打开七位（同时）

共 4 个 8 拍 反复 4 次

5-6 拍 : 左手落到二位

7-8 拍 : 双手同时收回一位，结束

（三）动作要求

1. 手及手臂的形状是手的五指自然靠拢，松弛形成弧线，拇指和中指第三指节对应靠拢微张，食指与中指微张。上臂、前臂、手掌、手成为一条弧线。

2. 一位：保持正确手臂形状，双臂在身体前面，胳膊与腋下离身体一拳的距离，双手离身体约 10 厘米距离，双手之间约 10 厘米。

3. 二位：保持一位的形状，抬起至胃部的高度。

4. 三位：保持手及手臂形状，双臂形成一个圆弧线在头顶斜前方。

5. 四位：保持手及手臂形状，一手在二位，一手在三位。

6. 五位：保持手及手臂形状，一手在三位，一手在七位。

7. 保持手及手臂形状，一手在二位，一手在七位。

8. 保持手及手臂形状，双臂同时在七位。

二、Port de bras（手臂姿态练习）

（一）训练目的

Port de bras 是芭蕾基本功训练中的重要组成部分。它包含手臂的基本位置和手臂在动作中的运行路线，以及手臂在运动过程中带动眼睛、头、躯干的整体协调配合。主要训练正确的双臂运行路线，手臂的柔美线条和表现力，通过手臂、眼睛、头、躯干的综合练习，让舞蹈动作优雅、连贯、流畅，是芭蕾舞风格训练的主要手段之一。

动作做法：

Port de bras 基本练习形式有六种，按难易程度和训练计划要求，在不同年级的中间部分来练习，从两手臂做相同位置和运行路线的 port de bras 到两手臂做不同运行路线和加上身、腰、腿动作的 port de bras ，都要用平稳舒缓的音乐。从初学时的单一练习，逐步加入 adagio（抬腿）、旋转和跳跃的组合练习。

（二）训练内容

1. 第一种 Port de bras

准备：站右五位 epaulement 斜肩侧身，手一位

1-2 拍：手从一位到二位，看右手，头稍左倾（如图 2-1-44）

3-4 拍：手到三位，看右手 （如图 2-1-45）

5-6 拍：手打开七位，看右手 （如图 2-1-46）

7-8 拍：双手 allonge （呼吸）收一位，头随手到一位再抬起向外（如图 2-1-47）

图 2-1-44

图 2-1-45

图 2-1-46

图 2-1-47

2. 第二种 Port de bras 准备：同上

5-6 拍 : 手从一位到二位（如图 2-1-48）

7-8 拍 : 手呈左手在上的五位手，看右侧（如图 2-1-49）

1-2 拍 : 左手落七位，同时右手从七位到三位，看左手（如图 2-1-50）

3-4 拍 : 左手由七位到一位，看右手 （如图 2-1-51）

5-6 拍 : 左手到二位，同时右手落到二位，看右手

7-8 拍 : 手打开呈左手在上的五位，看右侧

图 2-1-48

图 2-1-49

图 2-1-50

图 2-1-51

3. 第三种 Port de bras

准备：同上

5-6 拍：手从一位到二位

7-8 拍：打开七位，看右手

Ta 拍：出双手 allonge，看右手（如图 2-1-52）

1-2 拍：向前下腰，同时手到一位（如图 2-1-53）

3-4 拍：上身起直，同时手到二位、三位，看右手

5-6 拍：向后弯胸腰，手三位，看右外方向（如图 2-1-54）

7-8 拍：起直同时手打开七位，手 allonge 收一位，看右手

4. 第四种 Port del bras

准备：同上

5-6 拍：手一位、二位

7-8 拍：手左五位（如图 2-1-55）

1-4 拍：左手由三位打开七位，同时右手“虎口”平移向前双手 allonge 呈第 IV arabesque 手臂姿态，上身随手向左扭转，后背向外，头先看左手再转向看外（如图 2-1-56）

图 2-1-52

图 2-1-53

图 2-1-54

图 2-1-55

图 2-1-56

图 2-1-57

图 2-1-58

5-6 拍：左手经一位到二位，同时右手到二位，身体转回

7-8 拍：手打开呈左五位，看七位手

可以重复做，结束时，左手打开七位，收一位

5. 第五种 Port de bras

准备：同上

5-6 拍：手一位、二位

7-8 拍：手左五位

Ta 拍：手由三位向上呼吸，看左手

1-2 拍：向前下腰，左手随上身到一位，右手七位到一位（如图 2-1-57）

3-4 拍：上身到左旁腰，手二位，看左旁（如图 2-1-58）

图 2-1-59

图 2-1-60

图 2-1-61

图 2-1-62

5-6 拍 : 上身到下后腰，左手七位，右上三位（如图 2-1-59）

7-8 拍 : 上身起直，同时左手三位，手七位，看右手（如图 2-1-60）

6. 第六种 Port de bras

准备：同上

5 拍 :plie ，右脚 tendu 前点地，手一位、二位，看右手，头稍左倾（如图 2-1-61）

6 拍 : 前移呈四位 plie （如图 2-1-62）

7 拍 : 前移重心起直，成左 croise （交叉）后点地，手左五位，看七位手（如图 2-1-63）

8 拍 : 停

Ta 拍 : 左手向上呼吸，看左手

1-2 拍 : 主力腿 plie ，同时左脚向后滑出，呈后点地大四位，上身前倾与后腿成斜线，左手三位到二位，右手七位到二位（图 2-1-64）

Ta-3 拍 : 后点地脚稍离地，向后迈步，移重心到左腿，起直成右脚 croise 前点地，手小二位，上身稍左倾

4-6 拍 : 向左旁和后下腰，手二位呈右五位，头随手向里看，随后向外换呈左手五位的胸腰，头向外看（如图 2-1-65、图 2-1-66）

7-8 拍 : 上身起直，同时四位 plie 向前移重心起呈左脚 croise 后点地，手呈左五位，头随手看向外（准备拍也可用两拍完成）

图 2-1-63

图 2-1-64

图 2-1-65

图 2-1-66

（三）动作要求

1. 练习时，要注重手臂的形态和路线准确，动作平稳，协调流畅，有美感。

2. 手臂动作的全过程，眼睛始终随手看，做向前、向旁、向后带腰的 port de bras ，手和身体都要走最远的路线。

3. 做向前、向后和圆周的上身舞姿时，肩、胯都要正，脚向下踩，腿拉直，重心不可随上身动。

三、Temps lie（连接动作）

（一）训练目的

Temps lie pas terre 是 temps lie 的最基本练习形式，熟练后加上脚尖立、转等动作，都是在它的基础上变化而来的。在芭蕾舞训练中，Temps lie 主要训练学生在舞蹈表演中手臂、头部、身体和腿部的协调能力。通过头部旋转和眼睛的配合，培养学生的表现能力和转换重心的准确性。因此，Temps lie 是训练协调能力的最好方法之一。

（二）训练内容

1. Temps lie pas terre

5-8 拍：右前五位脚，身体面对 8 点方向准备，双手一位，头看 2 点方向

1-2 拍：双膝同时半蹲，头留在 2 点方向保持一位手

3-4 拍：左腿半蹲不动的基础上右脚向前绷脚，同时双手抬起二位，偏头看手

5-6 拍：右脚落地呈四位 plie

7 拍：左手三位右手七位，同时脚下换重心左脚后点地

8 拍：左脚收回后五位，上身舞姿保持不动

2-2 拍：身体转向 1 点，同时左手落二位双膝 demi plie

3-4 拍：左手打开七位，左腿蹲不动右脚向旁

5-6 拍：右脚落地呈二位 plie

7 拍：移重心左脚绷脚点地 双手七位

8 拍：手臂呼吸头看左手，同时脚收回左前五位，身体面对 2 点，头看 8 点

3-2 拍：双膝同时半蹲

3-4 拍 : 右腿半蹲不动的基础上左脚向前绷脚，同时双手抬起二位

5-6 拍 : 左脚落地呈四位 plie

7 拍 : 右手三位左手七位，同时脚下换重心左脚后点地

8 拍 : 右脚收回后五位，上身舞姿保持不动

2-2 拍 : 身体转向 1 点，同时右手落二位双膝 demi plie

3-4 拍 : 右手打开七位，右腿蹲不动左脚向旁

5-6 拍 : 左脚落地成二位 plie

7 拍 : 移重心右脚绷脚点地双手七位

8 拍 :allonge 头看右手，同时脚收回右前五位，身体面对 8 点，头看 2 点，回到最初的位置

2.Temps lie 带 port de bras

准备：站右五位 epaulement，手一位

5-8 拍 : 准备

1 拍 : 五位 plie 手一位，头看外

2 拍 : 在 plie 上 tendu 前，手二位，看右手，头稍左倾

3 拍 : 经四位 plie 移重心，起 croise 后点地，手左五位，头看外

4 拍 : 停

5-6 拍 : 向后弯腰

7 拍 : 起直

8 拍 : 脚收五位，手五位不动

1 拍 : 五位 plie 同时变 en face （正面），手三位落二位呈左六位，头正

2 拍 : 在 plie 上 tendu 旁，左手二位打开七位，头看打开手

3 拍 : 经二位 plie 移重心起另一脚旁点地

4 拍 : 停

5-6 拍 : 左手七位到三位向主力腿方向弯旁腰，手五位

7 拍 : 起直，手呈七位头看手

8 拍 : 收左五位 epaulement，手收一位

接做向另一面的相同动作。

做往回的手相同，下后腰时脚 croise 前点地，弯旁腰时一般要做向动力脚方向弯腰，

七位手要直接向上到三位，不要向旁扯动身体。

3.Temps lie 带 pirouette（旋转）

准备：站右五位 epaulement，手一位

8 拍：五位 plie，手一位、二位呈右六位

Ta-1 拍：pirouette en dehors （向外转）一圈，停在前 sur le cou de pied，主力腿 plie，手二位

2 拍：动力脚从 sur le cou de pied 脚尖贴地面滑出呈 croise 前点地，手二位

3 拍：经四位 plie 前移重心，croise 后点地，手左五位

4 拍：收五位 plie，同时变 en face 左手三位到七位，右手七位、一位到二位

Ta-5 拍：pirouette en dehors 一圈，停 en face 前 sur le cou de pied，主力腿 plie，手二位

6 拍：动力脚从 sur le cou de pied 脚尖贴地滑出旁点地，手七位

7 拍：经二位 plie 移重心，起呈另一脚旁点地，手七位

8 拍：收左五位 epaulement plie，同时左手七位、一位到二位，呈左六位

接着做另一面，动作相同。

做往回的，pirouette 做 en dedans（向内）的，转时脚是后 sur le cou de pied，并停在后。

（三）动作要求

1. 脚下，每次“滑”的时候都要注意脚下的开度，每一次都落到精准的脚位。

2. 重心，每次要快速精确地移动到自己的主力腿上。

3. 头的移动（头看的方向）要看向移动方向手的位置，头都是跟着手的方向移动而移动的。

思考与练习

1.Port de bras 的训练目的是什么？

2.Temps lie 的训练目的是什么？

第四节 跳跃练习

跳跃类动作是芭蕾基本功训练内容中最为重要的一部分。其中包括小跳、中跳、大跳、原地的跳、移动的跳和带有空中旋转、空中打腿跳的训练因素和内容。因此，跳跃的训练意义，不仅是要求跳得高，更重要的是使跳跃富有表现功能，使受过训练的舞者能轻盈高飘起跳，具有轻松自如的空中舞姿，能柔和稳定地落地，使跳跃、飞行、落地三大环节融为一体，是跳跃训练的目的。

做法与要求：

所有跳跃动作都是从 demi plie 开始并结束在 demi plie 上，这是做跳的基本规律，因此，从最初就要十分注重 plie 的方法是否正确。起跳和落下的 plie，都要全脚紧贴地面，demi plie 做到最深，跳时用脚和腿部力量，先伸膝盖，再起脚跟、脚掌到脚尖离地，落下时也要依次落脚尖、脚掌、脚跟到 plie 的全过程。始终保持双腿外开。无论做哪种跳，都要保持空中舞姿的准确、松弛，手臂动作要与身体和腿部动作协调配合，起到跳的辅助作用。

一、Saute（小跳）

（一）训练目的

小跳是较小的低跳，动作比较简单，目的是训练踝关节的灵活性。

（二）训练内容

初学版：双手扶把准备 1 个 8 拍一次

5-8 拍：准备双脚正步

1-2 拍：双膝下蹲

Ta 拍：绷脚推地挑起

3-4 拍：落地加深蹲

5-8 拍：起直，共 4 个 8 拍

图 2-1-67

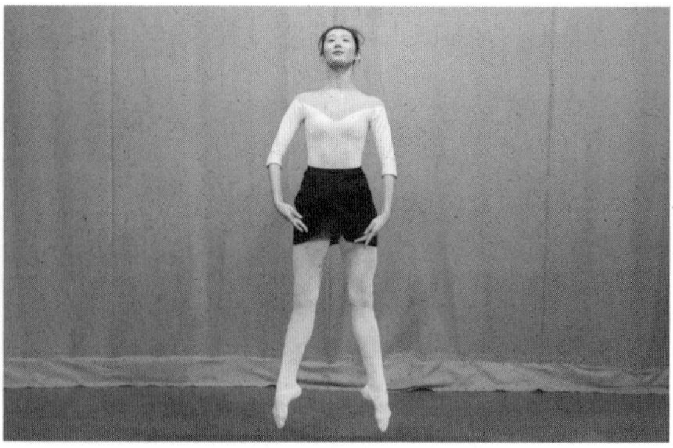

图 2-1-68

进阶版：双手扶把一位、二位、五位 soute

5-8 拍 : 双脚一位准备

1-2 拍 : 双膝下蹲（如图 2-1-67）

Ta 拍 : 绷脚推地跳起（如图 2-1-68）

3-4 拍 : 落地加深蹲

5-8 拍 : 起直

每个位置 4 遍，包括一位、二位、五位 soute

高级版 中间准备

5-7 拍 : 一位准备

8 拍 : 蹲

Ta 拍 : 绷脚推地跳起

1-2 拍 : 落地加深蹲

3 拍 : 站直

4 拍 : 蹲

5-8 拍 : 反复一次

每个位置 2 遍包括一位、二位、五位 soute 共 4 个 8 拍

图2-1-69

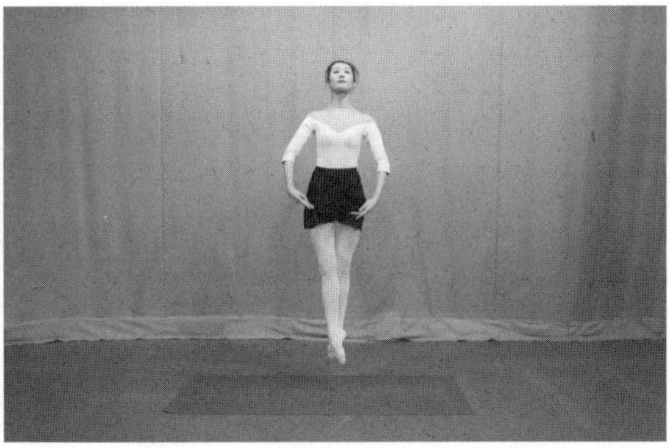
图2-1-70

（三）动作要求

1. 强调起跳和落地脚的动作全过程，脚、腿用力方法的正确，脚背绷紧，膝盖伸直（如图 2-1-68）

2. 做一位、二位 saute 时，脚要垂直起落，不可往外分脚。

3. 最初学小跳时，要注重跳的规格和协调，保持空中舞姿的准确、松弛，手臂动作要与身体和腿部动作协调配合，起到跳的辅助作用。

二、Pas echappe（换脚跳）

（一）训练目的

Pas echappe 是双起双落的跳，它由两个跳组成，从五位或三位跳起落二位或四位，再从二位或四位跳起落五位或三位。

（二）训练内容

以五位 Pas echappe 为例

初学版：双手扶把准备 8 拍一次

5-8 拍：右前五位准备

1-2 拍：双膝下蹲（如图 2-1-69）

Ta 拍：绷脚推地跳起五位 soute（如图 2-1-70）

图 2-1-71

图 2-1-72

图 2-1-73

3-4 拍 : 落地二位加深蹲 （如图 2-1-71）

5-8 拍 : 起直

2-2 拍 : 蹲

Ta 拍 : 绷脚二位推地跳起 （如图 2-1-72）

3-4 拍 : 换脚落地五位加深蹲（如图 2-1-73）

5-8 拍 : 起直 共 4 个 8 拍

进阶版：双手扶把

5-7 拍 : 双脚五位准备

8 拍 : 双膝下蹲

Ta 拍 : 绷脚推地挑起五位 soute

1-2 拍 : 落地二位加深蹲

3 拍 : 起直

4 拍 : 蹲

Ta 拍 : 绷脚推地跳起二位 soute

5-6 拍 : 左前五位落地加深蹲

7 拍 : 起直

8 拍 : 蹲，共 4 个 8 拍

高级版：中间准备

5-7 拍 : 双脚右前五位准备

8 拍 : 双膝下蹲

Ta 拍 : 绷脚推地跳起

1-2 拍 : 落地二位加深蹲

3 拍 : 起直

4 拍 : 蹲

Ta 拍 : 绷脚推地跳起二位 soute

5-6 拍 : 左前五位落地加深蹲

7 拍 : 起直

8 拍 : 蹲，共四个 8 拍

（三）动作要求

1.Echappe 是最早加手部动作的跳跃动作，所以要十分注意手与脚动作协调配合。

2. 落地时注意二位与五位的脚位的标准。

3. 在整个过程中后背收紧，不能塌腰撅屁股。

思考与练习

1. 跳跃的要求？

2. 在跳跃过程中上身需要保持怎样的姿态？

第二章　身体素质训练

学习提示：在本章中，你会进行全身系统的素质训练，包括上肢、下肢、核心、背肌的肌肉力量训练和柔韧放松训练以及心肺功能的强化训练，身体素质的训练是其他训练的基础。

身体素质一般是指人体在活动过程中所呈现出来的速度、力量、耐力、灵敏、柔韧等机能水平特征，它是身体运动机能水平高低的评判标准，同时也反映了身体各器官系统的机能水平是否能完成日常生活所需，并胜任一些大强度的运动训练来提高自身各方面身体素质水平。

第一节　上肢系统训练

上肢系统训练是通过力量训练、耐力训练以及柔韧拉伸训练来提升人体上肢肌肉在运动时对抗外界阻力的能力，并增强人体长时间运动能力，强化双臂肌肉线条，最终达到提升双臂与机体协调配合的能力。

一、上肢力量训练

（一）上肢力量训练的作用

上肢主要是指大臂、小臂以及手的部分。在力量练习中，主要以锻炼大臂的肱二头肌和肱三头肌为主，强化小臂肌肉群，加强手掌和手指关节的灵活度，稳定肌肉功能，达到规范上肢动作的目的。

（二）上肢力量训练内容

1. 俯撑位左右手交替前举

准备姿势：人体面向地面呈俯撑位，双臂打开与肩同宽，肘关节伸直；双腿自然分开，前脚掌撑住地面，保持稳定。

动作做法：（如图 2-2-1）

（1）保持身体平衡稳定，将身体重心移至左手臂支撑，向前平直抬起右手臂，控制 1—2 秒后放回原位。

（2）反方向完成右手臂支撑重心，左手臂离开地面向前抬起，控制 1—2 秒后放回原位。

（3）左右手交替依次进行。

动作要求：在完成动作过程中，身体始终保持平稳，肩膀、髋关节、小腿保持在一条直线上。30 次一组，完成 4 组。

图 2-2-1

2. 俯撑位左右手交替摸肩

准备姿势：人体面向地面呈俯撑位，双臂伸直打开与肩同宽；双腿伸直自然分开，身体保持稳定。

动作做法：（如图 2-2-2）

（1）先将身体重心移至左手，右手离地触摸左肩后回原位；男生可以触摸左肩后再次触摸右肩后回原位。

（2）再将身体重心移至右手，左手离地触摸右肩后回原位；男生可以触摸右肩后再次触摸左肩后回原位。

（3）左右手交替依次进行。

动作要求：肩膀、髋关节、小腿尽量保持在一条直线上。30 次一组，完成 4 组。

图 2-2-2

3. 跪姿释手俯卧撑（女生）

准备姿势：双手双膝撑地，肘关节伸直，头颈部与身体躯干保持在一条直线上，肢体与地面形成约 60°，小腿并拢后屈。

动作做法：（如图 2-2-3）

（1）双手撑于胸部两侧打开与肩同宽，向下时肘关节尽量贴近身体两侧，大臂尽量保持与地面平行。

（2）屈肘向下使胸部接触地面，然后双臂发力撑起上半身，回到起始位置。

（3）屈肘时吸气，伸臂时吐气。

动作要求：肘关节伸直，手掌用力撑住地面，核心和臀部收紧，腰背挺直，屈肘向下时感受胸部、肩前部和大臂后侧发力，屈肘落地要轻。15 个一组，完成 4 组。

图 2-2-3

4. 夹肘俯卧撑（男生）

准备姿势：面向地面手脚撑地，肘关节伸直，双手距离略宽于肩，两腿自然分开，保持身体平直，腰腹收紧。

动作做法：（如图 2-2-4）

（1）向下时肘关节尽量贴近身体两侧，大臂尽量保持与地面平行。

（2）用力支撑上半身重量慢慢伸直手臂回到原位。

动作要求：挺胸收腹，腰、背、腿保持在一条直线上。15 个一组，完成 4 组。

5. 俯卧划船

准备姿势：面向地面，呈俯卧状态，手臂伸直置于头顶前方。

动作做法：（如图 2-2-5）

（1）呼气时，屈肘往后夹，上半身向上提起，臀部、后背发力收紧，头颈部与躯干保持在一条直线上。

（2）吸气时手臂向前回到原俯卧状态。

动作要求：保持速度均衡，动作不宜过快，注意呼吸节奏。15 个一组，完成 4 组。

图 2-2-4

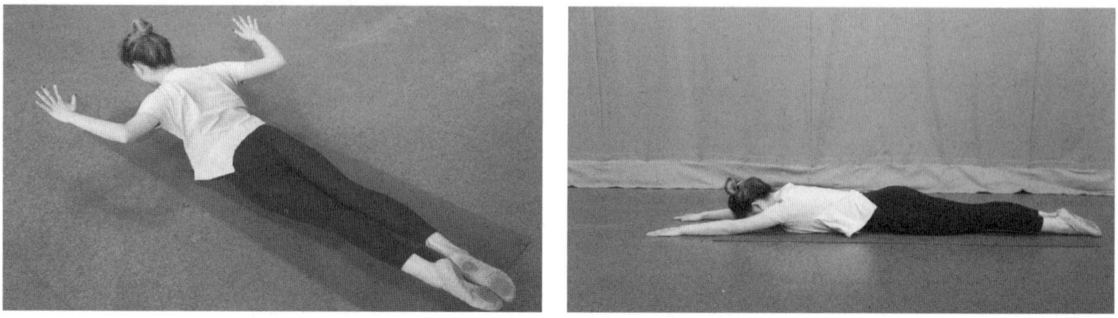

图 2-2-5

6. 跪姿手臂夹肘

准备姿势：双腿并拢跪坐于脚后跟上，后背立直，挺胸收腹。

动作做法：（如图 2-2-6）

（1）弯曲手臂，小臂贴近并拢，大臂小臂成 90°夹角，双手握拳，拳心面向自己。

（2）呼气时手臂向两侧打开，吸气时手臂往中间夹回到原位。

动作要求：保持中段核心收紧，肋骨不要外翻。注意呼吸配合。20 个一组，完成 4 组。

图 2-2-6

（三）上肢力量训练注意要点

1. 完成动作时在正确规范协调的基础上，尽量保持动力不变。

2. 练习时注意头颈和脊椎的正确位置以及腰腹核心的收紧。

3. 根据学生自身情况选择适宜的训练量，有针对性地进行训练。

4. 强调团队合作和集体荣誉感，培养学生吃苦耐劳的优秀品格以及坚韧不拔的决心和毅力。

二、上肢耐力训练

（一）上肢耐力训练的作用

完成上肢肌肉群的分别训练后应进行统一的系统协调训练，不仅能加强学生上肢肌肉的耐力、爆发力、控制力和协调性，同时对后期学习上肢动作的能力也有所帮助，增强学生长时间运动的能力。

（二）上肢耐力训练内容

本阶段训练内容以上肢动作组合变化为主，是力量训练的进阶版，在加强学生手臂力量的同时锻炼其协调反应和控制能力。

4×8 拍

1 拍：双脚打开略宽于肩，双手为掌型，掌心向下，双臂屈肘平屈于胸前，大臂保持与地面平行

2 拍：下半身保持不动，双手于胸前向外展开呈侧平举

3 拍：下半身保持不动，手臂由侧平举向上 45° 呈上 V

4 拍：下半身保持不动，手臂由上 V 快速向下呈下 V（1-4 拍如图 2-2-7）

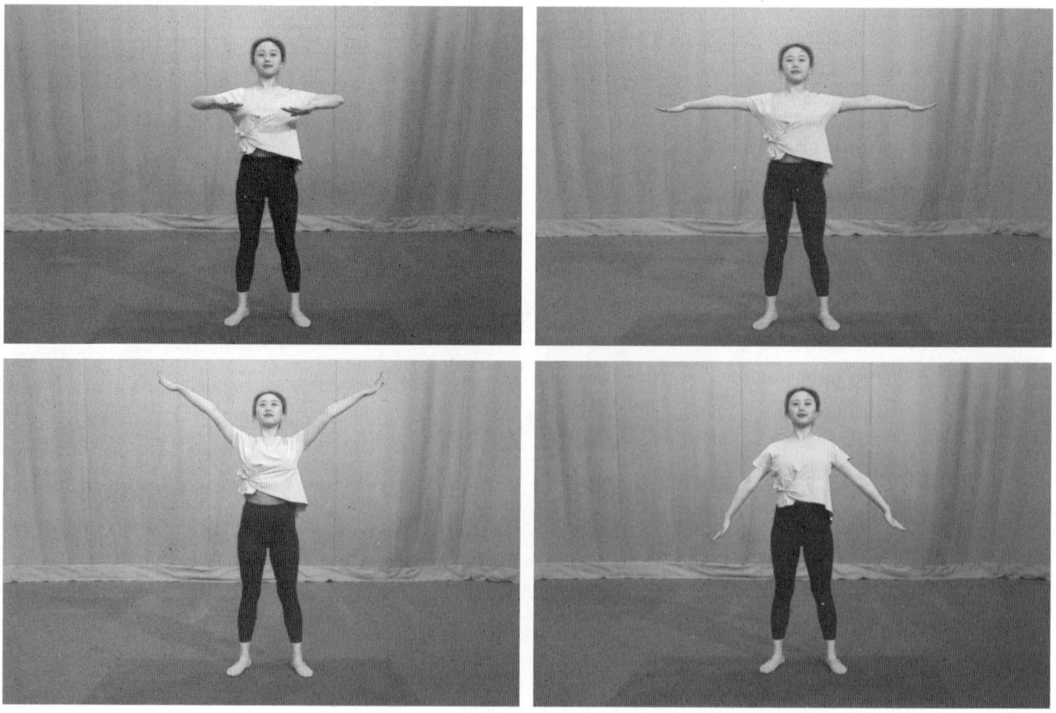

图 2-2-7

5 拍：下半身保持不动，手臂由下 V 快速向上到达上 V

6-7 拍：下半身保持不动，手臂由上 V 开始向内划一圈，手臂伸直，划最远距离回到上 V 状态

8 拍: 控制一拍不动(5-8 拍如图 2-2-8)

2×8 拍：重复第 1 个 8 拍动作

3×8 拍：手臂由上 V 回到侧平举的位置保持，手掌立掌。大臂带动小臂顺时针划圈，幅度小，速度控制均匀（如图 2-2-9)

4×8 拍：重复第 3 个 8 拍动作

8×8 拍和第 4×8 拍动作相同，方向相反。

动作要求：腿部保持稳定，核心腰腹收紧发力，手臂伸直，力要发到指尖，手臂划圈时幅度要大，速度要快，定位定点准确。

图 2-2-8

图 2-2-9

图 2-2-10

12×8 拍

1 拍：双手握拳，右臂斜上 45°，左臂斜下 45°

2 拍：左右臂上下交换，右臂呈斜下 45°，左臂呈斜上 45°

3-4 拍：重复 1、2 拍动作(如图 2-2-10)

5 拍：上身向左转，重心移到左腿呈左弓步，右臂到达左下方 45° 与左臂形呈 K

6 拍：重心回到两腿之间，膝盖伸直，右臂向右侧平举，左臂屈肘放于胸前

7-8 拍：右臂保持不动，左小臂向左伸直打开呈侧平举（5-8 拍如图 2-2-11）

图 2-2-11

图 2-2-12

10×8 拍：重复第 9 个 8 拍动作

11×8 拍：五指用力张开然后依次从小拇指到大拇指向拳心收紧，大臂带动小臂顺时针转动（5-8 拍如图 2-2-12）

12×8 拍：重复上个 8 拍动作

16×8 拍和前 4 个 8 拍动作相同，方向相反

动作要求：重心转换快速到位，手臂位置正确规范，腰腹发力，保持动作幅度与力度，克服酸痛感，坚持完成。

（三）上肢耐力训练注意要点

1. 在原有的力量单一训练上加入组合训练，增添趣味性的同时提升肌肉耐力和协调反应力。

2. 在训练方法上可以采取分组循环，加强组内配合。

3. 练习次数与强度根据学生能力的不断提高适当增加。

4. 配合音乐可缓解重复训练带来的枯燥、疲乏感。

三、上肢柔韧放松训练

（一）上肢柔韧放松训练的作用

上肢力量、耐力训练后，肌肉容易产生酸痛感，拉伸放松可以加速肌肉的血液循环，促进肌肉恢复，加速肌肉的乳酸代谢，为下一次训练做好准备。同时在肌肉紧张状态下进

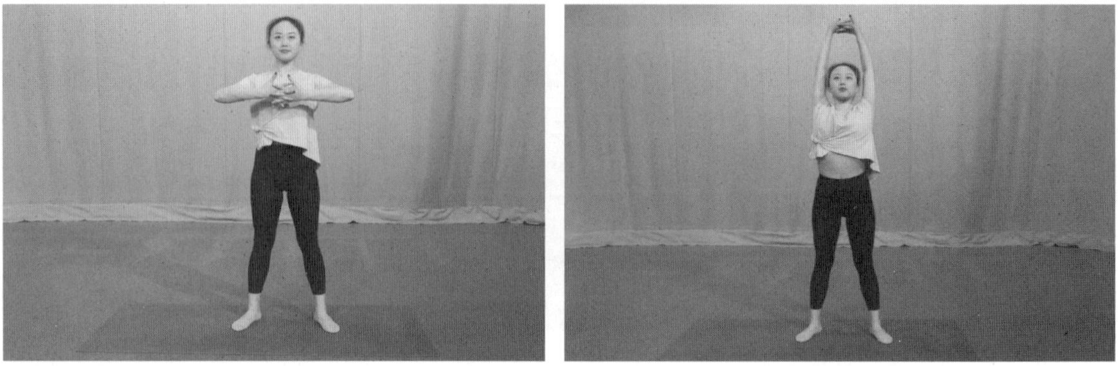

图 2-2-13

行拉伸不仅可以防止运动损伤，而且对肌肉形态的塑形能起到良好的帮助，在后续动作学习过程中姿态更具有动态美感。

（二）上肢柔韧放松训练内容

1. 十指交叉反推手向上

准备姿势：双脚打开与肩同宽，眼睛平视正前方，抬头挺胸立腰。

动作做法：（如图 2-2-13）

(1) 双手十指交叉，平屈于胸前，掌心向着自己。

(2) 掌心由内向外向上翻，带动双臂向上举起伸直，大臂紧贴双耳，双臂用力向内收的同时掌心向上推。

动作要求：上身立直收紧，注意头颈部保持直立，不要低头。坚持 15 秒，注意呼吸节奏。

2. 十指交叉反推手向前

准备姿势：双脚打开与肩同宽，眼睛平视正前方，抬头挺胸立腰。

动作做法：（如图 2-2-14）

(1) 双手十指交叉，平屈于胸前，掌心向着自己。

(2) 掌心由内向外翻，面向正前方伸直双臂，同时低头含胸，充分拉伸肩膀和后背肌肉。

(3) 坚持 15 秒，返回准备姿势，可重复 3—5 次，注意呼吸配合。

动作要求：吸气时回准备位，吐气时向正前方伸直双臂，低头含胸幅度做到最大，充分拉伸。

图 2-2-14

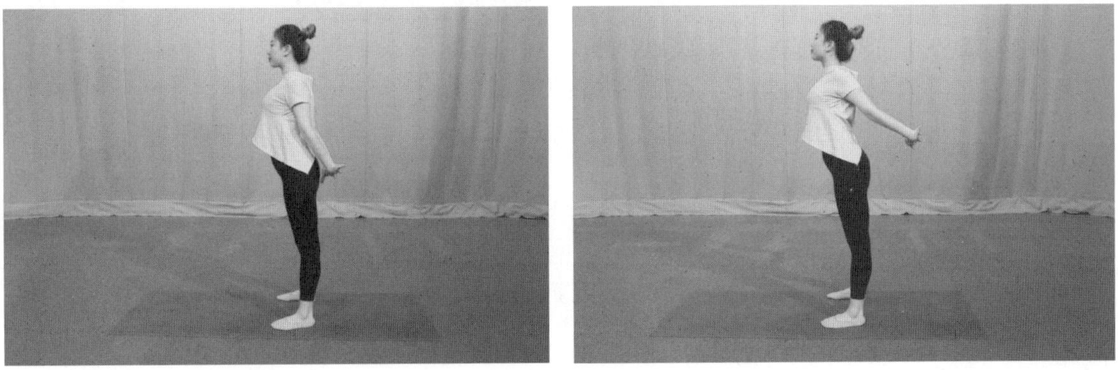

图 2-2-15

3. 十指反身交叉夹肘

准备姿势：双脚打开与肩同宽，眼睛平视正前方，抬头挺胸立腰。

动作做法：（如图 2-2-15）

基础版

（1）双手在身后交叉握紧，肘关节伸直夹紧。

（2）双手在身后上下弹动。

（3）抬头挺胸，配合呼吸节奏，保持 30 秒。

动作要求：腰背立直，胸腔打开，经常练习此动作除了可拉伸肩臂肌肉，还可有效改善含胸驼背等不良体态。

进阶版：

（1）背对把杆站好，双手在身后交叉握紧，肘关节伸直夹紧，手腕置于把杆上。（如图 2-2-16）

（2）双腿并拢下蹲，感受双臂牵拉的紧张感。(如图 2-2-17)

（3）第二步可以轻松完成的同学可以继续向下，将臀部坐于地面进行持续拉伸。（如图 2-2-18）

（4）原地保持 30 秒，注意呼吸配合。

动作要求：进阶动作较基础版难度更高，拉伸更充分，完成动作时注意头颈部与脊柱的正确位置。

图 2-2-16

图 2-2-17

图 2-2-18

4. 左右肩前侧拉伸

准备姿势：双腿打开略宽于肩，抬头挺胸立腰。

动作做法：

（1）右臂伸直横放于胸前，左臂手腕处抱住右臂肘关节处，保持 10 秒。(如图 2-2-19)

（2）上身向左后方转体，眼睛看向正后方，右手指尖冲正后方，保持 10 秒。(如图 2-2-20)

（3）左臂伸直横放于胸前，右臂手腕处抱住左臂肘关节处，保持 10 秒。

（4）上身向右后方转体，眼睛看向正后方，左手指尖冲正后方，保持 10 秒。

图 2-2-19

图 2-2-20

图 2-2-21

图 2-2-22

动作要求：注意拉伸时肘关节不能弯曲，控制好手的力量，充分拉伸大臂肌肉群。向后旋转时体会脊柱的旋转和拉伸。

5. 左右臂后侧拉伸

动作做法：

（1）身体保持直立，两腿自然张开，控制头颈部不要向下低头，左臂内侧贴紧耳边，肘关节最大幅度折叠。

（2）右手放在左臂肘关节上，向右侧方向进行拉伸。（如图 2-2-21）

（3）身体立直，两腿自然张开，控制头颈部不要向下低头，右臂内侧贴紧耳边，肘关节最大幅度折叠。

（4）左手放在右侧肘关节上，向左侧方向进行拉伸。（如图 2-2-22）

（5）自然呼吸，不要憋气。

动作要求：动作幅度尽量做到自身能力范围内的最大化，感受大臂内侧肌肉拉伸。动作保持 30 秒。

（三）上肢柔韧放松训练注意要点

1. 肌肉拉伸前需活动充分，防止肌肉拉伤。

2. 根据学生自身情况调整拉伸幅度，切勿操之过急。

3. 教师注意调整学生动作规范，防止无效拉伸。

思考与练习

1. 在课堂上进行大强度上肢训练后，身体肌肉除手臂酸痛外还有哪些部位有酸痛感？为什么？

2. 根据自身训练情况制订一份自己的上肢训练计划。

第二节 核心系统训练

核心训练是力量训练的一种，所谓核心就是指身体的中段部位，具体是指肩关节以下、髋关节以上，包含腹肌、髋部肌群，与脊椎、骨盆联结的肌肉群。核心肌肉群是运动发力的主要部位，在运动过程中主要起稳定重心、传导力量、承上启下的枢纽效用，对上下肢的协调用力至关重要。

一、核心力量训练

（一）核心力量训练的作用

核心肌肉群的力量训练可加强深层肌肉能力特别是腹部肌肉群（腹横肌），有效保护内脏等器官，同时改善不良体态，缓解腰酸背痛等问题，达到减脂塑形的目的。强有力的核心肌肉群对运动中的姿态控制、运动能力和动作水平起着稳定和支撑作用，为之后进行难度较高的运动或者动作打好基础。所以，姿态优美、身体挺拔、控制力和稳定性强的人，核心肌肉群的力量也必然强大。

（二）核心力量训练内容

1. 腹肌激活

准备姿势：平躺于地面，双脚并拢。

动作做法：（如图 2-2-23）

（1）屈膝抬腿，大腿和小腿夹角为 90°，腰部贴紧地面。

（2）身体收紧，肩膀离开地面，双臂伸直同时上下振动，腹部收紧发力。

（3）全程保持均匀呼吸。

动作要求：腹部核心收紧，腰部贴地，双膝分开一拳左右距离，下巴与锁骨之间保持一拳距离。动作保持 30 秒。

2. 卷腹

准备姿势：平躺于地面，屈膝，双腿分开与肩同宽。

动作做法：（如图 2-2-24）

图 2-2-23

图 2-2-24

图 2-2-25

(1) 双手放于脑后，腹部发力卷起上半身，在最高点稍作停顿后缓慢回到起始位置。

(2) 向上卷腹时，腰部紧贴地面，手肘保持向外打开。

(3) 起身时呼气，下落时吸气。

动作要求：双腿放松，卷腹时上腹肌收缩发力。下颚贴紧颈部，颈部不要前伸，会导致颈部疼痛。速度缓慢均衡，20 个一组，完成 3 组。

3. 屈膝收腹

准备姿势：坐于地面，上身向后倾，臀部着地，手臂伸直在身后撑地，双腿弯曲。

动作做法：（如图 2-2-25）

(1) 吸腿时膝盖向胸部靠近，身体微屈，腹部收紧，保持身体稳定。

(2) 身体缓慢回到打开的位置，双腿不落地，保持悬空。

(3) 伸腿时吸气，吸腿时呼气。

动作要求：腹部发力，增加背部弯曲的幅度。此动作主要锻炼上腹肌，20 个一组，完成 3 组。

4. 坐姿交替抬腿

准备姿势：坐于地面，臀部着地，双腿伸直。

动作做法：（如图 2-2-26）

(1) 上身直立向后倾，双手后撑地，收紧腹部，绷起脚尖抬腿向上。

(2) 双腿交替在与地面呈 45° 角和 70° 角的区间上下交替抬腿落下。

(3) 全程保持均匀呼吸。

图 2-2-26

动作要求：上半身保持稳定，双腿伸直，腿部动作幅度不要太大，防止腿部肌肉代偿下腹肌发力。左右脚各 20 次，完成 3 组。

5. 仰卧举腿

准备姿势：平躺于地面，双臂紧贴地面，举腿上抬。

动作做法：（如图 2-2-27）

（1）大腿与身体约呈 70°角，小腿垂直于地面，双手放于髋关节两侧。

（2）下腹部发力向上抬起臀部，小腿垂直地面用力向上抬后缓慢落回原位。

（3）向上抬腿时呼气，下落时吸气。

动作做法：注意不要用腿部发力的惯性带起臀部，双腿放松，适当将动作速度放慢，感受下腹部发力拉高臀部，双手放在身体两侧保持稳定，15 次一组，完成 3 组。

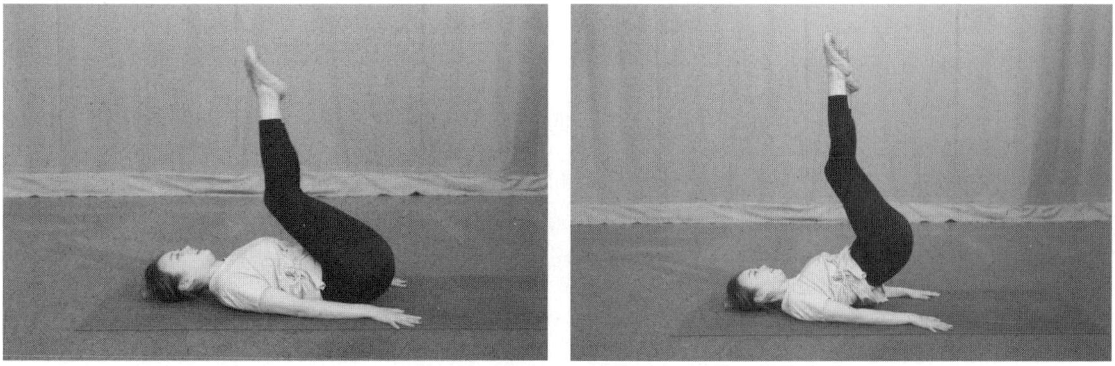

图 2-2-27

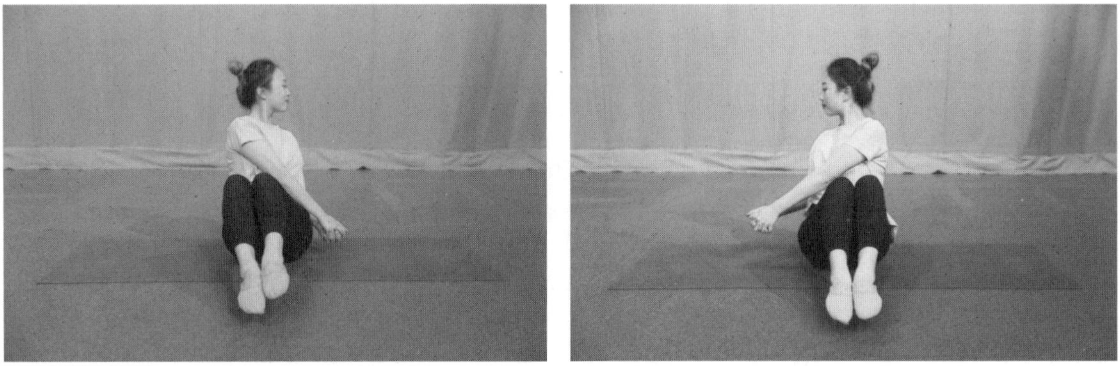

图 2-2-28

6. 俄罗斯转体

准备姿势：坐于地面上，双腿并拢屈膝抬起，双脚离地，腰立直，上背部略微弓起。

动作做法：（如图 2-2-28）

（1）保持准备姿势，上身左右转动来带动手臂的移动。

（2）双手尽量接触身体两侧地面，目光跟随双手移动。

（3）保持呼吸节奏。

动作要求：腹部收紧，特别是侧腹部肌肉出现收缩挤压感。腹肌力竭时即可停下。

7. 仰卧风车

准备姿势：仰卧于地面上，双臂打开，掌心朝下，双腿并拢伸直。

动作做法：（如图 2-2-29）

（1）双腿并拢伸直举腿，扭向身体一侧。

（2）双腿尽量绷紧伸直，左右来回摆动，双腿摆至正上方时，腰部离地。

（3）抬腿时呼气，向旁下放时吸气。

动作要求：侧腹肌和下腹肌有明显用力收缩感，运动过程中注意控制动作速度，让双腿不要带惯性左右摆动，双手始终要按紧地面，稳定上半身。

8. 平板支撑

动作做法：（如图 2-2-30）

（1）面向地面，屈肘，小臂与前脚掌撑地，躯干呈一条直线。

（2）全身肌肉收紧，尤其注意腹部核心收紧，不要塌腰或向上弓起。

（3）保持自然呼吸。

动作要求：肩部、背部、臀部，整个腹部都有紧绷感，其中腹部的紧绷感最为强烈。用力撑高身体，收紧腹部，不要塌腰。力竭后即可休息，不必强撑。

（三）核心力量训练注意要点

1. 核心力量训练强度较高，应充分激活身体肌肉后方可进行。

2. 最好有针对性地根据学生身体情况制订适宜的运动强度和运动量，防止运动损伤。

3. 配合音乐进行可活跃课堂氛围，缓解肌肉的疲劳酸胀感。

4. 以上动作可根据需求自由组合，由少到多，由轻到重，循序渐进。

图 2-2-29

图 2-2-30

二、核心肌肉群拉伸放松训练

（一）核心肌肉群拉伸放松训练的作用

核心肌肉群经过高强度训练，频繁收缩用力后肌纤维受到拉扯会出现肌肉紧绷、酸痛感，力量训练或者长时间不运动会导致肌肉僵硬，肌肉内筋膜黏连，若不及时进行拉伸放松会使肌肉代谢能力变慢，恢复期增长，酸痛感持续时间也会增长。

有效的拉伸放松训练可以预防腹部肌肉发生痉挛，提高肌肉的柔韧性和灵活性，让身体的抵抗力得到提升，同时可以减脂减重，达到紧致塑形的目的。稳定的核心不仅需要肌肉力量的支撑，对灵活、灵敏性也有着高要求，拉伸放松保持核心肌肉弹性，不仅对身体姿态有益，对健康也至关重要。

（二）核心肌肉群拉伸放松内容

1. 站姿左侧腹部拉伸

准备动作：左脚在前交叉站于地面，两臂向上伸直，两手合十于头顶，抬头挺胸。

动作做法：（如图 2-2-31）

（1）站直身体，双臂带动腰部向右侧伸展，感受腹部左侧的拉伸感。

（2）上身立直，不要向前趴，眼睛看向右下方。

（3）拉伸时不要憋气，均匀呼吸。

动作要求：双腿交叉幅度可适当增大，保持身体平稳。保持 30 秒，回到起始位置。

2. 站姿右侧腹部拉伸

准备动作：右脚在前交叉站于地面，两臂向上伸直，两手合十于头顶，抬头挺胸。

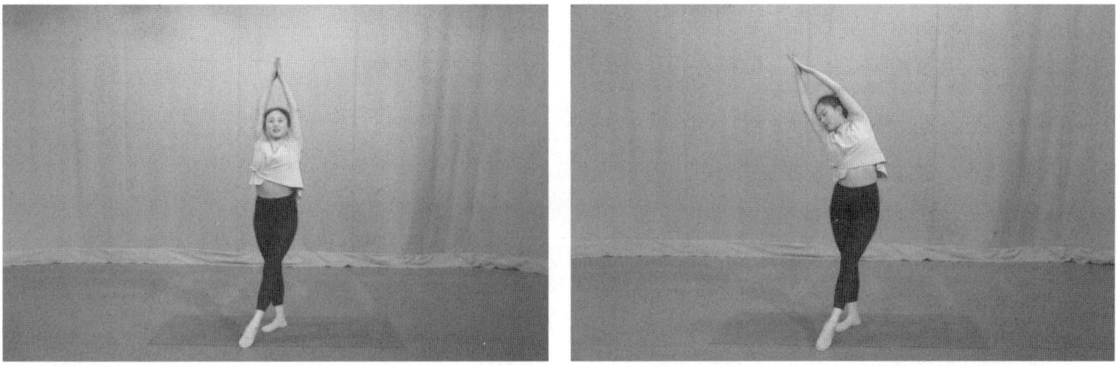

图 2-2-31

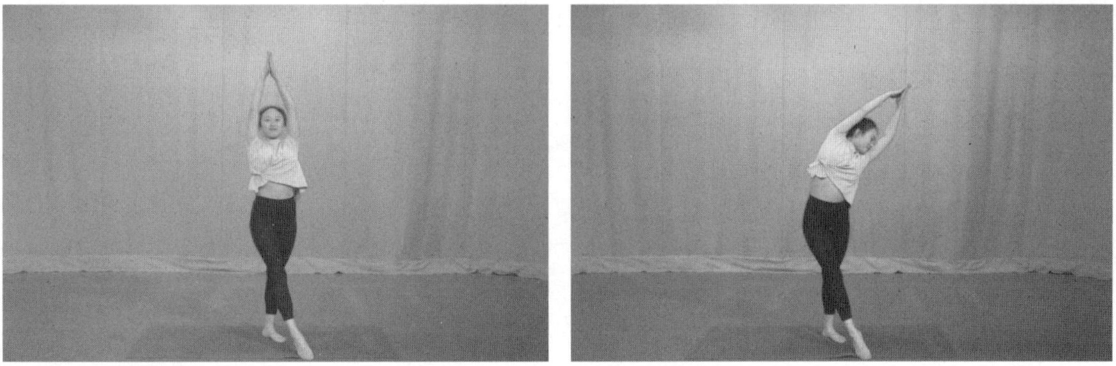

图 2-2-32

动作做法：（如图 2-2-32）

（1）身体站直，双臂带动腰部向左侧伸展，感受腹部右侧的拉伸感。

（2）上身立直，不要向前趴，眼睛看向左下方。

（3）拉伸时不要憋气，均匀呼吸。

动作要求：双腿交叉幅度可适当增大，保持身体平稳，不要低头。保持 30 秒，回到起始位置。

3. 左侧腰部拉伸

准备动作：双脚自然张开，左手放在后脑勺，肘关节打开，右手叉腰。

动作做法：（如图 2-2-33）

（1）左手放在后脑勺上，右手抵在右侧腹部，向右侧拉伸。

（2）身体向右侧斜前方倾，保持住，感受左侧后腰部的拉伸感。

（3）拉伸时注意呼吸，不要憋气。

动作要求：上身向一侧倾斜的同时略向前倾，后侧腰部会有明显的拉伸感，若拉伸感不强，身体可以再向前倾一些。保持 30 秒后回到起始位置。

4. 右侧腰部拉伸

准备动作：双脚自然张开，右手放在后脑勺，肘关节打开，左手叉腰。

动作做法：（如图 2-2-34）

（1）右手放在后脑勺上，左手抵在左侧腹部，向左侧拉伸。

（2）身体向左侧斜前方倾，保持住，感受右侧后腰部的拉伸感。

（3）拉伸时注意呼吸，不要憋气。

动作要求：上身向一侧倾斜的同时略向前倾，后侧腰部会有明显的拉伸感，若拉伸感不强，身体可以再向前倾一些。保持 30 秒后回到起始位置。

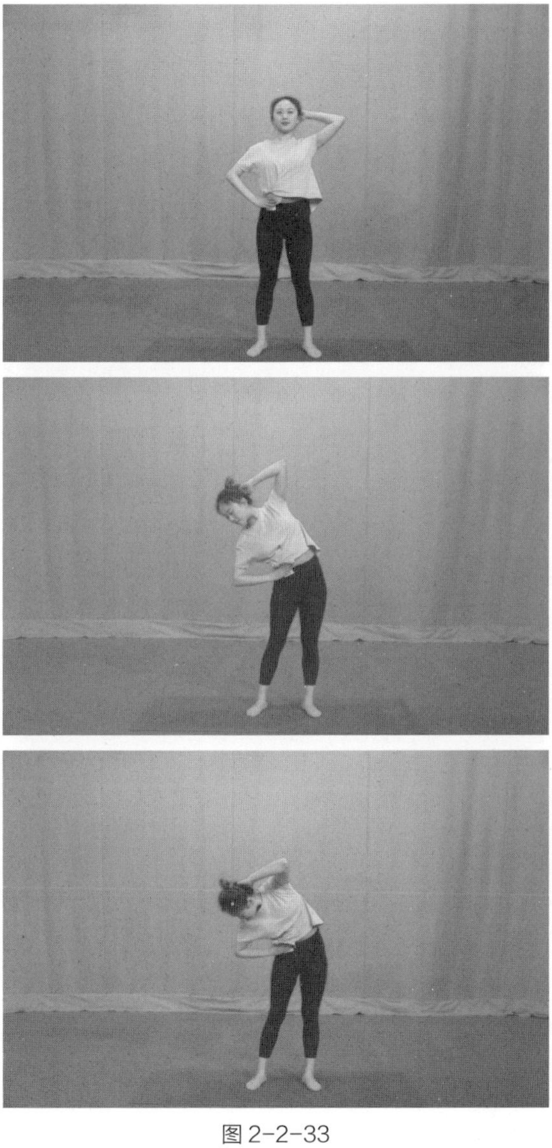

图 2-2-33

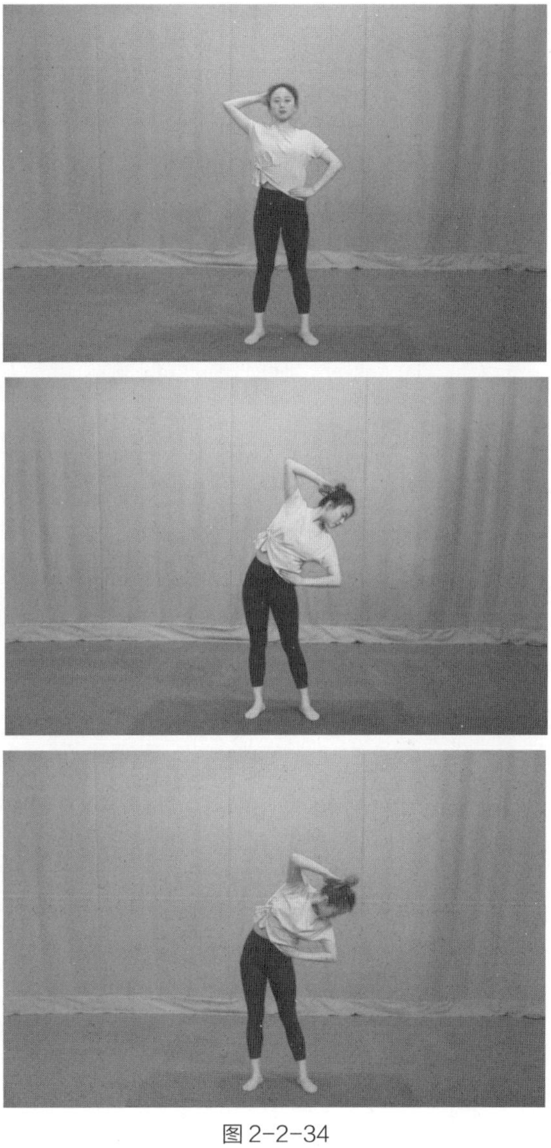

图 2-2-34

5. 下蹲抬臂

准备姿势：两脚打开蹲下，双腿放松，双手手掌放在脚背上。

动作做法：（如图 2-2-35）

(1)抬起一侧手臂用力向上伸展，眼睛看向手指方向，手臂在空中稍作停顿后回到起始位置。

(2) 另一侧手臂抵住膝盖内侧，防止下肢跟随上身转动，然后双手依次交换。

(3) 抬臂吸气，还原呼气。

动作要求：腰背挺直，手臂在膝盖前，转动身体，上举手臂，脊柱有舒展的感觉，侧胸部有轻微牵拉感。速度保持，不要太快。12 次一组，完成一组。

图 2-2-35

6. 腹部拉伸

准备姿势：俯卧于地面，保持躯干在一条直线上，双手屈肘置于髋关节两侧。

动作做法：（如图 2-2-36）

(1) 俯卧于地面，双手将上半身撑起，用力拉伸腹部。

图 2-2-36

（2）抬头挺胸，保持均匀呼吸。

动作要求：腹部向地面贴近，手臂伸直垂直于躯干，若腹部牵拉感不明显，可加深呼吸深度。保持 30 秒。

（三）核心肌肉群拉伸放松注意要点

1. 每个部位充分进行拉伸，动作变化速度尽量缓慢。

2. 学生柔韧程度不同，动作不规范的应尽量调整至正确位置。

3. 个体练习时长根据自身情况决定。

4. 配合舒缓的音乐更能达到放松身心的目的。

思考与练习

1. 核心训练对自身健康的重要性。

2. 根据自身喜好，自由组合核心训练动作。

第三节 下肢系统训练

一、下肢力量训练

（一）下肢力量训练的作用

臀腿部肌肉群是人体中最大的肌肉群，它是人体的基础，是全身力量的源泉。加强腿部和核心部位的训练也能起到增强上肢力量的作用，增加全身肌肉的力量感，并促进肌肉快速生长。臀腿部力量的增强还可以带动其他肌肉群共同参与训练，提高个人的身体素质，促进全身肌肉的发展。全身肌肉素质得到提高，在日后专项训练中能更好地完成动作，更具有表现力。同时，臀腿训练可以延缓衰老，保护骨骼，修饰臀型和腿型，使全身的比例更协调、更优美。

（二）下肢力量训练内容

1. 半蹲

准备姿势：双脚打开与肩同宽，挺直腰背，双臂前平举，双手握拳。

动作做法：（如图 2-2-37）

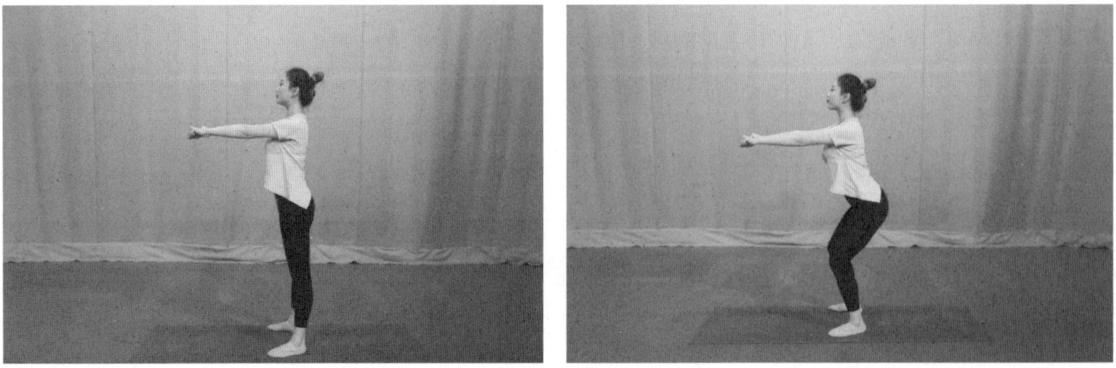

图 2-2-37

（1）臀部向后坐，下蹲时膝盖与脚尖方向一致，下蹲至大腿与地面呈 45° 后即可起身，动作流畅、连贯。

（2）下蹲时吸气，站起时呼气。

动作要求：大腿前侧、臀部发力，切勿下蹲过低，膝盖与脚尖方向保持一致。15 个一组，完成 3 组。

2. 深蹲

准备姿势：腰背立直，双脚与肩同宽，膝盖和脚尖方向一致，不要内扣，双臂前平举，双手握拳。

动作做法：（如图 2-2-38）

（1）深蹲时，上身前倾，臀部向后坐，直至大腿与地面近似平行，然后起身还原。

（2）下蹲时吸气，起身时呼气。

动作要求：全程保持上半身腰背挺直，注意深蹲时膝盖与脚尖方向一致。深蹲时，臀部和大腿前侧发力，臀部肌肉更加明显。15 个一组，完成 3 组。

图 2-2-38

3. 半蹲侧抬腿

准备姿势：身体直立，双腿打开与肩同宽。

动作做法：（如图 2-2-39）

（1）挺直腰背，目视前方，屈膝半蹲。

（2）保持身体稳定，恢复站立时臀部发力向侧面抬起右腿。

（3）右腿回到站立位置同时下蹲，再次伸直双腿的同时抬起左腿。

（4）吸气时，屈髋屈膝下蹲；呼气时，蹲起向侧面发力抬起大腿。

动作要求：收紧核心，挺直腰背，不要过度侧屈，保证髋关节正面朝前。常练习此动作有助于大腿前侧和臀部外侧肌肉强化。16 次一组，完成 3 组。

4. 向前交替箭步蹲

准备姿势：双腿伸直并拢，双手交握放于胸前，双肩下沉，核心收紧。

动作做法：（如图 2-2-40）

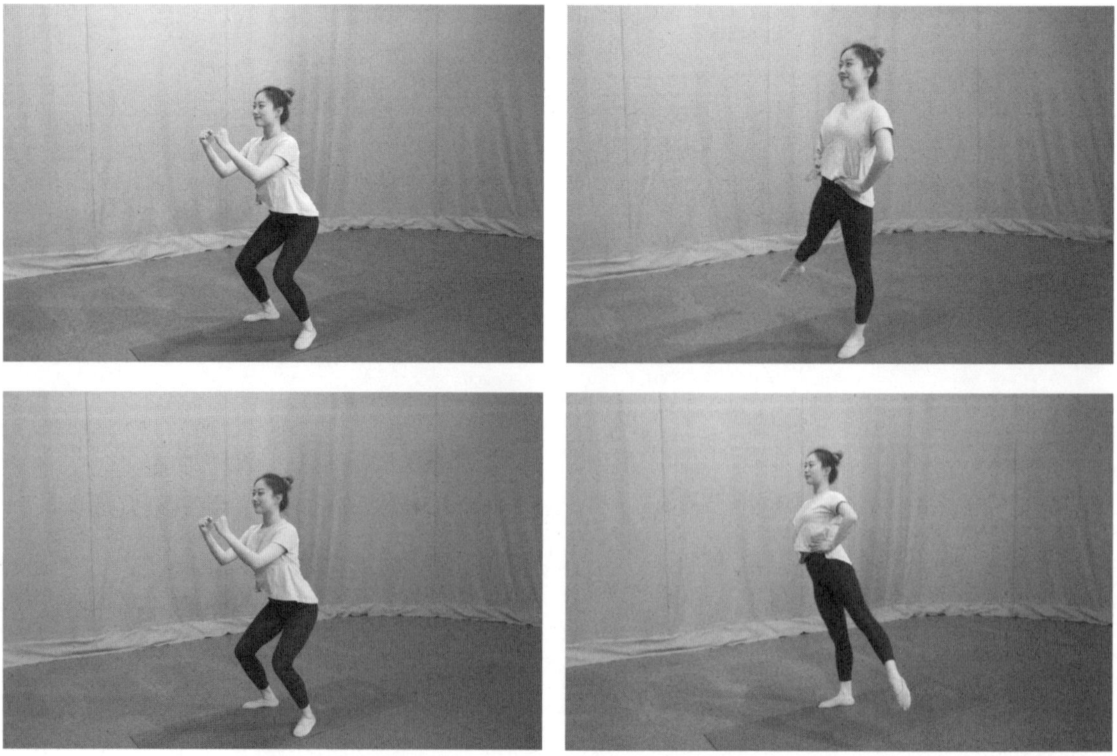

图 2-2-39

（1）上身立直，向前迈一侧腿并下蹲，重心位于两腿之间。

（2）下蹲时前侧大腿与小腿呈 90°角，大腿与地面保持平行；后侧大腿与小腿呈 90°角，最低点时略作停顿，然后前侧腿发力站起回到起始位置。

（3）双腿交替运动，保持每次步幅大小相同，后侧腿膝盖不要着地。

（4）站起时呼气，下蹲时吸气。

动作要求：向前迈腿时幅度要大，可同时拉伸大腿根部和大腿内侧肌肉，下蹲时大腿小腿夹角呈 90°，上身保持直立。此动作对大腿前侧肌肉和臀部肌肉有强化作用。12 次一组，完成 3 组。

5. 交替侧弓步

动作做法：（如图 2-2-41）

（1）双腿打开，重心放在一侧腿上，下蹲，同侧手放在脚背上，另一侧手放在膝盖上，腰背挺直。

图 2-2-40

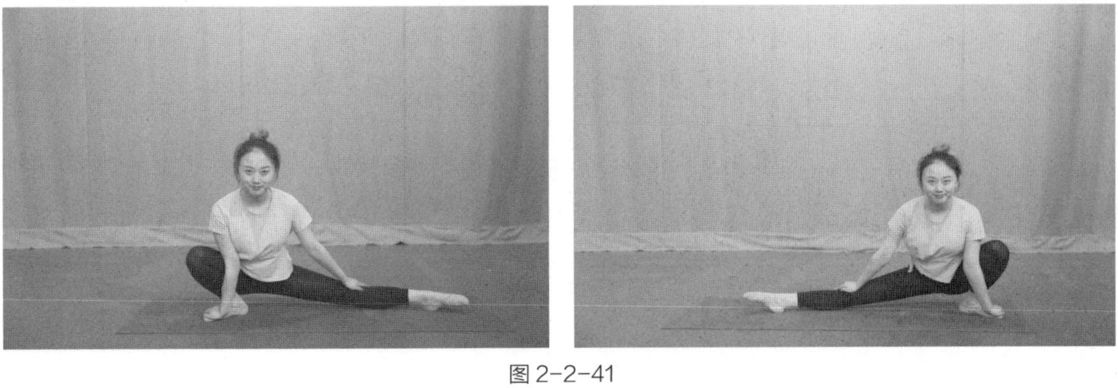

图 2-2-41

（2）膝盖与脚尖方向一致，臀部发力蹲起。

（3）转移重心到另一侧腿。

（4）下蹲时吸气，蹲起时呼气。

动作要求：练习前先拉伸大腿内侧肌肉，动作完成过程中大腿内侧发力，膝盖和脚尖方向一致。12 个一组，完成 3 组。

6. 右侧单腿硬拉

动作做法：（如图 2-2-42）

（1）身体站直，收腹，重心移到右腿，左脚掌点地。

（2）上身向前倾，左腿向后抬起，与躯干尽量保持在一条直线上，尽可能与地面平行，手自然下垂，手指伸直。

（3）稍作停顿后回到起始位置，动作全程保持腰背挺直。

（4）俯身时吸气，起身时呼气。

动作要求：左腿向正后方尽量伸直，俯身时背部与地面平行，动作全程腹部用力收紧，右侧臀部和大腿后侧有明显酸胀感。12 个一组，完成 3 组。

7. 左侧单腿硬拉

动作做法：（如图 2-2-43）

（1）身体站直，收腹，重心移到左腿，右脚掌点地。

（2）上身向前倾，右腿向后抬起，与躯干尽量保持在一条直线上，尽可能与地面平行，手自然下垂，手指伸直。

（3）稍作停顿后回到起始位置，动作全程保持腰背挺直。

（4）俯身时吸气，起身时呼气。

动作要求：右腿向正后方尽量伸直，俯身时背部与地面平行，动作全程腹部用力收紧，左侧臀部和大腿后侧有明显酸胀感。12 个一组，完成 3 组。

8. 俯卧抬膝

动作做法：（如图 2-2-44）

（1）俯卧在垫子上，小腿弯曲。

（2）收紧腹部，夹紧臀部，上抬臀部。

图 2-2-42

图 2-2-43

图 2-2-44

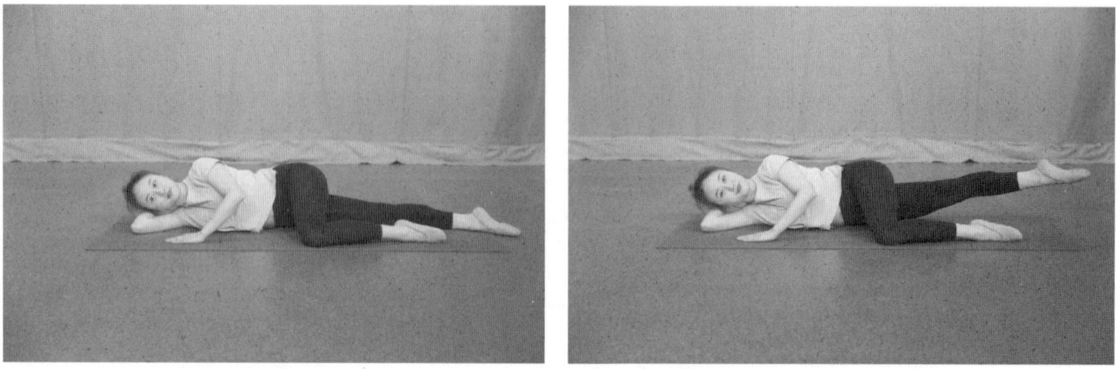

图 2-2-45

（3）慢慢落回地面，再次抬高。

（4）全程自然呼吸，不要憋气。

动作要求：臀部向上抬起幅度不要太大，腹部始终收紧，臀部和大腿后侧有明显酸痛感。12 次一组，完成 3 组。

9. 右侧卧左腿上抬

动作做法：（如图 2-2-45）

（1）右侧卧右腿伸直，左腿弯曲放在身体前侧；右手抱头，左臂屈曲在前。

（2）右腿大腿内侧发力向上抬，全程收腹，保持盆骨不发生旋转。

（3）下落时右腿不要着地。

（4）发力抬腿时呼气，下落时吸气。

动作要求：完成动作时，右腿伸直，大腿内侧发力抬起右腿，右腿内侧有收缩感。15 次一组，完成 3 组。

10. 左侧卧右腿上抬

动作做法：

（1）左侧卧左腿伸直，右腿弯曲放在身体前侧；左手抱头，右臂屈曲在前。

（2）左腿大腿内侧发力向上抬，全程收腹，保持盆骨不发生旋转。

（3）下落时左腿不要着地。

（4）发力抬腿时呼气，下落时吸气。

动作要求：完成动作时，左腿伸直，大腿内侧发力抬起左腿，左腿内侧有收缩感。15 次一组，完成 3 组。

11. 俯身登山

准备姿势：俯撑在地面上，双手手掌撑地，手肘微屈，上身放平。

动作做法：（如图 2-2-46）

（1）用最快的速度交替向上提膝，膝盖往胸部靠近。

（2）用核心的力量将大腿向上提。

动作要求：完成动作时肩部撑住地面，膝盖和脚踝放松；抬腿时，腹肌收缩发力，双腿以最快速度交替提膝。保持背部平行于地面，注意臀部不要抬得过高。快速冲刺 30 秒。

图 2-2-46

12. 深蹲跳

准备姿势：站立姿态，双腿与肩同宽，双臂垂直放于身体两侧。

动作做法：（如图 2-2-47）

（1）腰背挺直，收紧核心，下蹲时双臂前伸，与地面平行。

（2）深蹲向下，大腿和臀部瞬间发力向上跳起，双臂向下摆动。

（3）落地时吸气，起跳时呼气。

动作要求：完成动作时膝盖不要内扣，只有起跳时瞬间发力，腰背挺直，落地时全脚掌着地。12 次一组，完成 3 组。

图 2-2-47

（三）下肢力量训练注意要点

1. 下肢力量训练重点在强化臀腿肌肉，在训练过程中出现肌肉酸胀感属于正常现象。

2. 个体差异不同，臀腿肌肉力量不同，根据自身情况加减训练量。

3. 以上训练动作强化部位均不同，可根据锻炼需求自由组合。

4. 建议训练动作由少到多，训练量由弱到强，训练次数逐渐增多，保证训练过程循序渐进。

二、下肢拉伸放松训练

（一）下肢拉伸放松训练的作用

下肢拉伸放松训练主要集中在臀腿肌肉群的拉伸上，经过力量训练后，适当的拉伸放松可以起到舒缓肌肉酸痛、灵活筋骨、放松身心的效果。同时还能促进腿部血液循环，增加关节的稳定性，避免肌肉黏连，提高腿部肌肉柔韧性和弹性，可以有效防止肌肉痉挛和静脉曲张的情况发生。

（二）下肢拉伸放松训练内容

1. 右侧大腿前侧拉伸

动作做法：（如图 2-2-48）

（1）站立姿态，向后屈右腿，右手握住右脚脚背，收紧腹部。

（2）右手发力向回拉，髋关节前顶，右侧大腿前侧有明显拉伸感。

动作要求：保持身体平衡，均匀呼吸，右手发力向回拉，髋关节前顶，感受大腿前侧肌肉明显拉伸。动作保持 30 秒。

2. 左侧大腿前侧拉伸

动作做法：（如图 2-2-49）

（1）站立姿态，向后屈左腿，左手握住左脚脚背，收紧腹部。

（2）左手发力向回拉，髋关节前顶，左侧大腿前侧有明显拉伸感。

动作要求：保持身体平衡，均匀呼吸，左手发力向回拉，髋关节前顶，感受大腿前侧肌肉明显拉伸。动作保持 30 秒。

3. 屈膝左小腿后侧拉伸

动作做法：（如图 2-2-50）

（1）双手放置在大腿上，右腿在前，左腿向后一步，双脚脚尖朝向正前方。

（2）右腿屈膝，身体重心向前，同时向前顶髋，左脚脚后跟不离开地面，感受左小腿后侧的拉伸感。

（3）自然呼吸。

动作要求：左腿膝盖伸直，脚后跟不离开地面。尽可能向前俯身，增强拉伸感。动作保持 30 秒。

4. 屈膝右小腿后侧拉伸

动作做法：（如图 2-2-51）

（1）双手放置在大腿上，左腿在前，右腿向后退一步，双脚脚尖朝向正前方。

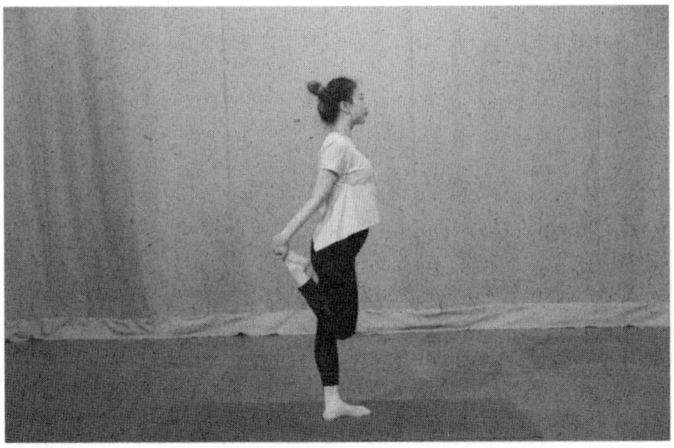

图 2-2-48

图 2-2-49

图 2-2-50

图 2-2-51

(2) 左腿屈膝，身体重心向前，同时向前顶髋，右脚脚后跟不离开地面，感受右小腿后侧的拉伸感。

(3) 自然呼吸。

动作要求：右腿膝盖伸直，脚后跟不离开地面。尽可能向前俯身，增强拉伸感。动作保持 30 秒。

5. 左腿内侧拉伸

动作做法：（如图 2-2-52）

(1) 双腿向两侧打开，右脚脚尖朝向斜前方，重心放在右腿上，下蹲至左腿完全伸直。

(2) 右脚全脚掌着地，左脚绷脚尖。

(3) 上身立直，用身体下压的重力拉伸大腿内侧。

(4) 双手放在身体前侧地面，保持姿势平衡。

动作要求：双脚打开至最大距离，右脚全脚掌着地，不要向上踮脚，充分进行大腿内侧拉伸。动作保持 30 秒。

6. 右腿内侧拉伸

动作做法：（如图 2-2-53）

(1) 双脚向两侧打开，左脚脚尖朝向斜前方，重心放在左腿上，下蹲至右腿完全伸直。

(2) 左脚全脚掌着地，右脚绷脚尖。

(3) 上身挺直，用身体下压的重力拉伸大腿内侧。

(4) 双手放在身体前侧地面，保持姿势平衡。

图 2-2-52

图 2-2-53

图 2-2-54

图 2-2-55

动作要求：双脚打开至最大距离，左脚全脚掌着地，不要向上踮脚，充分进行大腿内侧拉伸。动作保持 30 秒。

7. 俯身左腿后侧拉伸

动作做法：（如图 2-2-54）

（1）上身向前俯身，后背挺直，左腿在前，右腿膝盖微屈，两腿前后约一只脚的距离。

（2）勾起左脚，身体前屈向下压，保持。

（3）身体放松，加深呼吸，增加拉伸幅度。

动作要求：完成动作时，腰背挺直，腹部收紧，目视前方，腹部向大腿贴近。动作保持 30 秒。

8. 俯身右腿后侧拉伸

动作做法：（如图 2-2-55）

（1）上身向前俯身，后背挺直，右腿在前，左腿膝盖微屈，两腿前后约一只脚的距离。

（2）勾起右脚，身体前屈向下压，保持。

（3）身体放松，加深呼吸，增加拉伸幅度。

动作要求：完成动作时，腰背挺直，腹部收紧，目视前方，腹部向大腿贴近。动作保持 30 秒。

图 2-2-56

9. 臀部动态拉伸

动作做法：（如图 2-2-56）

（1）双手用力抱紧膝盖紧贴腹部上提。

（2）提膝的同时踮起脚尖。

（3）左右腿交替。

（4）抬腿时吸气，还原时呼气。

动作要求：适当增加提腿的幅度，将膝盖拉向胸口，感觉臀部有一定牵拉感。

（三）下肢拉伸放松训练注意要点

1. 学生个体柔韧度存在差异，完成动作程度不同，但应尽可能做到个人最大幅度。
2. 完成动作过程中有明显的拉伸疼痛感，应鼓励学生坚持完成。
3. 力量训练后，应尽可能将腿部全方位进行拉伸放松，为下一次训练做好准备。
4. 适度拉伸，控制时长，以防过度拉伸带来肌肉拉伤。

思考与练习

下肢力量训练后为什么要进行拉伸与放松训练？

第四节 背肌系统训练

俗话说“背薄一寸，百病消退，命长十年”，可见背部的状态对于人体健康有着非常重要的作用。背部最重要的一个部位是脊椎，背部不同区域分别对应着不同脏腑的位置，脏腑的神经和血管连接在脊椎上，是五脏六腑的反射区，所以背部也称为人体年轻的第二道生命线，保养、锻炼背部就是为健康生活注入了生机和活力。

一、背肌力量训练

（一）背肌力量训练的作用

“虎背熊腰”是当代年轻人最为头疼的一种亚健康状态，除了体型体态不美观之外，它所带来的身体疼痛更应值得注意。背部肥厚主要是背部脂肪堆积，不仅会加重脊椎的负担，导致脊椎变形，压迫五脏六腑，造成腰椎间盘突出的概率也会上升，同时还会堵塞背部经络，导致气血不通，百病丛生。

坚持锻炼背部肌肉力量不仅能够改善含胸驼背的不良体态，对腰肌劳损也能起到缓解的作用。背部肌肉群是人体中的第二大肌肉群，坚持练背肌可以强化背部肌肉群力量，保护脊椎、脏腑等器官，不仅让后背立体轮廓感更强，燃脂速度更快，体脂率更低，而且可以协调全身肌肉的增长和发展。长期练背不仅可以强身健体，获得优美体形，而且在练习的过程中也培养了个人的耐性和毅力。

（二）背肌力量训练内容

1. 俯卧挺身

动作做法：（如图 2-2-57）

（1）趴在地面上，双手抱头，肘关节向两侧打开。

（2）向上挺身至最高点，略作停顿后回到原始位置。

（3）挺身时吸气，还原时呼气。

动作要求：肘关节打开，手臂放松，上身挺起时双脚不要离开地面，建议两人一组，一人完成动作，另一人坐在训练同学的小腿上，帮助其更好地完成动作。此动作可以有效锻炼脊柱两侧下背部肌肉。20 个一组，完成 3 组。

2. 俯卧双臂 W 形伸展

动作做法：（如图 2-2-58）

（1）俯卧在地面上，上臂在身体两侧与身体呈 W 形，双手握拳，大拇指朝上。

（2）胸腹部不要离开地面，拇指带动双臂向上举，背部肌肉发力，抬起双臂，在最高点稍作停顿。

（3）上举时呼气，下落时吸气。

动作要求：完成动作时肩胛骨下沉并向内收紧，不要向上耸肩，感受中背部肌肉的收紧发力。20 个一组，完成 3 组。

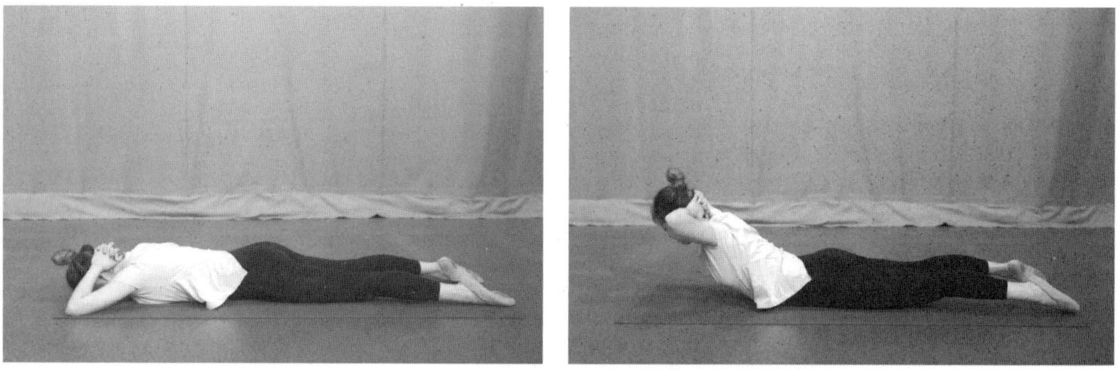

图 2-2-57

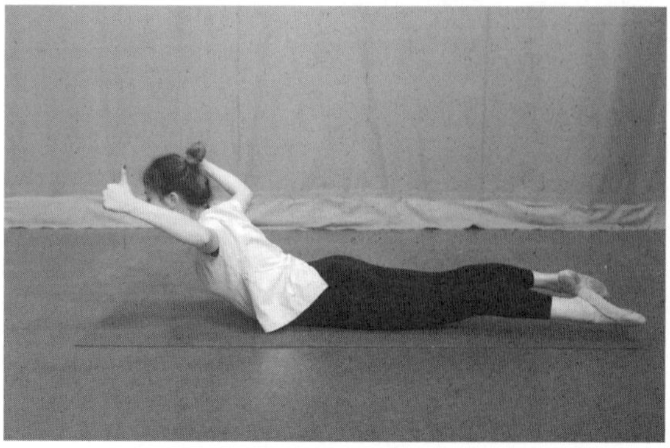

图 2-2-58

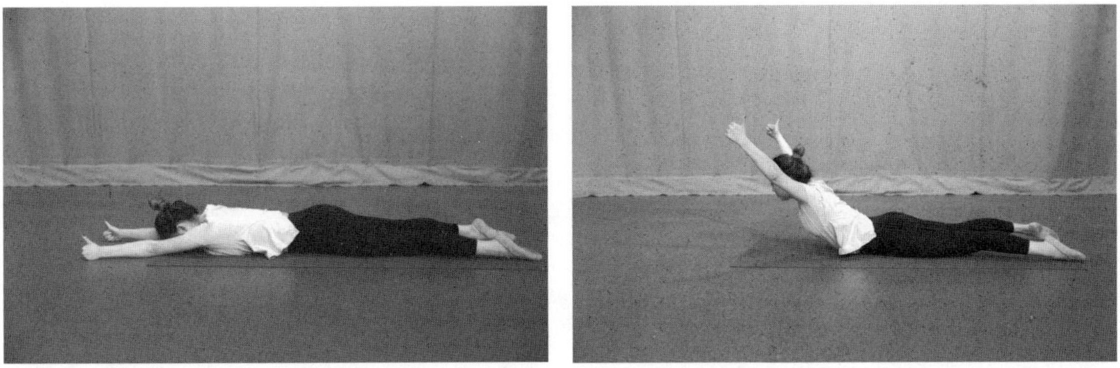

图 2-2-59

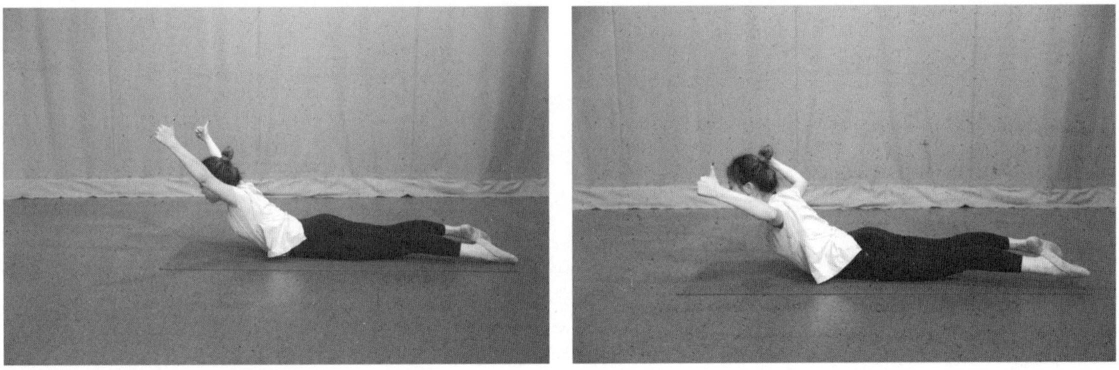

图 2-2-60

3. 俯卧双臂 Y 形伸展

动作做法：（如图 2-2-59）

(1) 俯卧在地面上，双臂前放与身体形成 Y 字形，双手握拳，大拇指朝上。

(2) 胸腹部不要离开地面，拇指带动双臂向上举，感受中背部肌肉发力。

(3) 向上发力时呼气，还原时吸气。

动作要求：完成动作时尽量用背部肌肉发力，如果腰部感受更明显，可以将上半身重心调整到肋骨下沿，腹部可稍微离开地面。20 个一组，完成 3 组。

4. 俯卧双臂 YW 形提拉

动作做法：（如图 2-2-60）

(1) 俯卧在地面上，上臂向上与身体呈 Y 字形，双手握拳，大拇指朝上。

(2) 拇指带动双臂向上，头颈部离开地面，同时双臂从上向下拉，夹紧双肘，双臂与身体呈 W 形，感受中背部肌肉发力，背部中间被挤压。

(3) 发力时呼气，还原时吸气。

图 2-2-61

动作要求：腹部贴住地面，下背部收紧，屈肘用力向后夹背部，中背部有向中间挤压的感觉。15 次一组，完成 3 组。

5. 蛙泳划臂

动作做法：

(1) 俯卧于地面上，腹部和髋关节着地，胸部和腿部向上抬，上臂向前伸直。腰背挺直，双肩夹紧，手臂从前向后划动至大腿两侧后稍作停留。

(2) 打开双肩，双臂从大腿两侧划至起始位置。

(3) 向后划时吸气，向前划时呼气。

动作要求：胸部和腿部要离开地面，收紧臀部、背部，手掌心向下，动作速度不要太快，肩背部会有酸胀感。15 个一组，完成 3 组。

6. 俯卧对角伸展

准备姿势：趴在地面上。

动作做法：（如图 2-2-61）

(1) 抬起一侧手臂与对侧腿部至最高点后稍作停顿，回到起始位置。

(2) 做一侧手臂和腿部的抬起时放于地面的手臂和腿部保持放松。

(3) 手脚上举时吸气，还原时呼气。

动作要求：抬手时，脊椎两侧肌肉收紧；抬腿时，臀部收紧。注意肩部和大腿不要代偿后背肌肉和臀部的发力，腿部伸直，离地幅度不用太高。20 次一组，完成 3 组。

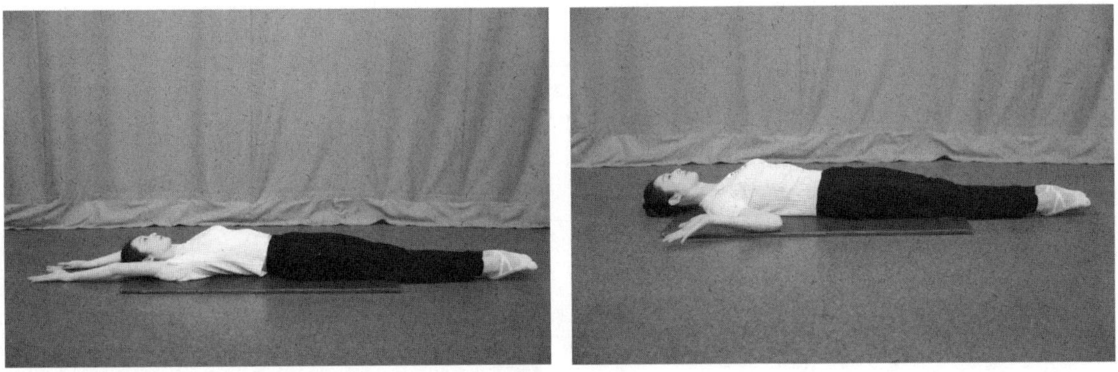

图 2-2-62

7. 仰卧 W 形向下划臂

动作做法：（如图 2-2-62）

（1）平躺于地面上，腰背挺直，双臂伸直，大臂贴近耳朵。

（2）双臂缓慢从上往下移，至手腕与肩关节在同一直线上，稍作停留后还原。

（3）上移时呼气，还原时吸气。

动作要求：肩部、肘部、手臂贴紧地面，放松全身划动手臂，肩、背部有酸胀感。20 次一组，完成 3 组。

（三）背肌力量训练注意要点

1. 背肌力量训练不仅针对背部肌肉群进行强化，很多动作练习还可以强化锻炼肩部、腹部、臀部肌肉群。所以一般在进行素质练习时可以将腹背部核心肌肉同时进行锻炼加强。

2. 制订合适的训练计划，根据学生情况针对不同阶段进行动作组合及次数、强度要求。

3. 在训练过程中鼓励学生要坚持不懈、按质按量完成训练要求。

二、背肌拉伸放松训练

（一）背肌拉伸放松训练的作用

经过高强度的力量训练后，背部肌肉群酸胀疼痛，肌肉僵硬，若不进行肌肉放松与拉伸，背部疼痛感时间延长，易影响日常生活与训练。在每次素质训练后，充分进行拉伸与放松，释放和伸展自己，可以有效缓解疼痛，帮助身体恢复，使身心得到放松。

（二）背肌拉伸放松训练内容

1. 猫式伸展

动作做法：（如图 2-2-63）

（1）双手俯撑在地面上，双膝着地。

（2）后背向上弓起，低头含胸，充分拉伸背部肌肉。

（3）挺胸抬头，胸部下沉至自身最低程度。

（4）全身放松，回到起始位置。

（5）弓起背部时呼气，向下塌腰时吸气。

动作要求：背部向上弓起时，脊柱向上弯曲产生一定的牵拉感，背部肌肉也有拉伸感；向下挺胸塌腰时腹部也有较强牵拉感，完成动作时，速度不要太快，在每个阶段都稍作停顿。完成 3 至 5 次。

图 2-2-63

2. 跪姿背部拉伸

动作做法：（如图 2-2-64）

（1）双膝并拢跪坐在地面上，臀部坐在脚后跟上，身体自然放松向前趴，双臂向前延伸，放于地面上。

（2）自然呼吸。

动作要求：拉伸时，臀部要完全坐于脚后跟上，如果下背部紧张导致臀部坐不到脚后跟，可在臀部和脚后跟之间垫上毛巾或者书籍作为支撑。肩部下压，感受腰背部的拉伸感。动作保持 30 秒。

图 2-2-64

3. 抱膝滚动拉伸

动作做法：（如图 2-2-65）

（1）双手抱膝，仰卧在地面上。

（2）放松下背部，将膝盖向胸口拉起到最大幅度后还原。

（3）拉起时呼气，还原时吸气。

动作要求：用手臂的力量将膝盖往胸部方向提拉，抱紧膝盖，来回拉动，感受下背部的拉伸感。动作持续 30 秒。

图 2-2-65

4. 坐姿盘腿扭转

动作做法：（如图 2-2-66）

（1）盘腿坐于地面上，后背向上立直，左侧手臂伸直抵住右侧膝盖外侧，上身向右侧扭转，右侧手臂伸直放于身体后侧，眼睛看向右后方。

（2）回到正中位置，后背直立坐正，沿脊柱到头顶向上提拉。

（3）保持盆骨位置受力均匀，身体转向另一侧。

（4）吸气时挺拔坐姿，呼气时身体扭转向一侧后自然呼吸。

动作要求：完成动作时保持脊柱伸长向对侧扭转，保持挺拔坐姿，胸腔靠近大腿。扭转时沿胸腔、上背部直至颈部直立，臀部受力均匀，不可向上抬起，感受脊柱旋转和背部肌肉的拉伸。每侧保持动作 30 秒。

图 2-2-66

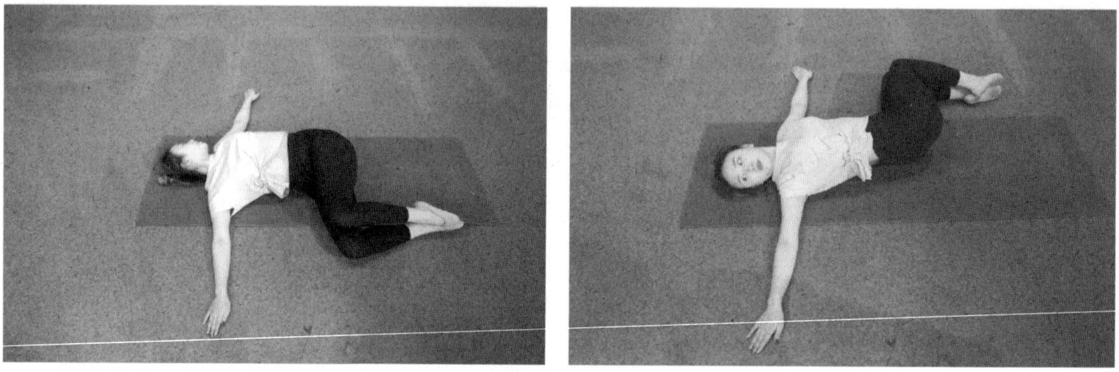

图 2-2-67

5. 仰卧扭转

准备姿势：屈腿躺于地面上，膝盖并拢，双臂沿肩膀两侧打开，掌心向下。

动作做法：（如图 2-2-67）

（1）双腿并拢向右侧翻转，保持双肩着地，眼睛看向左侧。

（2）双腿回正带动身体转向左侧，肩部紧贴地面，头部转向右侧。

（3）自然呼吸。

动作要求：完成动作时肩部到肩胛骨的位置始终紧贴地面，下背部到臀部可增大幅度，加深拉伸感。每侧动作保持 30 秒。

（三）背肌拉伸放松训练注意要点

1. 注意动作标准和要求，根据学生柔韧程度不同，可适当给予辅助和帮助。

2. 所有动作注意和呼吸的搭配，加深体感。

3. 配合舒缓的音乐，洗涤身心。

思考与练习

本节介绍的背肌训练方法皆以徒手训练为主，你还知道哪些利用器械锻炼背肌的方法？

第五节 心肺功能训练

心肺功能是体质的一方面，反映了机体摄取、运输和利用氧的能力，提高心肺功能是增强学生体质的根本。科技的发展从很多层面解放了人力，学生在校生活日益便捷，伴随着学业和就业的压力，从而减少了生活中参与运动的时间，而运动活动严重不足是心肺功能下降的直接因素。近 20 年来学生中出现的既不觉得自己体质下降又不因之产生危机感的“灯下黑”现象日益严重，学生对自己的体质状况缺乏认识，对体质下降也没有危机感，长期的低体力活动会导致认知功能变差，保持一定强度的运动，使心肺功能处于较高水平，不仅有利于提高学生身体素质，也有利于提高学业水平。

一、心肺功能训练作用

心肺功能是机体后勤的重要保障，它决定着神经系统、运动系统、内分泌系统等的正常运转，心肺功能提高可以有效应对内外界刺激，特别是对心脏血液和氧气的供给，心脏活动的神经调节，可以减少外周血液循环的阻力，减轻心脏的负担。

提高心肺功能不仅可以增强身体抵抗力，减少心血管疾病的发生，同时还可以改善睡眠质量，提高精神注意力。在本节当中，心肺功能的训练主要以有氧训练为主，教师制订有氧心肺功能组合训练方案，指导学生进行练习，帮助学生在运动过程中提高心肺功能，同时更重要的是调动学生运动的积极性，引导学生养成运动的习惯，培养健康的生活方式。

二、心肺功能训练内容

（一）原地进行性训练组合

该组合配合音乐完成，每 4 个 8 拍换一个动作，中间间歇 2 个 8 拍，共 8 个动作。根据学生心肺功能和耐力，可循环完成。

图 2-2-68

图 2-2-69

1. 原地小跳（4 个 8 拍）

动作做法：（如图 2-2-68）

（1）绷紧全身，原地向上小跳。

（2）跳跃时双臂用力向上带起身体。

（3）全程保持均匀呼吸。

动作要求：身体有弹性，脚踝、膝盖放松，核心收紧，落地时前脚掌着地，动作轻盈。

2. 勾腿跳（4 个 8 拍）

动作做法：（如图 2-2-69）

（1）目视前方，背部挺直，双手手背贴于臀部。

（2）保持上半身稳定，小腿向后屈，快速交替循环，脚后跟每次都要踢到臀部。

（3）自然呼吸。

动作要求：身体轻盈、不僵硬；大腿不要向上抬，尽量垂直于地面；核心收紧，保持稳定。

3. 开合跳（4 个 8 拍）

动作做法：（如图 2-2-70）

（1）从后背到头颈部保持直立，双脚开合跳跃，膝盖、小腿放松。

（2）核心收紧，双脚打开时双臂收紧向上至耳朵两侧。

（3）双脚跳跃并拢时双臂下压回到髋关节两侧。

（4）保持呼吸，不要憋气。

动作要求：双臂摆动时带动身体跳跃，腰腹部收紧；落地时前脚掌着地，膝盖放松，注意膝盖不要向内扣，膝盖方向与脚尖方向保持一致。

4. 向前交替箭步蹲（4 个 8 拍）

动作做法：（如图 2-2-71）

（1）双脚自然开立，收紧腹部核心，双手叉腰，肩膀后缩下沉。

（2）上半身挺直，向前迈一侧腿并下蹲，重心位于两腿之间，大腿和身体呈 90° 角，大腿和小腿呈 90° 角，稍作停顿。

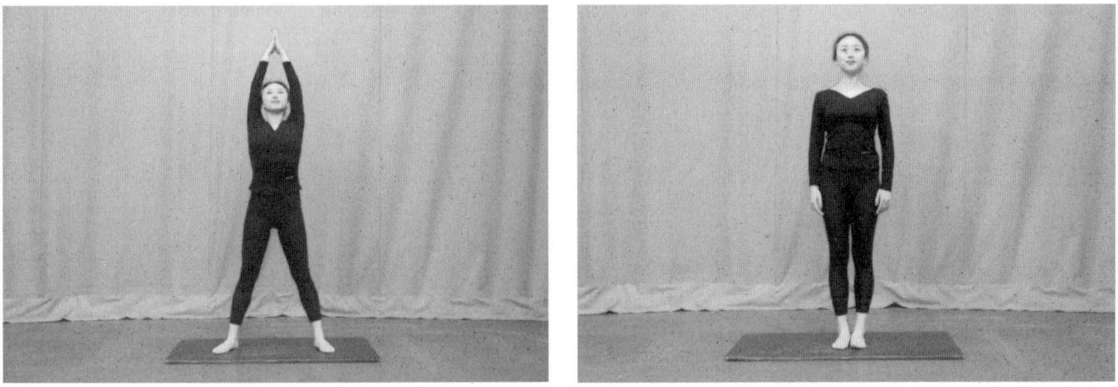

图 2-2-70

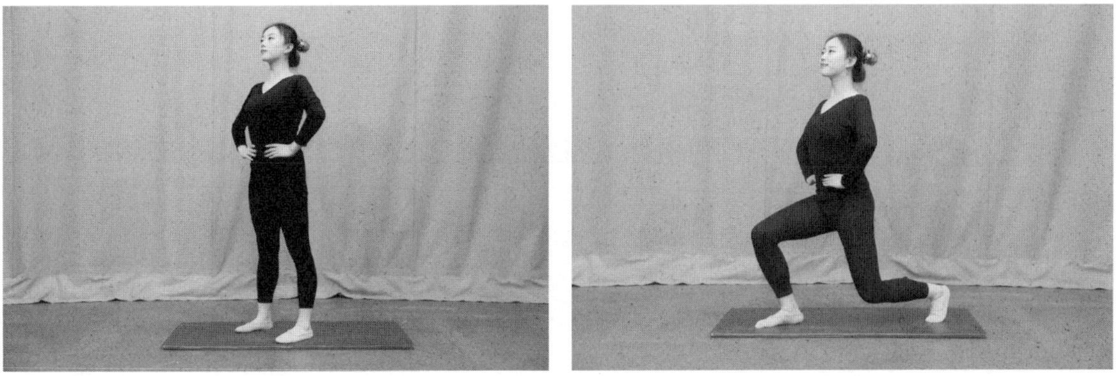

图 2-2-71

(3) 前腿发力站起回到起始位置。

(4) 换另一侧腿向前迈出，动作要求与另一侧腿相同。

(5) 站起时呼气，下蹲时吸气。

动作要求：上身挺直，向前迈时步伐加大，下蹲达到90°角，感受大腿前侧和臀部的发力，同时拉伸大腿根部。

5. 箭步小跳（4个8拍）

动作做法：（如图2-2-72）

(1) 前后摆臂，前脚掌前后交替点地小跳两次。

(2) 上身垂直下落，下蹲至弓箭步姿势，双腿膝盖呈90°角，后侧腿膝盖不着地。

(3) 双腿同时发力站起，重复进行小跳。

(4) 双脚前后交替小跳时吸气，下蹲时呼气。

动作要求：臀部和大腿发力，身体重心始终在两腿之间，核心腹部收紧。

6. 提膝击掌（4个8拍）

动作做法：（如图2-2-73）

(1) 左右交替提膝跳跃的同时双手在膝盖下击掌。

(2) 尽量提高膝盖，留出击掌的空间。

(3) 击掌时上半身挺直，腰腹部收紧，动作轻盈有弹性。

(4) 保持呼吸，不要憋气。

动作要求：双臂打开，提膝起跳，在膝下击掌，击掌时注意背部不要弯曲。

7. 原地摆臂快跑（4个8拍）

动作做法：（如图2-2-74）

(1) 上身微微前倾，双臂前后摆臂，速度越快越好，摆臂的同时快速交替抬腿，像快速跑一样。

(2) 核心收紧，保持稳定，自然呼吸。

动作要求：尽量用前脚掌落地，落地要轻，减少对下肢膝关节的冲击，但是原地跑速度要快，注意呼吸节奏。

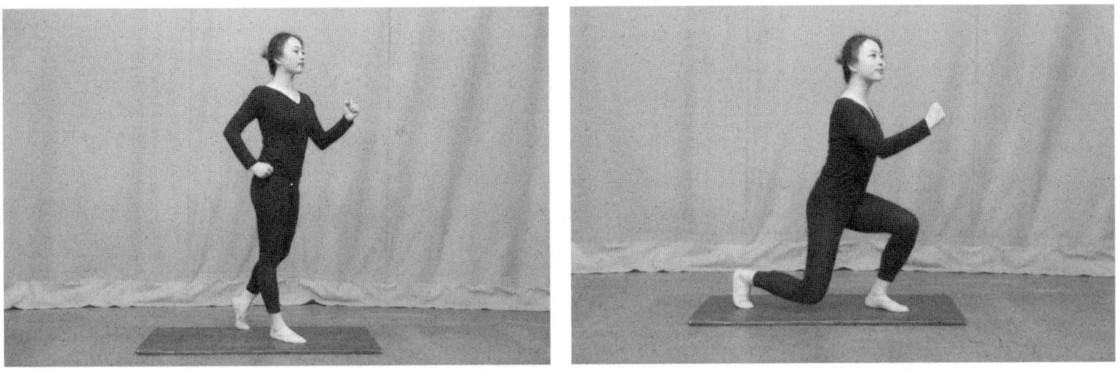

图 2-2-72

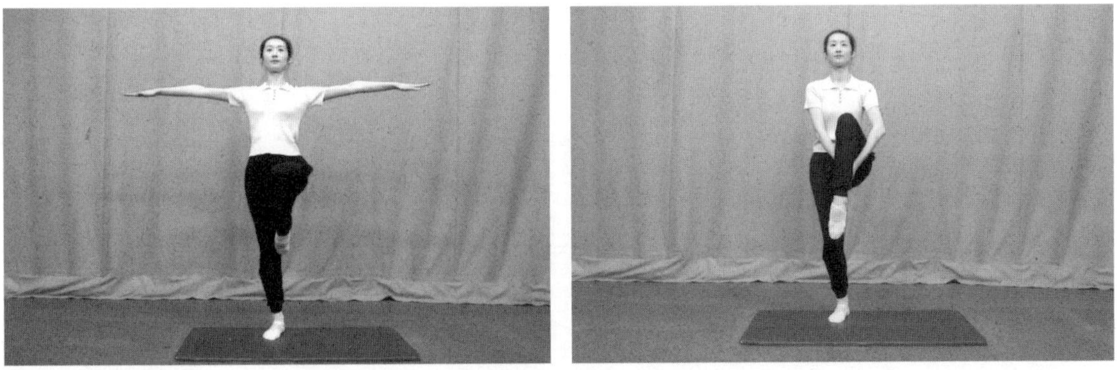

图 2-2-73

图 2-2-74

8. 波比跳（4 个 8 拍）

动作做法：（如图 2-2-75）

（1）俯身下蹲，双脚自然打开。

（2）双手撑地同时双腿向后跳跃，伸直膝盖。

（3）双腿快速向腹部收回，起身跳跃，双手在头顶击掌。

（4）击掌后快速俯身下蹲，重复上述动作。

（5）按自己的节奏呼吸，不要憋气。

动作要求：全程收紧腹部，俯身撑地时不要塌腰，加快伸腿和收腿的动作速度，向上跳时尽量往高处跳，落地要轻。

（二）行进间训练组合

不同于原地进行性心肺功能训练，行进间的训练除了动作要求标准外，对教师的课堂组织能力，学生的团队配合能力也有较高要求。

图 2-2-75

组织形式：所有学生退到教室后面，5 人一组为一排，互相间隔 1 米左右。后面每排和第一排对齐，跟随口令或音乐一排一排向前行进并完成动作，每排之间间隔 1—2 个 8 拍。每排到达教室最前方后分别从教室两边返回至起始位置，然后重复进行训练动作。

1. 后踢腿跑

动作做法：（如图 2-2-76）

（1）背部挺直，目视前进方向，双手放在臀部位置。

（2）保持身体稳定，快速交替后踢腿向前跑，双脚脚后跟触碰到双手。

（3）自然呼吸。

动作要求：上半身保持稳定，动作轻盈有弹性，双脚前脚掌落地，大腿不要过度向上抬。往返练习 3 组。

2. 侧身交叉步跑

动作做法：

（1）侧身站，挺胸直立，双手侧平举，眼睛看向行进方向。

（2）通过摆髋动作带动腿部前后交叉跑动。

（3）自然呼吸。

动作要求：此动作可以训练上下半身的协调性，主要以髋部的前后转动带动脚前后交叉侧身向前跑，肩膀保持不动，速度由慢到快，达到热身的目的。往返练习 3 组。

图 2-2-76

图 2-2-77

3. 行进间开合跳

动作做法：（如图 2-2-77）

（1）从后背到头颈部保持笔直，双脚开合跳跃，膝盖、小腿放松。

（2）双脚打开时双臂侧平举。

（3）双脚跳跃并拢时双臂下压回到髋关节两侧。

（4）核心收紧，双脚打开时双臂收紧向上在头顶击掌。

（5）双脚跳跃并拢时双臂下压回到髋关节两侧。

（6）开合跳的同时向前行进。

（7）保持呼吸，不要憋气。

动作要求：双臂摆动时带动身体跳跃，腰腹部收紧；落地时前脚掌着地，膝盖放松，注意膝盖不要向内扣，膝盖方向与脚尖方向保持一致。往返练习 3 组。

4. 行进箭步蹲

动作做法：（如图 2-2-78）

（1）双脚并拢，自然站立，腰背挺直，双手叉腰。

（2）向前迈出呈弓步，前腿与身体、小腿呈 90°，后脚脚尖向前与膝关节方向一致，换腿向前迈出，动作与之前一致。

（3）屈膝时吸气，伸膝时呼气。

动作要求：此动作可以强化大腿前侧肌肉，注意动作幅度要到位，后腿膝盖不要接触地面，前腿膝关节不超过脚尖，上身保持直立。往返完成 3 组。

5. 高抬腿跑

动作做法：

（1）上身稍前倾，快速交替高抬腿，前脚掌着地。

（2）核心收紧，随着抬腿节奏用力摆臂。

（3）保持最快速度向前跑。

（4）自然呼吸。

动作要求：高抬腿交替频率越快，心跳越快，呼吸越急促，要保持呼吸节奏，不要憋气；上身重心向前，核心收紧，向前行进时注意步幅不要太大。往返完成 3 组。

6. 滑雪跳

动作做法：（如图 2-2-79）

（1）左右腿交替单腿跳跃，起跳瞬间摆臂、转身、蹬腿同时发力。

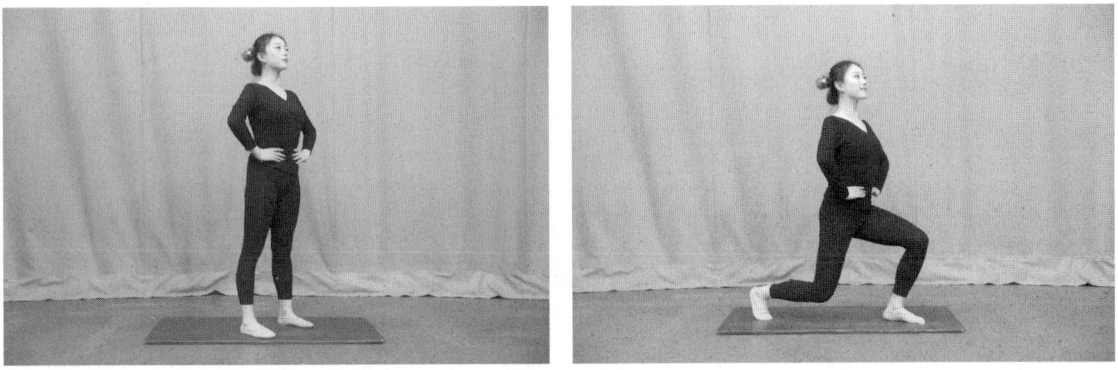

图 2-2-78

图 2-2-79

（2）落地腿膝盖不超过脚尖，用臀部力量吸收落地的缓冲。

（3）起跳时呼气，落地下蹲时吸气。

动作要求：腰腹部收紧，落地后保持平稳，若控制不住，后脚脚尖可以轻点地保持平衡，臀部后坐缓冲；动作流畅有弹性。往返完成3组。

7. 向前小踢腿跳

动作做法：

（1）双手叉腰，保持上半身稳定；起跳时一侧腿的小腿向后弯曲后快速向前踢出，高度保持在45°，膝盖伸直，腿绷紧，脚尖绷直。

（2）小腿向前踢出后向前落地，换另一条腿重复同样的动作。

动作要求：抬头挺胸，后背立直，保持稳定；向前踢腿时腿部肌肉收紧，控制膝盖、脚尖，大腿根部、脚尖脚背稍外旋。双腿交替要协调。往返完成3组。

8. 向旁小踢腿跳

动作做法：

（1）双手叉腰，保持上半身稳定；起跳时一侧腿的小腿向侧后弯曲后快速向旁踢出，高度保持在45°，膝盖伸直，腿绷紧，脚尖绷直，脚背朝上。

（2）小腿向旁踢出后向前落地，换另一条腿重复同样的动作，在此过程中缓步向前跳跃。

动作要求：抬头挺胸，后背立直，保持稳定；向旁踢腿时腿部肌肉收紧，控制膝盖、脚尖，注意脚背向上。双腿交替要协调。往返完成3组。

三、心肺功能训练要点

1. 制订计划，循序渐进，可以从低强度开始，逐渐过渡到中强度和高强度。

2. 保证每周心肺功能训练的时间、强度和次数，达到提高心肺功能的目的。一般一周完成3次训练，强度控制在70%—80%，心率在130—150次/分为宜，运动时间控制在15—30分钟，若想提高心肺耐力可将时间延长至45分钟左右。

3. 运动过程要有连续性，尽量不要中断训练。

4. 建议可佩戴心率表或心率带，掌握自己运动过程中的心率变化，适当调整运动强度。

5. 运动过程中适当补水，少量多次，不可一次性摄入过多水分。

思考与练习

1. 心肺功能训练时要注意哪些方面？

2. 根据自身生活习惯制订一份一周心肺功能训练计划。

第六节　柔韧系统训练

一、柔韧系统训练的作用

柔韧素质是指人体关节活动幅度的大小以及跨过关节的韧带、肌肉、皮肤及其他组织的弹性和伸展能力。关节的活动幅度一般由先天的生理规律决定，但是，跨过关节的韧带、肌肉、皮肤等其他组织的伸展能力是可以靠科学的训练来发展提高的。在形体训练中，提高柔韧素质可以加大动作的可能性，使身体姿态、舞姿更优美，同时可以减少运动损伤发生的概率，所以发展柔韧素质是形体训练的一个重要组成部分。

二、柔韧系统训练内容

（一）头颈部

头颈部训练内容主要由向前屈、向后屈、向左屈、向右屈、向左转、向右转、前伸、后伸以及头颈部的顺时针转动和逆时针转动等基本动作组成。头颈部位置和姿态的控制在形体训练中对身体其他动作的学习和展现有着至关重要的作用，同时经常锻炼拉伸头颈部可以有效缓解长期低头所带来的肩颈酸痛。

1. 向前屈

动作做法：双脚打开与肩同宽，收腹立腰，后背挺直，双手交叉放在后脑勺位置，向下低头的同时双手下压，下巴用力向下靠近胸口（如图 2-2-80）。

动作要求：头颈部向下低头时注意肩胸不要向内收，后背立直，充分感受颈椎的向下拉伸感。动作保持 10 秒。

2. 向后屈

动作做法：双脚打开与肩同宽，收腹立腰，后背挺直，双手合掌，大拇指抵住下颚，向后仰头的同时手指向后给力，后脑勺用力向后背靠近（如图 2-2-81）。

动作要求：身体重心不要向后倾，向后仰头做到最大幅度，感受颈部前侧充分拉伸。动作保持 10 秒。

3. 向左屈

动作做法：双脚打开与肩同宽，收腹立腰，后背挺直，右手背在身后，左手掌心经头顶放在右侧耳朵上方向左侧给力下压，左侧耳朵用力靠近左侧肩膀（如图 2-2-82）。

动作要求：身体立直，不要跟随头部向左倾，眼睛平视正前方，控制右肩不要向上耸肩，感受右侧颈部充分拉伸。动作保持 10 秒。

4. 向右屈

动作做法：双脚打开与肩同宽，收腹立腰，后背挺直，左手背在身后，右手掌心经头顶放在左侧耳朵上方向右侧给力下压，右侧耳朵用力靠近右侧肩膀（如图 2-2-83）。

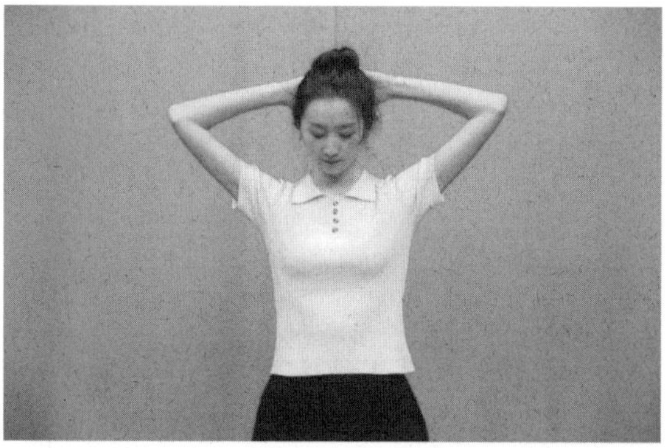

图 2-2-80

图 2-2-81

图 2-2-82

图 2-2-83

动作要求：身体立直，不要跟随头部向右倾，控制左肩不要向上耸肩，眼睛平视正前方，感受左侧颈部充分拉伸。动作保持 10 秒。

5. 向左（右）转

动作做法：双脚打开与肩同宽，双臂交叠放于背后；头颈部向左或向右旋转 90°，下巴用力去找同侧肩膀。

动作要求：后背立直，肩膀放松下沉，头部转向一侧时不要向下低头。每侧动作保持 10 秒。

6. 前伸

动作做法：双脚打开与肩同宽，双手自然放在身体两侧，下巴用力向正前方伸，稍作停顿后回到起始位置。

动作要求：上身保持直立，控制肩膀和后背，不要含胸。可重复完成 5—8 次。

7. 后伸

动作做法：双脚打开与肩同宽，双手自然放在身体两侧，后脑勺用力向后上方顶，下巴向后收。

动作要求：头部向后顶的时候感受颈椎与脊椎保持在一条直线上并向上提拉发力。

8. 顺时针（逆时针）转动

动作做法：顺时针转动是头颈部经过前屈、右屈、后屈、左屈完成头颈部转动；逆时针方向相反。

动作要求：转动时速度平缓不要太快，动作活动范围尽量做到最大，每个方向都做到充分拉伸。

（二）肩部

肩部柔韧性训练主要通过压、拉等开肩方法来锻炼肩部的柔韧性、灵活性和耐力。

1. 把上压肩

动作做法：（如图 2-2-84）

（1）面对把杆 30cm 左右，站立姿态，肩膀下沉，双脚打开与肩同宽，双手伸直，小臂放在把杆上，低头，上半身前屈，利用上半身力量将肩膀向地面方向用力下压。

（2）肩关节充分打开，呼吸和动作配合，向下压时呼气，回原位时吸气。

动作要求：压肩时，手臂、躯干伸直，不能弯曲，腿部尽量伸直，如果学生腿部柔韧较差，疼痛感较强，可稍微弯曲膝盖；低头，向正下方发力，在最低处保持。

图 2-2-84

2. 把上反向拉肩

动作做法：（如图 2-2-85）

（1）背对把杆，双脚前后站立，双手正握把杆，双手距离略窄于双肩，肘关节伸直。

（2）向前做弓步下蹲，利用下蹲的幅度拉大手臂与身体的角度。

动作要求：完成动作时，如果有学生肩部柔韧性较差，可以适当放宽两手之间的距离；弓步下蹲同时也可拉伸腿部肌肉。在最低处保持。

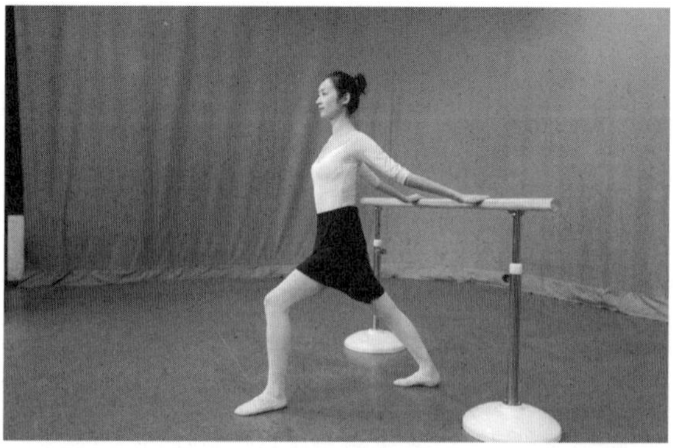

图 2-2-85

（三）胸腰

胸腰的柔韧训练有助于打开胸腔，调整含胸驼背等不良体态，提升气质，塑造优美体型。

1. 把杆跪姿压胸腰

动作做法：（如图 2-2-86）

（1）面向把杆，双膝跪地，双臂伸直，小臂置于把杆上，上身前屈向下，抬头向上。

（2）利用上半身重量将胸腰向把杆里面推，感受胸腰的拉伸感。

动作要求：柔韧较好的同学可以并拢双膝，柔韧性较差的同学可适当打开膝盖距离；压胸腰时一定要抬头，发力方向往把杆里面，在最远处停留。

2. 把杆反向拉胸腰

动作做法：（如图 2-2-87）

（1）背对把杆，双脚并拢，双手正握把杆，双手距离与肩同宽，肘关节伸直。

（2）下半身保持不动，上半身向前上方拉出，头颈部后仰，形成反弓状态。

动作要求：双臂尽量打开与肩同宽，若完成不了，可适当放宽双手距离；向把杆反方向用力，胸腔向上顶，头部后仰，加深胸腰拉伸感。

图 2-2-87

（四）髋关节

髋关节是大腿根部与骨盆相连接的关节，是下肢与身体相连接的重要环节，髋关节的柔韧性和灵活性与下肢活动能力强弱息息相关。

1. 盘坐压胯

动作做法：（如图 2-2-88）

（1）屈腿盘坐，脚掌相对，双手握住脚踝，膝盖向两侧打开，后背立直，上下振动膝盖。

（2）上半身下压，用腹部贴近脚踝，双手向前伸出，后背拉长，到最低处停留控制。

动作要求：振动膝盖时，盆骨受力均匀；上身下压时，不要用头部去找脚踝，尽量用腹部去贴近脚踝。动作幅度由小到大，避免拉伤。

图 2-2-88

2. 蛙式压胯

动作做法：（如图 2-2-89）

（1）俯卧，双臂、胸腔、肋骨贴地，双膝最大幅度打开，双脚内侧和小腿贴紧地面，大腿与身体、小腿呈 90° 角。

（2）上身放松，臀部尽可能向下贴地。

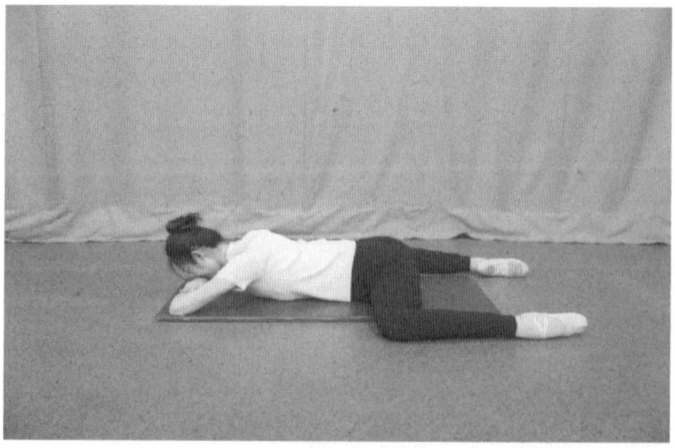

图 2-2-89

动作要求：利用自身重量慢慢将臀部下压，大腿内侧有明显拉伸感，髋关节有挤压感。保持 3—5 分钟，根据能力可适当减少或延长时间。

（五）腿部

腿部柔韧训练可以促进血液循环，缓解腿部肌肉的疲劳感，塑造腿部的肌肉线条。其训练方法有很多种，包括压腿、搬腿、踢腿等，初学者可以从地面压腿开始，等能力提升后可进行把杆压腿。

1. 地面压腿（右腿为例）

（1）地面压前腿

动作做法：（如图 2-2-90）

①后背立直坐于地面，右腿前伸，膝盖伸直稍外旋；左腿小腿向后屈；双手三位手准备。

②上身向前屈，后背保持挺直，双手随身体的幅度向下，使上半身紧贴右腿，双手抓住右脚。

③压左腿要求与右腿一致。

动作要求：压腿时，双肩下沉不要耸肩，不要含胸驼背，用腹部紧贴大腿，脚尖绷直，保持自然呼吸。

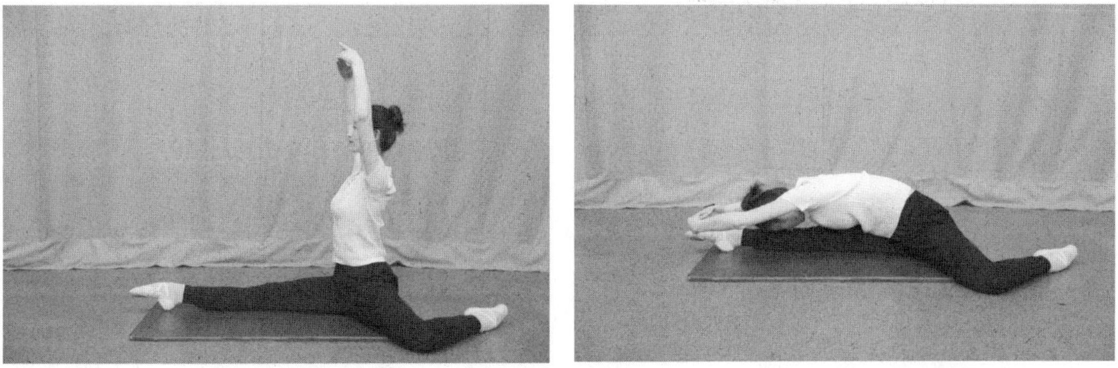

图 2-2-90

（2）地面压旁腿

动作做法：（如图 2-2-91）

①后背立直坐于地面，右腿向身体正旁方向伸出保持外旋打开，左腿小腿向内屈贴近大腿内侧，左腿、髋关节、右腿尽量保持在一条线上，双脚脚尖绷直，双手四位手准备。

②上半身挺直向右侧压，左手经头顶尽量触摸右脚，右手沿左腿方向向前延伸，左肩胛骨向后找右腿方向，眼睛向左上方看。

③压左腿要求与右腿一致。

动作要求：压旁腿过程中，双脚脚尖要绷直，右腿外旋，脚背朝上，左腿膝盖尽量不要离开地面。在最低处保持。

（3）地面压后腿

动作做法：（如图 2-2-92）

①后背立直坐在地面上，左腿小腿向前弯曲紧贴大腿收于体前，右腿向身体正后方伸直，大腿外旋，双手三位手准备。

图 2-2-91

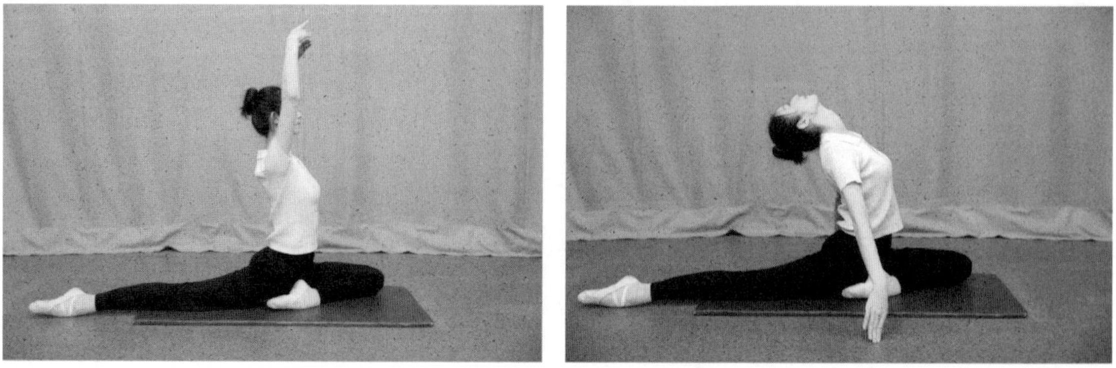

图 2-2-92

②上身保持直立并向后压，用后脑勺去找右腿方向，双手随身体方向下划至身体两侧。

③压左腿要求与右腿一致。

动作要求：在压腿过程中，不要含胸驼背，双肩下沉，脚尖绷直。在最低处保持。

2. 把上压腿组合（右腿为例）

（1）把上压前腿（10 个 8 拍）

准备姿势：左手扶把，身体向右面斜角 45° 方向，右腿放到把杆上，大腿外旋，右脚绷脚尖，髋关节摆正，肚脐方向对准右脚脚尖，后背立直，右手三位手准备。

1×8 拍

1-2 拍：上身向前压腿，后背立直，腹部靠近大腿，右手尽量向前去找右脚脚背（如图 2-2-93）

3-4 拍：起身回到起始位置

5-8 拍：重复 1-4 拍动作

同一动作重复 3 个 8 拍

5×8 拍

1-4 拍：上身向前压腿，后背立直，腹部靠近大腿，右手尽量向前去找右脚脚背

5-8 拍：起身回到起始位置

同一动作重复 3 个 8 拍。动作比前 4 个 8 拍速度放慢，拉伸时间增长，拉伸更充分。

9×8 拍、10×8 拍：压前腿保持不动，最后 4 拍时起身回原位后向左侧转身，准备旁压腿。

（2）把上压旁腿（10 个 8 拍）

准备姿势：在正压腿基础上身体向左侧转 90° ，换右手扶把，右腿放到把杆上，外

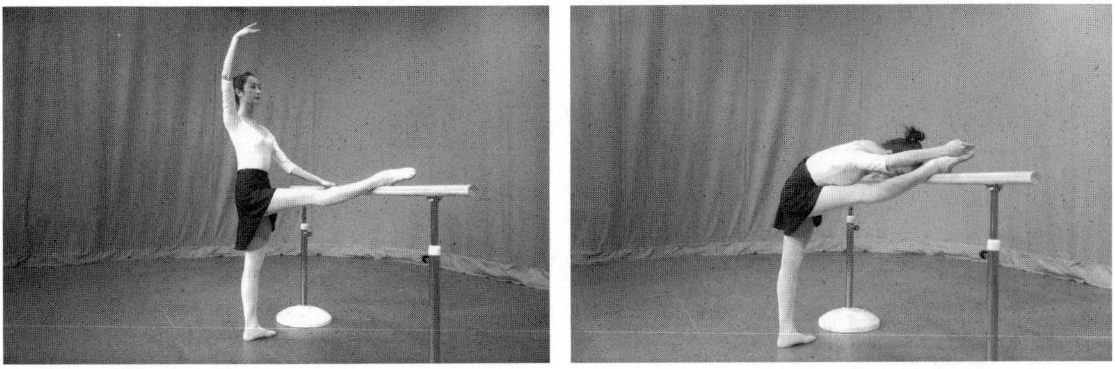

图 2-2-93

旋打开，膝盖、脚背绷直；左腿脚尖向外侧打开，左手三位手准备。

1×8 拍

1-2 拍：向旁压腿，后背立直，右侧肩胛骨向后找右腿，左手经过头顶去找右脚脚背，眼睛尽量向上看（如图 2-2-94）

3-4 拍：起身回到起始位置

5-8 拍：重复 1-4 拍动作

同一动作重复 3 个 8 拍

5×8 拍

1-4 拍：向旁压腿，后背立直，右侧肩胛骨向后找右腿，左手经过头顶去找右脚脚背，眼睛尽量向上看

5-8 拍：起身回到起始位置

同一动作重复 3 个 8 拍。动作比前 4 个 8 拍速度放慢，拉伸时间增长，拉伸更充分

9×8 拍、10×8 拍：压旁腿保持不动，最后 4 拍时起身回原位。

（3）把上压后腿（6 个 8 拍）

准备姿势：左手扶把，侧身位站，右腿向后放到把杆上，后背立直，肩部与髋关节摆正，膝盖伸直，大腿外旋，脚背朝向外侧；左腿伸直，右手三位手准备。

1×8 拍

1-4 拍：保持上半身姿态，左腿屈膝下蹲

5-8 拍：起身回到准备位（如图 2-2-95）

同一动作重复 3 次

6×8、7×8 拍：左腿下蹲，上半身向后腿方向压，头颈部向后仰，右手从上向后尽量靠近右腿，保持 1 个半 8 拍，最后 4 拍回到准备位。

以上动作均以右腿为例，完成组合训练后，可更换左腿进行训练，动作要求与右腿一致。

3. 把上踢腿组合（右腿为例）

俗话说“三分压七分踢”，踢腿的过程中需要全身的肌肉参与，同时也包括神经系统、心肺功能的锻炼。踢腿中身体各部位有明确的分工和恰当把握，踢出的腿就会端正有质感，就能使身体相关部位机能得到发展和提高。

（1）踢前腿（8 个 8 拍）

图 2-2-94

图 2-2-95

准备姿势：左手扶把，侧身位站，后背立直，右手一位手准备。

预备 5-8 拍：5、6 拍右手由一位经过二位打开至七位手；7、8 拍右脚后擦地，脚尖点地。

1×8 拍

1-2 拍：向前踢右前腿，尽量踢到最高，双腿膝盖伸直，脚背绷直向上发力，大腿根转开，胯根摆正（如图 2-2-96）

图 2-2-96

3-4 拍：右腿快速回落，回到准备位置

5-8 拍：重复以上动作

同一动作重复 3 个 8 拍，最后 2 拍右脚回到小八字步

（2）踢旁腿（8 个 8 拍）

准备姿势：面向把杆，双手扶把，双眼平视正前方，后背立直，右脚在左脚斜前方，脚尖点地，膝盖伸直。

1×8 拍

1-2 拍：右腿向旁踢腿，尽量踢到最高，双腿膝盖伸直，脚背朝上，绷直向上发力，胯根摆正（如图 2-2-97）

3-4 拍：右腿快速回落，回到准备位置

5-8 拍：重复以上动作

同一动作重复 3 个 8 拍，最后 2 拍右脚回到小八字步

（3）踢后腿（8 个 8 拍）

准备姿势：左手扶把，右手打开至七位手，双眼平视正前方，后背立直，右脚置于正前方，脚尖点地，膝盖伸直，左脚小八字步打开。

1×8 拍

1-2 拍：右腿向后踢腿，尽量踢到最高，双腿膝盖伸直，大腿外旋打开，脚背朝外绷直，胯根摆正（如图 2-2-98）

图 2-2-97

图 2-2-98

3-4 拍：右腿快速回落，回到准备位置

5-8 拍：重复以上动作

同一动作重复 3 个 8 拍，最后 2 拍右脚回到小八字步

以上动作均以右腿为例，完成组合训练后，可更换左腿进行训练，动作要求与右腿一致。

三、柔韧系统训练注意要点

1. 训练前要做好热身活动，充分的准备练习可以提高肌肉温度，减少肌肉粘滞性，有利于肌肉的充分拉伸。

2. 训练时要注意全身肌肉关节的全面发展，不能对单一部位进行超负荷训练。

3. 柔韧训练和力量训练相结合，全面发展学生的身体运动能力，提高身体素质。

4. 训练应循序渐进，动作幅度由小到大，不能操之过急，造成肌肉损伤。

5. 训练是一个长期坚持不懈的过程，要有持之以恒的毅力才能获得好的训练效果。

思考与练习

1. 芭蕾基本功训练中强调的“开、绷、直、立”在把杆压腿中是如何体现的？

2. 制订一份每天进行柔韧素质训练的训练计划。

第三章　形体协调训练

学习提示：在这一章当中，将前面学习的单一元素进行融合训练，着重在强化身体素质的同时提升肢体协调性。

在本章节中将前两章所学习的动作元素组合成片段，通过不同种类、不同音乐、不同风格、不同目的的形体训练方式提升学生形体表达的多样性，以适应多元化的肢体表现方式，综合提高学生身体的灵活协调性，展现形体美与力量美，学会运用合理的面部表情，结合音乐增强艺术表现力，充分展现出优美的形体姿态，加强肢体无声语言表达的感染力。

第一节 芭蕾组合训练

一、芭蕾组合训练目的

芭蕾对身体美的塑造具有突出的作用，人体形态的协调优美，主要表现在体形匀称，比例协调，体态优雅，而芭蕾基础训练中的力量、控制、柔韧等练习可以端正体态，协调全身肌肉关节，对改善身体形态有积极的作用。

在芭蕾基础训练中主要是以单一的动作元素、把杆训练以及小组合动作为主，着重锻炼身体不同部位机能水平，通过训练学生已基本掌握动作规范，能够较好地完成动作元素，身体能力得到提高。因此，在本节当中，将单一动作串联成成套动作，加入动作方向、路线节奏、韵律幅度、速度变化等元素，并结合音乐体会舞蹈动作与音乐的完美融合，最终展现出动作美、韵律美、体态美，使学生学会在音乐中用肢体语言抒发情感，丰富文化内涵，提升信心和自身的审美能力。

二、芭蕾组合训练内容

该组合融合了芭蕾基本功训练中的所有元素内容，包含手位、脚位、擦地、蹲、跳跃、转体、平衡、舞姿等元素动作，并且与舞台方向、方位相融合，多元化展现身体的控制能力和姿态美。

组合一 梁祝

配乐：钢琴版《梁祝》

演奏者：Richard Clayderman

音乐时长：2 分 59 秒

准备姿势：面向 8 点，双脚丁字步，右脚在前，左脚在后；双手一位手准备，目视 2 点方向。(如图 2-3-1)

第一部分：舞姿造型（4 个 8 拍）

1×8 拍：

1-4 拍：左脚向 1 点方向上步，重心在左脚，右脚脚尖后点地，身体面向 1 点，双手呈七位，目视 1 点方向（如图 2-3-2)

5-8 拍：右脚向 6 点方向撤步，身体转向 2 点，重心在右脚，左脚指向 2 点方向，脚尖点地；左手臂伸直向上 45°，指尖指向 3 点，右手体前斜下 45°指向 2 点，眼睛看向右手指尖方向（如图 2-3-3)

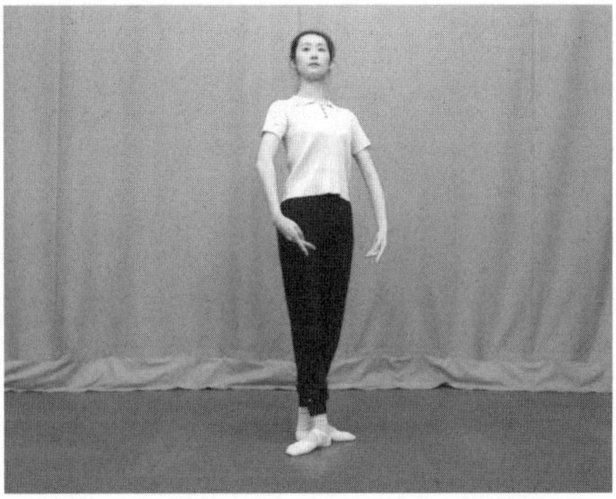

图 2-3-1

图 2-3-2

图 2-3-3

图 2-3-4

图 2-3-5

2×8 拍

1-4 拍：左脚原地不动，右脚向旁打开呈二位脚，屈膝呈二位蹲，身体面向 3 点方向，双手二位手，目视 3 点方向（如图 2-3-4）

5-8 拍：右脚向 4 点方向迈出，重心在右脚，身体面向 4 点方向，左脚后点地，左手在前指向 4 点，右手在侧指向 6 点，形成第三阿拉贝斯舞姿造型（如图 2-3-5）

图 2-3-6

3×8 拍：

1-4 拍：左脚擦地收回放于右脚脚心处呈丁字步，双膝伸直并拢，身体面向 5 点，双手呈三位手，目视 5 点方向（如图 2-3-6）

5-7 拍：右脚向 6 点方向上步，重心移至右腿，膝盖伸直，左脚脚尖后点地，身体面向 6 点，左手在前指向 6 点，右手在侧指向 8 点，目视 6 点，形成第三阿拉贝斯舞姿造型（如图 2-3-7）

图 2-3-7

8 拍：快速收回左脚，左脚脚心并于右脚脚后跟呈丁字步，双手收回呈一位，身体面向 6 点，目视 6 点方向

4×8 拍

1-4 拍：右脚向旁打开，身体面向 7 点，重心在左腿，双腿膝盖外旋伸直，双手由一位经二位打开至七位，目视 7 点方向（如图 2-3-8）

图 2-3-8

5-8 拍：右脚向 8 点方向上步，重心移至右腿，膝盖外旋伸直，左脚伸直后点地，身体面向 8 点，双手经一位打开至五位，即左手三位，右手七位，目视 2 点方向（如图 2-3-9）

图 2-3-9

结束姿势：

5-6 拍：身体重心移至左腿，右腿绷脚尖，双腿膝盖伸直，外旋打开，身体面向 8 点，目视 1 点方向

7-8 拍：上身姿势保持不变，右腿收回靠在左腿前侧，脚呈丁字步，目视 1 点方向（如图 2-3-10）

图 2-3-10

动作要求：第一部分的动作主要以教室 8 个方向变化和舞姿造型构成，完成动作时，立腰收腹，后背向上拔，擦地出脚都要注意大腿外旋，脚尖脚背朝向以及头的位置和眼神的配合

第二部分：姿态控制（6 个 8 拍）

准备姿势：身体面向 8 点，双脚呈丁字步，右脚在前，左脚在后，双腿膝盖伸直，外旋打开，目视 1 点方向。

图 2-3-11

图 2-3-12

1×8 拍

1 拍：上半身姿态保持不变，重心移至左腿，右腿向 8 点方向擦地，目视 1 点（如图 2-3-11）

2 拍：上半身姿态不变，右脚擦地收回

3 拍：上半身姿态保持不变，右腿向 8 点方向擦地，目视 1 点

4 拍：右腿收回的同时，左脚脚后跟拧转将身体转向 2 点方向，双膝并拢伸直，大腿外旋，脚呈丁字步，双手由五位打开至七位，目视 2 点方向

5 拍：重心移至右腿，左脚向后擦地，双腿膝盖伸直，大腿外旋，双手保持七位手，目视 1 点方向（如图 2-3-12）

6 拍：上半身姿态不变，左脚擦地收回放在右脚后侧

7 拍：左脚向后擦地，双手保持七位手，目视 1 点方向

8 拍：上半身姿态不变，左脚擦地收回放在右脚后侧

2×8 拍

1-2 拍：右脚向旁擦出，脚背朝 1 点，大脚拇指内侧点地；左腿膝盖微屈，身体转向 1 点方向，左手从七位到二位，右手保持七位（如图 2-3-13）

3-4 拍：左腿膝盖伸直，双手从六位经一位打开至第一阿拉贝斯舞姿造型，即左手在侧指向 6 点，右手在前指向 2 点，目视 2 点方向（如图 2-3-14）

5-6 拍：双手从左上起至五位手，左手三位，右手七位；左脚原地不动，右脚向 2 点方向擦地伸出，双腿膝盖伸直，目视 1 点方向（如图 2-3-15）

7-8 拍：双手从五位收回至一位，右脚擦地收回至左脚脚心处呈丁字步，目视 1 点方向（如图 2-3-16）

图 2-3-13

图 2-3-14

图 2-3-15

图 2-3-16

3×8 拍

1 拍：左脚向旁擦地，身体转向 1 点，双手保持一位（如图 2-3-17）

2 拍：左脚擦地向前收回至右脚脚心处，上半身姿态不变（如图 2-3-18）

3 拍：右脚向旁擦地，上半身姿态不变，双手一位（如图 2-3-19）

4 拍：右脚擦地向前收回至左脚脚心处，上半身姿态不变（如图 2-3-20）

5 拍：双手从一位打开至七位，双脚立半脚尖，后背向上立（如图 2-3-21）

6 拍：双脚落回原位

7 拍：上半身姿态不变，双脚向上立半脚尖

8 拍：双脚落回原位，双手收回至一位

图 2-3-17

图 2-3-18

图 2-3-19

图 2-3-20

图 2-3-21

4×8 拍（动作与 3×8 拍一样，方向相反）

1 拍：右脚向旁擦地，双手保持一位

2 拍：右脚擦地向后收回至左脚脚心处，上半身姿态不变

3 拍：左脚向旁擦地，上半身姿态不变，双手一位

4 拍：左脚擦地向后收回至右脚脚心处，上半身姿态不变

5 拍：双手从一位打开至七位，双脚立半脚尖，后背向上立

6 拍：双脚落回原位

7 拍：上半身姿态不变，双脚向上立半脚尖

8 拍：双脚落回原位，双手收回一位

5×8 拍、6×8 拍

双脚向上立半脚尖，双手从一位打开至七位，保持 2 个 8 拍。

结束姿势：

5-8 拍双脚立半脚尖落地屈膝做小蹲的同时双手七位收回至一位。

动作要求：

第二部分主要强化腿部肌肉的控制能力和脚踝的稳定性，通过擦地和立半脚尖的方式进行训练，在完成动作时要保持上半身的稳定性，核心力量收紧，做到芭蕾核心四要素“开、绷、直、立”。

第三部分：跳跃控制（6 个 8 拍）

1×8 拍

1 拍：右脚向 2 点方向上步，脚尖落地重心逐渐移至右腿，双手自然放在身体两侧

2 拍：左脚向 2 点方向上步，脚尖落地重心逐渐移至左腿，双手自然放在身体两侧

3 拍：双手从一位向两侧打开，右手至斜上 45°，左手打开至肩膀高度持平，掌心朝下；右脚向旁一步，重心移至右腿，左腿从侧面提起至斜下 45°，脚背朝向 1 点，双腿膝盖伸直，目视 1 点方向（如图 2-3-22）

4 拍：双手落回至七位，左脚脚尖落地，重心在右腿，目视 7 点方向，为并步跳做准备

5-6 拍：向左侧做并步跳，双手七位，左脚落地起跳，在空中右脚快速并左脚后右脚先落地，接着左脚落地起跳准备接变身跳，目视 7 点方向

6-7 拍：并步跳接变身跳，左脚起跳，双手从七位向上变成三位带动身体向上起跳，右腿带动身体从 7 点位转向 3 点位，转身后，右脚先落地，左脚在空间稍作保持后脚尖点地，脚背朝向 1 点，落地同时双手从三位经两侧打开至七位，保持身体平衡，身体面向 2 点，目视 2 点方向（如图 2-3-23）

8 拍：双手收回一位，左脚擦地收回呈八字步，身体面向 1 点，目视 1 点方向

2×8 拍动作与 1×8 拍动作相同，重复一次

图 2-3-22

图 2-3-23

3×8 拍

1-2 拍：右腿向 3 点方向迈出，重心移至右腿，双腿伸直，双手跟随身体摆动，左手从下向前打开，右手向侧面打开，掌心向下，身体面向 1 点，目视 1 点方向（如图 2-3-24）

3-4 拍：重心由右腿经过蹲起移至左腿，双腿伸直，双手位置交换，右手从下摆荡至体前侧，左手从体前侧摆荡至体侧，掌心向下，身体面向 1 点，目视 1 点方向（如图 2-3-25）

5 拍：双手从左下开始逆时针经头顶环绕一圈，同时左脚并右脚立半脚尖

6 拍：双脚落地

7-8 拍：右脚向旁迈一步，重心移至右腿，双腿伸直，双手跟随身体摆动，左手从下向前打开，右手向侧面打开，掌心向下，身体面向 1 点，目视 1 点方向

4×8 拍：动作与 3×8 拍动作相同，方向相反

5×8 拍

1 拍：右脚向 2 点方向上步立半脚尖，脚尖落地后快速吸左腿，左腿膝盖外旋打开，左腿小腿用力向大腿收紧，绷脚尖，脚尖触碰右腿膝盖内侧；右手由下起至

图 2-3-24

图 2-3-25

斜上 45°，左手屈于胸前伸直，上半身面向 2 点，腰背立直，目视 8 点方向（如图 2-3-26）

2 拍：双脚落地，重心移至左腿，左腿小蹲，右腿再次向 2 点方向迈出，膝盖伸直，绷脚尖，上身动作保持不变，身体面向 2 点，目视 1 点

3-4 拍：重复 1-2 拍动作

5-8 拍：双手从一位向两侧打开，右手至斜上 45°，左手打开至肩膀高度持平，掌心朝下；右脚向旁一步，重心移至右腿，左腿从侧面提起至斜下 45°，脚背朝向 1 点，双腿膝盖伸直，目视 1 点方向，控制 3 拍

6×8 拍：双手经两侧收回一位，双脚收回八字步

动作要求：跳跃时要控制空中的身体姿态，动作稳定准确，落地轻盈，注意膝盖脚尖要伸直，核心收紧，上半身保持挺拔姿态；摆动动作上下肢协调配合，方向、手位、脚位清楚规范。

第四部分：舞姿造型（4 个 8 拍）

与第一部分动作相同，重复一遍。

第五部分：结尾造型（2 个 8 拍）

起始姿势：面向 8 点位，双手一位，双脚呈丁字步，右脚在前，左脚在后，目视 8 点方向。

1×8 拍

1-4 拍：右脚向 8 点方向上步，重心移至右腿，膝盖伸直，左腿外旋脚尖点地；双手由一位起至五位，左手在上，目视 8 点方向（如图 2-3-27）

5-8 拍：重心从右腿经过小蹲移至左腿，双膝伸直，右腿外旋，脚尖点地指向 2 点；左手从三位打开至七位，右手从七位经过一位向上至三位，形成右手在上的五位手，上身转向 1 点，目视 1 点方向（如图 2-3-28）

2×8 拍

1-2 拍：重心平移至右腿，双膝伸直，左脚脚尖点地，双手呈七位（如图 2-3-29）

3-4 拍：左手带动左脚转向 2 点钟方向，双手呈六位，左脚脚尖指向 2 点，目视 8 点钟方向（如图 2-3-30）

5-6 拍：左手带动身体向 7 点方向做一个平转，转圈过程中，双手抱二位

7-8 拍：阿拉贝斯造型结束（如图 2-3-31）

图 2-3-26

图 2-3-27

图 2-3-28

图 2-3-29

图 2-3-30

图 2-3-31

动作要求：上身保持挺拔，腰背挺直，核心收紧，转圈快、准、稳，结尾造型根据需要可做相应变化。

组合二 芭蕾手位波浪组合（配乐：钢琴版《梁祝》）

要求：要有夸张的上体表现；弹动有节奏感。

注意：腿和手的动作要配合好，1 拍 1 动；手摆动要优美，动作要紧扣音乐，眼睛跟随手动，表情自然。

1×8 拍身体转向 2 点，左脚擦地脚尖对 2 点，右腿半蹲；手五位（右手在上）；眼睛看向 1 点。

2×8 拍经下蹲将右脚重心移到左脚，右脚后点地；手经下方呈五位（左手在上）；眼睛看向 1 点。

3×8 拍经下蹲将左脚重心移到右脚，左脚前点地；手经下方呈五位（右手在上）；眼睛看向 1 点。

4×8 拍经下蹲将右脚重心移到左脚，左脚后点地；手经下方呈一位（左臂在前，右臂在后），身体前倾，眼睛看向 1 点。

5×8 拍经下蹲将左脚重心移到右脚，左脚前点地；手经下方呈二位；眼睛看向 1 点。

6×8 拍左脚向左划圆至左侧，手打开呈七位（前两拍）；收一位（后两拍）。

7-12×4 拍动作与 1-6×4 拍相同方向相反。

准备：站立状态，双手两侧自然下垂。

13×8 拍（双腿弹动）

1 拍：右手上摆至侧平方，然后落回原位

2 拍：同 1 拍

3 拍：右手向左绕一圈

4 拍：同 1 拍

14×8 拍（双腿弹动）

1 拍：左手上摆至侧平方，然后落回原位

2 拍：同 1 拍

3 拍：左手向右绕一圈至原位 4 拍：双手同时上摆至侧平举

15×8 拍（双腿弹动）

1 拍：双手摆至胸前交叉

2 拍：双手同时上摆至侧平举

3 拍：双手同时向内绕环一圈

4 拍：双手摆至胸前交叉

16×8 拍（双腿弹动）

1 拍：双手同时上摆至侧平举。

2 拍：双手摆至胸前交叉

3 拍：双手同时向外绕环一圈。

4 拍：双手同时上摆至侧平举

17×8 拍（双腿弹动）

1 拍：双手经下方前后摆动至平举（右手前左手后）

2 拍：双手经下方前后摆动至平举（左手前右手后）

3 拍：双手同时一前一后绕环一圈

4 拍：双手经下方前后摆动至平举（右手前左手后）

18×8 拍（双腿弹动）

1 拍：双手经下方前后摆动至平举（左手前右手后）

2 拍：双手经下方前后摆动至平举（右手前左手后）

3 拍：双手同时一前一后绕环一圈

4 拍：双手经下方前后摆动至平举（左手前右手后）

19×8 拍

1 拍：右脚前迈半步，重心移至右脚，左脚后点地；双手经下方前后摆动至二位

2 拍：重心移至左脚，右脚前点地；双手经下方前后摆动至侧下方

3 拍：左脚并右脚起踵，双手向前绕环一圈

4 拍：右脚前迈半步，重心移至右脚，左脚后点地；双手经下方前后摆动至二位

20×8 拍

1 拍：重心移至左脚，右脚前点地；双手经下方前后摆动至侧下方

2 拍：重心移至右脚，左脚后点地；双手经下方前后摆动至二位

3 拍：右脚并左脚起踵，双手向前绕环一圈

4 拍：重心移至左脚，右脚前点地；双手经下方前后摆动至侧下方

三、训练注意要点

1. 组合训练是在芭蕾基训的基础上融合了多种元素并做了相应提高的组合训练，是对芭蕾基训的一次检验和强化。

2. 组合训练的同时要更注重单一动作元素的训练，保证每一个环节动作的标准规范。

3. 多和音乐进行配合，感受音乐和动作的融合，增强情绪感染力。

4. 加强肢体的表现力，多练习头部、眼神和肢体的配合。

思考与练习

1. 世界十大经典芭蕾舞剧，你知道哪些？

2. 芭蕾舞分为古典芭蕾和现代芭蕾，它们的区别是什么？

第二节 舞感组合训练

舞蹈是艺术的展现，不管是肢体动作还是情感表达都是对艺术的追求，舞蹈的呈现效果较为明显。在形体训练中，不同风格、不同种类的舞蹈学习对学习者的肢体表达、身体协调都有着重要作用。在强化了形体训练的基本动作后，舞感的培养亦不可忽略。舞感是舞蹈教学的核心部分，只有学生真正拥有舞感，才可以在学习以及感悟中深化自身的理解，掌握舞蹈艺术。

一、舞感组合训练的目的

肢体动作是舞蹈的外在表现形式，在教学过程中，必须从外到内培养学生的舞感。形体的基本功训练为舞蹈的学习奠定了良好的基础，学习者学习的效率显著提高，但要更深层地理解风格迥异的舞蹈内涵，单靠外在的肢体表现是远远不够的。舞感的培养要求学生必须进行不断地认识、学习、感悟，跟随音乐和动作变换体会内心的情感变化，从内心到肢体再到情绪、表情完美融合舞蹈感觉，赋予单纯的肢体动作灵魂，升华舞者内心高度，感受肢体表达的情感魅力。

二、舞感组合训练内容

(1) 流行舞训练组合

流行舞是当代年轻人追求喜爱的一种舞蹈形式，通过将头、颈、肩、上肢、躯干等关节的屈伸、转动、绕环、摆振、波浪形扭动等连贯组合而成，各个动作都有其特定的健身效果。

音乐：*New Thang*　歌手：Redfoo　音乐时长：3 分 46 秒

动作做法：

准备姿势：双腿打开略宽于肩，双手自然放在身体两侧，目视前方。

1×8 拍

1-4 拍：头颈部顺时针环绕一圈，身体姿态保持不变

5-8 拍：双肩从前向后环绕一圈。身体姿态保持不变

2×8 拍

1-3 拍：双手从中间向两旁打开带动身体向前，右脚向 1 点方向上步，顶右髋，上身向后倾，左脚在后保持延伸感（如图 2-3-32）

4 拍：双脚跳开略宽于肩，双手交握置于腹前，下巴微收，目视 1 点（如图 2-3-33）

5-8 拍：保持下肢位置不动，上半身以腰为中心顺时针从前、右、后、左四个方向环绕一圈回到中间

3×8 拍

1-4 拍：头颈部逆时针环绕一圈，身体姿态保持不变

5-8 拍：双肩从后向前环绕一圈。身体姿态保持不变

4×8 拍：

1-3 拍：双手从下向前推出，带动右脚向后退一步，左脚在前保持延伸感（如图 2-3-34）

4 拍：双脚跳开略宽于肩，双手交握置于腹前，下巴微收，目视 1 点（如图 2-3-35）

5-8 拍：保持下肢位置不动，上半身以腰为中心逆时针从前、左、后、右四个方向环绕一圈回到中间

5×8 拍

1 拍：双脚打开略宽于肩，双手放在身体两侧，右肩带动腰向右上方顶出去（如图 2-3-36）

2 拍：左肩带动腰向左上方顶出去（如图 2-3-37）

3-4 拍：右肩向右上方连续顶出两次

5-8 拍：动作与 1 至 4 拍相同，方向相反

6×8 拍：重复 5×8 拍动作

图 2-3-32

图 2-3-33

图 2-3-34

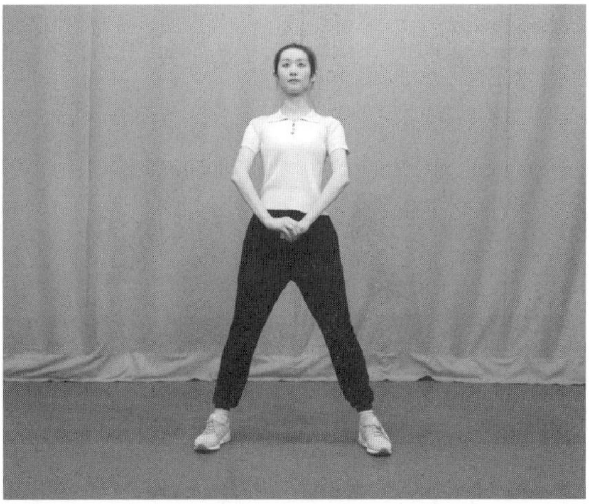

图 2-3-35

图 2-3-36

图 2-3-37

图 2-3-38

图 2-3-39

7×8 拍

1 拍：双膝微屈，双手屈肘从胸前向后拉开，挺胸，肘关节端平（如图 2-3-38）

2 拍：含胸，双手回收至胸前（如图 2-3-39）

3 拍：双手由胸前放至身体两侧，挺胸，肩胛骨向后收紧

4 拍：含胸，膝盖始终保持微屈状态

5-8 拍：重复 1 至 4 拍动作

8×8 拍重复 7×8 拍动作。

9×8 拍

1 拍：右脚向旁跳出，左脚迅速跟上点地放在右脚旁，重心在右腿，双腿微屈，低头含胸

半拍双脚落地的同时做挺胸动作，右腿蹬直

2 拍：含胸回到 1 拍动作

3-4 拍：往相反方向跳出，身体动作与 1 至 2 拍相同

5-8 拍：与 1 至 4 拍动作相同

10×8 拍重复 9×8 拍动作。

图 2-3-40

图 2-3-41

图 2-3-42

11×8 拍

1 拍：右脚向旁迈出，脚掌着地，重心移至右腿上，左手从右侧向左侧拉开，挺胸，身体面向 2 点方向

2 拍：上半身姿态保持不变，右脚脚掌主动下压踩住地面

3-4 拍：与 1、2 拍动作相同，方向相反

5-8 拍：与 1 至 4 拍动作相同

12×8 拍

1 拍：右脚向左脚前交叉上步，左手向上伸直手臂（如图 2-3-40）

2 拍：左脚向旁侧点地，左手从上放至后脑勺位置，屈肘肘关节打开（如图 2-3-41）

3-4 拍：动作与 1、2 拍动作相同，方向相反

5-8 拍：重心在左腿，右脚点地，髋关节向左上方顶髋 4 次（如图 2-3-42）

13×8 拍

1 拍：右脚向 2 点方向上步，同时上半身向 2 点方向做 wave

2 拍：身体做 wave 带动左脚收回并向右脚，并脚同时双手击掌

3 拍：左脚向 8 点方向上步，同时上半身向 8 点方向做 wave

4 拍：身体做 wave 带动右脚收回并向左脚，并脚同时双手击掌

图 2-3-43

图 2-3-44

5-8 拍：以左脚为轴，右脚在外点地，逆时针旋转一圈，同时双手握拳在胸前由内向外划圈

14×8 拍：动作与 13×8 拍相同，方向相反，这个 8 拍向 4 点和 6 点方向退步

15×8 拍

1-2 拍：并腿向前来回小跳 2 次，向前跳时小臂屈肘横放于胸前，向后跳时双手放于身体两侧

3 拍：向前跳出双腿屈膝并拢，手臂屈肘横放于胸前（如图 2-3-43）

半拍双手双脚同时向两旁打开，双腿呈马步蹲（如图 2-3-44）

4 拍：收手收脚回到直立状态

5-8 拍：重复 1 至 4 拍动作

16×8 拍

1-2 拍：并腿向前来回小跳 2 次，向前跳时小臂屈肘横放于胸前，向后跳时双手放于身体两侧

3 拍：向前跳出双腿屈膝并拢，手臂屈肘横放于胸前

半拍双手双脚同时向两旁打开，双腿呈马步蹲

图 2-3-45

4 拍：收手收脚回到直立状态

5 拍：左腿提膝向上，右手从左膝上方划过

6 拍：右腿提膝向上，左手从右膝上方划过

7 拍：右脚后退一步，重心移至右脚，双手握拳从后向前在胸前交叉打开（如图 2-3-45）

半拍重心从右脚移至左脚

8 拍：右脚收回。此套动作跟随音乐重复完成两次

（2）拉丁风格训练组合

该组合为男女双人舞蹈组合，配合热情洋溢的音乐，舞步激情奔放，通过身体的转动，步伐的流畅以及双人配合来锻炼学生身体协调性和反应能力。

音乐：*Colorful World*　歌手：万妮达　音乐时长：3 分 39 秒

动作做法：

准备姿势：男女生面对面站好，双脚小八字位，男生小臂屈肘放在腰间位置，双手掌心向上握住女生双手外侧；女生掌心朝下，双手放于男生掌心。

1×8 拍

女生动作：

1 拍：重心在左脚，右脚脚尖内扣点地

2 拍：重心保持不变，右脚脚跟向旁点出

3-4 拍：重心向左脚移动，向右做一个恰恰旁追步，最后重心落在右脚

5-8 拍：恰恰纽约步

5 拍：左脚向 1 点方向上步夹腿，形成 check 站位，同时右手向右后上方打开，手臂伸直，掌心朝下，压腕，五指张开，中指下压（如图 2-3-46）

6 拍：重心由两腿之间移至右腿，双腿膝盖伸直，上半身姿势保持不变

7-8 拍：左脚收回，向左侧做恰恰旁追步，双手与男生双手握住，重心回到左腿，双腿膝盖伸直

男生动作与女生动作一致，方向相反。

2×8 拍

女生动作：

1-4 拍向左侧做恰恰纽约步。

1 拍：右脚向 1 点方向上步夹腿，形成 check 站位，同时左手向左后上方打开，手臂伸直，掌心朝下，压腕，五指张开，中指下压（如图 2-3-47）

2 拍：重心由两腿之间移至左腿，双腿膝盖伸直，上半身姿势保持不变

图 2-3-46

图 2-3-47

图 2-3-48

3-4 拍：右脚收回，向右侧做恰恰旁追步，双手与男生双手握住，重心回到右腿，双腿膝盖伸直

5-8 拍恰恰滑并步。

5 拍: 左脚向 1 点方向上步夹腿，形成 check 站位，同时右手向右后上方打开，手臂伸直，掌心朝下，压腕，五指张开，中指下压

6 拍：重心由两腿之间移至右腿，双腿膝盖伸直，上半身姿势保持不变

7 拍：左脚向后伸出，前脚掌着地，膝盖伸直；右腿膝盖伸直

半拍：右脚向后退半步，膝盖弯曲，左腿外旋打开，脚尖点地

8 拍：右腿伸直髋关节带动向后转，左脚收回换重心，重心移至左腿上

男生动作与女生动作一致，方向相反。

3×8 拍

女生动作：

1 拍：右脚向旁迈出呈马步蹲，上身向右做 wave 一次

2 拍：上身向左做 wave 一次

3-4 拍：向左侧做恰恰锁步

5 拍：左脚向旁迈出呈马步蹲，上身向左做 wave 一次

6 拍：上身向右做 wave 一次

7-8 拍：向右侧做恰恰锁步（如图 2-3-48）

男生动作与女生动作一致，方向相反；男女生交叉经过时女生在前，男生在后。

4×8 拍

1 拍：女生向左转身与男生面对面站立，右脚收回脚尖点地

2 拍：右脚脚后跟向旁点地

3-4 拍：收回右脚，双手与男生击掌两次

5-8 拍：原地向右旋转一圈

男生动作与女生动作一致，方向相反。此套动作可跟随音乐重复循环完成。

动作要求：曲目节奏较快，步伐要清晰，上身动作要舒展，髋关节灵活，动作幅度尽量加大，把握好音乐节奏。动作熟练后可交换双人配合搭档，增加学生练习积极性，活跃课堂气氛。

三、训练注意要点

1. 训练过程中注意提升学生感官的反应能力和敏锐性，即让学生在学习的过程中善于发现自身存在的问题，教师加以指导改正，提升学生舞感。

2. 加强对肢体动作协调性的培养，注重基本功的训练，循序渐进，由简入繁，不可操之过急。

3. 引导学生情绪，让学生了解不同风格舞蹈的区别。

4. 强化对音乐的感知能力，让学生明白不同种类舞蹈音乐的区别。

5. 注重学生心理变化，及时调整训练方法和计划。

思考与练习

1. 除了课堂上教授的不同风格舞蹈组合，你还了解或学习过哪些舞种？

2. 认真复习课上教授的组合训练。

第三节 素质组合训练

素质训练主要包含柔韧、速度、力量、耐力、爆发力、灵敏等训练，通过身体的训练让学生获得掌控肌肉、力量、技巧的能力，以训练为核心，发挥身体肌肉的最大潜能，尊重人体的科学性和合理性，经过个性与共性的综合统一后，达到形体训练的要求和目标，从而开发出相关的素质训练项目，进而改善和提高学生身体控制、协调等综合素质能力。身体素质训练要从视觉、听觉、觉知意识以及心脏器官等多个方面进行协调，形成一个有机的系统，从而达到学习者思维灵动、动作灵活、力量平衡、身体协调的运动状态。

一、素质组合训练目的

素质组合将单一的训练元素重新组合，以身体肌肉为训练核心，要求组合中的每一个动作都有一定的目的性，即通过训练使身体肌肉的配合达到律动性、综合性、生理性和心理性的统一，最后达到学习者在进行肢体语言表达时身体更加有张力，更加符合动作情绪的表达。

素质训练使学生拥有更加丰富的肢体语言，完成从思想到身体的统一、从动作到技术的连接、从表达到情感的融合。所以，在进行素质训练时要注意身体各关节的正确位置，了解学生的肌肉能力、柔韧性和协调能力。通过节奏、动势、力量等训练元素让学生感受到对身体的驾驭能力，培养学生的自信心，增强学生耐力、毅力和坚韧性，同时对学生的艺术审美能力也有一定提升。

二、素质组合训练内容

素质组合训练内容包含了身体各部位肌肉的力量、耐力、柔韧、灵敏、平衡等训练，训练方式从站立、俯卧、仰卧，跪撑等姿态着手，共有 12 个训练动作，跟随音乐节奏，有针对性地进行练习。

音乐：*Worth It*　歌手：Fifth Harmony/Kid Ink　音乐时长：3 分 44 秒

1. 原地摆臂快跑（4×8拍）

动作做法：

（1）上身稍微前倾，双手握拳前后摆臂，摆臂的同时快速交替抬腿，速度越快越好。

（2）躯干尽量保持稳定，自然呼吸。

动作要求：脚步落地轻，减少对下肢关节的冲击，此动作为热身动作。

2. 半蹲前后移动（4×8拍）

动作做法：

（1）上身腰背立直，双腿微屈，膝盖和脚尖的方向一致。膝盖不要内扣，重心压低，双手相握，屈肘放于胸前。

（2）保持半蹲的姿势，双腿依次向前行走一步，然后双腿依次向后行走一步，交替反复，节奏为1拍1动。

（3）全程保持自然呼吸。

动作要求：完成动作时，上半身姿势保持不变，腰背要立直，保持重心的稳定，前后移动的步幅不要过大。

3. 深蹲交替提膝（4×8拍）

动作做法：

（1）双脚打开略宽于肩，屈肘，双手放于胸前。

（2）屈髋下蹲至大腿与地面平行，下蹲时膝盖与脚尖的方向一致。

（3）站起时重心位于脚掌外侧，用力绷紧支撑腿一侧的臀部，另一侧腿提膝至最高点，身体同时向提膝一侧扭转。

（4）双腿交替提膝，两拍一动。

（5）下蹲时吸气，站起时呼气。

动作要求：左右腿提膝动作流畅，感受臀部和大腿前侧明显收缩发力。

4. 四点支撑（4×8拍）

动作做法：（如图2-3-49）

（1）面向地面，双手撑地，双脚前脚掌着地，身体和大腿成90°夹角，大腿和小腿成90°夹角，膝盖悬空。

（2）核心腹部收紧发力，保持背部平直，眼睛看向地面方向。

（3）控制 4 个 8 拍，全程保持自然呼吸。

动作要求：从头顶到脊椎背部保持平直，手臂垂直于地面，不要耸肩。膝盖保持悬空，收紧腹部。

5. 背肌两头起（4×8 拍）

动作做法：（如图 2-3-50）

（1）俯卧于地面上，双腿伸直，双臂伸直向前放于耳朵两侧。

（2）双手双脚同时向上举起，膝盖、手臂伸直，腹部紧贴地面。

（3）后背和臀部收紧发力，自然呼吸，节奏两拍一动。

动作要求：双手手臂伸直，双腿伸直向上发力，感受后背和臀部肌肉的收紧。

6. 跪姿冲击俯卧撑（4×8 拍）

动作做法：（如图 2-3-51）

图 2-3-49

图 2-3-50

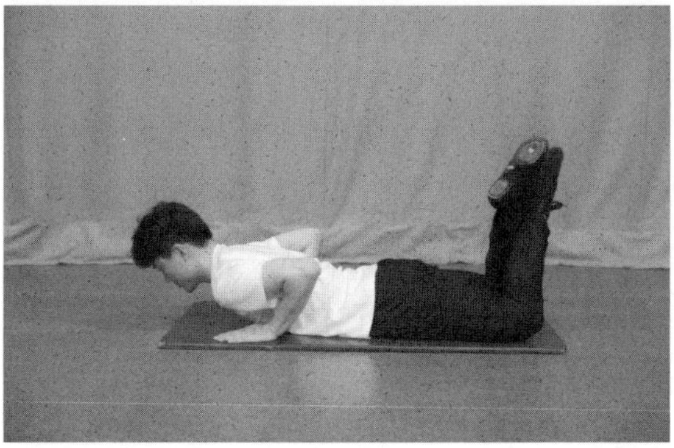

图 2-3-51

（1）俯卧于地面，双膝并拢，小腿交叉，屈膝跪于地面上，双手比肩稍宽，手掌撑地，躯干保持一条直线，腰背挺直。

（2）屈肘俯身向下，然后用爆发力将身体推起，手腾空离开地面。

（3）身体下落时，屈肘用手掌撑住身体，重复完成，两拍一动。

动作要求：完成动作时，上肢和胸部发力，身体成一条直线，核心和臀部肌肉收紧。

7.V 字对抗支撑（4×8 拍）

动作做法：臀部坐于地面。腹部收紧，小腿并拢抬起与地面平行，双手放在膝盖上，背部挺直。（如图 2-3-52）

动作要求：完成动作时不要坐得太直，尽量加大后背向后仰的幅度，感受腹部的收紧和发力。

8. 仰卧抱前腿（4×8 拍）

动作做法：

1×8 拍、2×8 拍：

（1）平躺在地面上，双手放于身体两侧，双腿膝盖伸直并拢，膝盖外旋，绷脚尖。

（2）向上起左腿，往脸部方向靠近，髋关节摆正，膝盖伸直，双手抱前腿脚踝处，绷脚尖。（如图 2-3-53）

图 2-3-52

图 2-3-53

（3）控制两个 8 拍后回原位。

3×8 拍、4×8 拍：

（1）平躺在地面上，双手放于身体两侧，双腿膝盖伸直并拢，膝盖外旋，绷脚尖。

（2）向上起右腿，往脸部方向靠近，髋关节摆正，膝盖伸直，双手抱前腿脚踝处，绷脚尖。（如图 2-3-54）

（3）控制两个 8 拍后回原位。

动作要求：双腿膝盖伸直，保持外旋打开状态，若柔韧性较差的同学可以双手先抱小腿或膝盖，能力提升后再去抱脚踝，双手用力将腿往脸部方向压，加深腿部的拉伸感。

9. 仰卧交替抬腿（4×8 拍）

动作做法：

（1）仰卧在地面上，下背部用力贴紧地面，肩膀离开地面，双腿伸直抬至与地面呈 45°角，绷起脚尖。（如图 2-3-55）

（2）双腿交替上下摆动，节奏 1 拍 1 动。

动作要求：腹部始终保持紧绷感，动作越持久，腹部的灼烧感越强。上半身尽量保持稳定，如果控制不了，可减小动作幅度。

图 2-3-54

图 2-3-55

图 2-3-56

10. 俯身登山（4×8 拍）

动作做法：

（1）俯撑在地面上，双手手掌着地，手肘微屈，上身放平，双脚脚掌着地。

（2）用最快的速度交替向上提膝，膝盖尽量往胸部靠近，节奏 1 拍 1 动。（如图 2-3-56）

动作要求：用腹部的力量将大腿尽量向上抬，肩部全程保持紧绷，膝盖和脚踝放松。核心收紧，不要塌腰，控制臀部不要抬得过高，若完成不了，可适当减小双腿的动作幅度。

11. 快速高抬腿（4×8 拍）

动作做法：后背立直，前脚掌快速交替抬腿，双臂跟随抬腿的节奏前后摆臂。

动作要求：上身略微向前倾，用最快的速度原地高抬腿。膝盖尽量向上抬至大腿与地面平行，速度越快，呼吸越急促，把握呼吸节奏。

12. 全身舒展放松（2×8 拍）

动作做法：

（1）双脚打开略宽于肩，手臂伸直上举在头顶交叉，眼睛看向双手的方向。

（2）向下俯身，膝盖微屈，双手从头顶经身体两侧划至膝盖前侧交叉。

（3）起身时吸气，向下俯身时呼气。

动作要求：跟随呼吸的节奏缓慢完成动作，双手从上向下划一个最大的圆，手臂上举时胸腔、腹部有拉伸感，俯身时背部和大腿后侧有拉伸感。

三、训练注意要点

1. 在训练中有目的地练习，让学生“知其然并知其所以然”，更深层次地了解自身身体结构和肌肉能力。

2. 注意学生的身体变化，遵循科学系统、循序渐进的原则，根据学生身体负荷能力制订训练计划。

3. 练习过程中注意学生心理承受能力，提升学生自信心，积极鼓励学生完成训练内容。

4. 根据学生能力的不断提高，不断调整训练时长和训练内容，做好课堂规划，因材施教，运用不同训练方法提升学生训练的积极性。

思考与练习

1. 经过一段时间的训练后，你觉得身体最大的变化是什么？

2. 素质训练后如何进行肌肉放松？

第三篇　形体舞蹈训练

第一章　民族元素组合训练

学习提示：通过本章的学习，了解不同民族的舞蹈动作和风格特点，进一步加强身体协调能力及肢体表现力，并掌握一定的舞蹈基本元素动作，提高综合艺术表现力和艺术素养。

第一节 蒙古族元素组合

蒙古族元素组合是练习者在具有一定身体协调性的基础上进行的身体综合训练，蒙古族民间舞蹈具有宽广、洒脱、豪迈、端庄等动作特点，可帮助练习者在舞蹈表演过程中增强自信，加强肢体动作的舒展性，扩大动作框架，使练习者能够更加自如地控制肢体。同时学习蒙古族舞蹈元素动作也可以帮助练习者了解蒙古族人民的生产生活习惯，进一步掌握蒙古族舞蹈的艺术风格，提高练习者的艺术表现力和艺术素养。

（一）基本体态与手型

1. 基本体态

蒙古族是北方游牧民族，舞蹈具有豪迈、洒脱等特点，其舞蹈动作显示出蒙古族人民开朗豁达的性格特点，舞蹈基本体态的形成与生产生活、人文地理、居住环境等具有密切的联系。

蒙古族舞蹈基本体态：脚下踏步、身体重心靠后、挺胸立腰、目光远望，体会一种身处草原的情境。(如图 3-1-1)

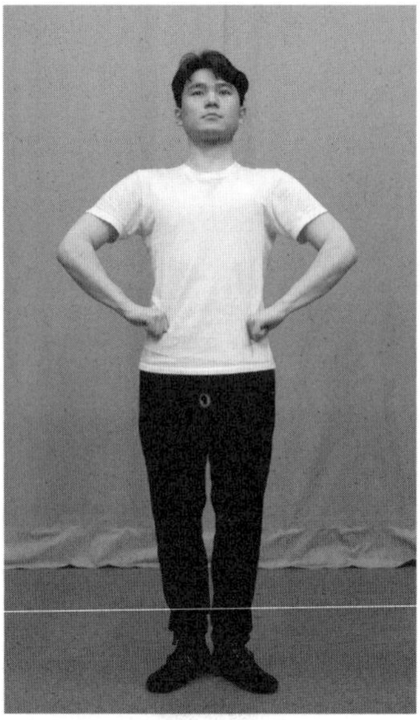

图3-1-1

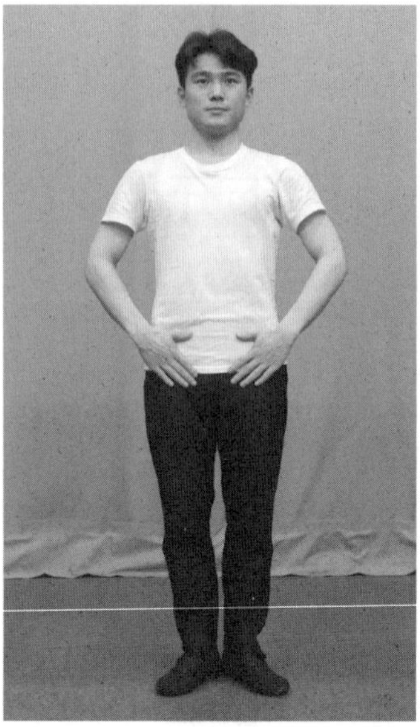

图3-1-2

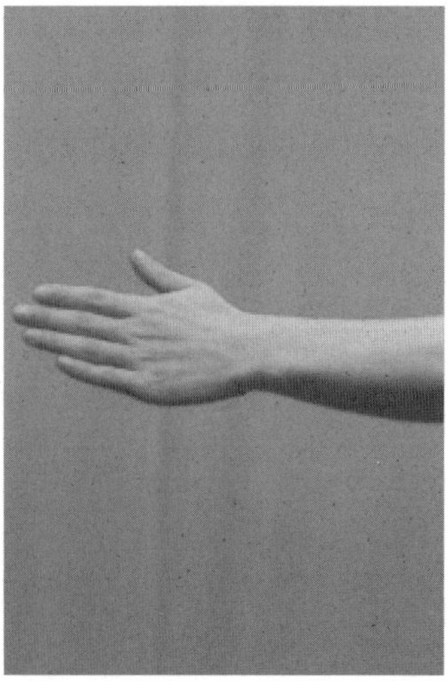

图3-1-3

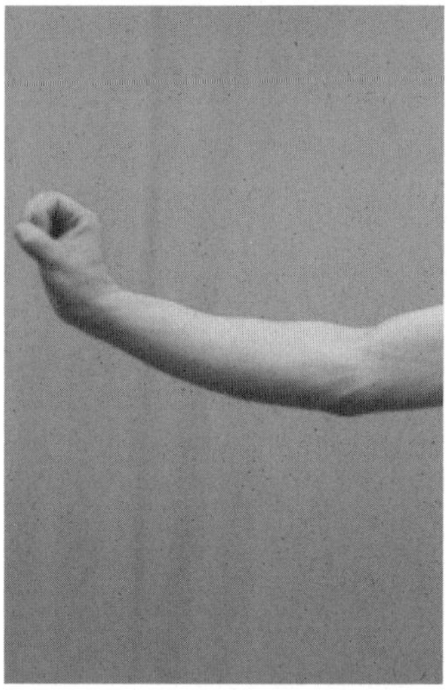

图3-1-4

2. 基本手型

（1）四指并拢，拇指自然张开，手指伸直为“板”状，形成掌形手。（如图 3-1-2，图 3-1-3）

（2）手握空心拳，拇指放在食指的第一个关节上，无名指与小指握住自然上翘 45°形成阶梯状。(如图 3-1-4)

（二）元素组合

蒙古族元素组合共22个8拍，以男女双人配合形式呈现，因男女动作幅度、力度、韵律及框架的要求不同，部分动作设计具有一定差异。该组合为双人舞，因编排过程中具有一定的空间利用、节奏切分、配合变化，所以考验练习者的配合能力，该组合的训练目的旨在通过不断变换的方位及肢体动作，从而更好地提高练习者对舞蹈节奏韵律的掌握、方向的准确把握及空间的合理运用。

1. 组合动作

音乐：《走马》

歌手：奈热乐队

组合时长：1 分 44 秒

(1) 男生动作 1×8 拍

1-4 拍：面朝 1 点，盘坐地面，双手自然搭在膝盖上准备。第 1 拍左腿向前迈进，右腿单膝跪地，双手前勒马手，身体前倾 45°，动作造型停住 3 拍

5-6 拍：右腿向前弓步朝 2 点，右手在前提腕动作平行 90°，左手后斜上手 45°，提压腕 1 次（如图 3-1-5）

7-8 拍：右腿从弓步后撤形成后踏步，上身舞姿动作不变，身体重心靠后，向后躺 25°，反复提压腕一次，头看向 2 点（如图 3-1-6）

图 3-1-5

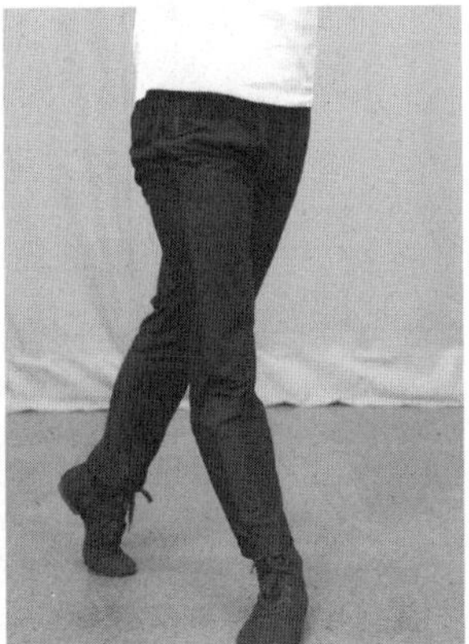

图 3-1-6

（2）2×8 拍

1-2 拍：朝 2 点方向主力腿为右腿，右腿向前吸腿步迈进，左腿快速吸起，脚尖贴住主力腿膝盖。左手半握拳掐腰，右手单勒马手保持舞姿，身体朝 8 点方向，头看 2 点方向（如图 3-1-7）

3-4 拍：朝 2 点方向，左腿主力腿向前迈进吸腿步，右脚脚尖贴住主力腿膝盖，上身舞姿动作不变，身体朝 8 点方向，头看 2 点方向

5-8 拍：右腿撤脚左脚后退一步变前点步，身体重心靠后，右脚前点地。双手同时从斜上手经过头顶晃手到胯前手舞姿，身体与头朝 1 点方向（如图 3-1-8）

（3）女生动作 1×8 拍

1-2 拍：面朝 5 点，双手斜上手，左脚在前右脚后踏步摆好舞姿，1 拍左脚找右脚往右转身，通过并脚立方向变为 1 点，双手从斜上手经过头顶晃手交叉至胸前

3-4 拍：面朝 1 点由双脚并脚立动作变为右脚在前弓箭步朝 2 点方向，右手在前 90°，左手后斜上手动作，1 拍一次做提压腕动作，身体朝 8 点，头看向 2 点

图 3-1-7

图 3-1-8

5-8 拍：右腿从弓步后撤形成后踏步，上身舞姿动作不变，身体重心靠后，向后躺 25°，立腰拔背，头看向 2 点，提压腕 1 拍一次反复做 2 次

（4）2×8 拍

1-2 拍：朝 8 点方向主力腿为左腿，左腿向前吸腿步迈进，右腿快速吸起，脚尖贴住主力腿膝盖。右手半握拳掐腰，左手单勒马手保持舞姿，身体朝 2 点方向，头看 8 点方向

3-4 拍：朝 8 点方向，右腿主力腿向前迈进吸腿步，左脚脚尖贴住主力腿膝盖，上身舞姿动作不变，身体朝 2 点方向，头看 8 点方向

5-8 拍：左腿后撤右脚后退一步变前点步，身体重心靠后，左脚脚尖前点地。双手同时从斜上手经头顶晃手到胯前手舞姿，身体与头朝 1 点方向（如图 3-1-9）

（5）男女统一动作 3×8 拍

1-2 拍：面朝 1 点，进退硬腕练习，上步右脚 1 拍变为左脚后踏步，同时做胯前手提腕动作，2 拍完成，重心靠后

3-4 拍：方向不变，1 拍重心移至右脚，右腿变为主力腿，抬左脚准备变为后右踏步，同时做胯前手压腕动作，2 拍完成，重心靠后

5-6 拍：面朝 1 点，进退硬腕，上步左脚 1 拍变为右脚后踏步，同时做斜下手提腕动作，两拍完成，重心靠后（如图 3-1-10）

图 3-1-9

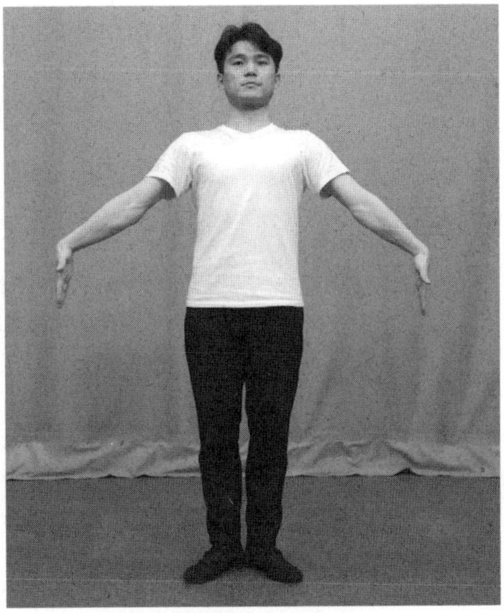

图 3-1-10

7-8 拍：方向不变，1 拍重心移至右脚，右腿变为主力腿，抬左脚准备变为后右踏步，同时做斜下手压腕动作，2 拍完成，重心靠后

（6）男女统一动作 4×8 拍

1-2 拍：面朝 1 点，进退硬腕练习，上步右脚 1 拍变为左脚后踏步，同时做平开手提腕动作，2 拍完成，重心靠后

3-4 拍：方向不变，1 拍重心移至右脚，右腿变为主力腿，抬左脚准备变为后右踏步，同时做平开手压腕动作，2 拍完成，重心靠后（如图 3-1-11）

5-6 拍：面朝 1 点，进退硬腕，上步左脚 1 拍变为右脚后踏步，同时做斜上手提腕动作，2 拍完成，重心靠后

7-8 拍：方向不变，1 拍重心移至右脚，右腿变为主力腿，抬左脚准备变为后右踏步，同时做斜上手压腕动作，2 拍完成，重心靠后（如图 3-1-12）

（7）男女统一动作 5×8 拍

1-4 拍：面朝 1 点，进退硬腕，后退左脚变右脚前点步，同时在胯前手位置做提压腕动作，1 拍 1 次动作做 2 次，注意手腕的顿挫感，动作要干脆

图 3-1-11

图 3-1-12

5-8 拍：1-4 拍：面朝 1 点，进退硬腕，后退右脚变左脚前点步，同时在斜下手位置做提压腕动作，1 拍 1 次动作做 2 次，注意手腕的顿挫感，动作要干脆

（8）男女统一动作 6×8 拍

1-4 拍：面朝 1 点，进退硬腕，后退左脚变右脚前点步，同时在平开手位置做提压腕动作，1 拍 1 次动作做 2 次，注意手腕的顿挫感，动作要干脆

5-8 拍：1-4 拍：面朝 1 点，进退硬腕，后退右脚变左脚前点步，同时在斜上手位置做提压腕动作，1 拍 1 次动作做 2 次，注意手腕的顿挫感，动作要干脆

（9）男女统一动作 7×8 拍

1-2 拍：右腿向前弓步朝 8 点，右手在前提腕动作平行 90°，左手后斜上手 45°，手腕动作 1 拍 1 次，保持弓步舞姿做提压腕（如图 3-1-13）

3-4 拍：右腿从弓步后撤形成踏步，上身舞姿动作不变，身体重心靠后，核心力量收紧向后躺 25°，反复提压腕一次，头看向 8 点方向（如图 3-1-14）

图 3-1-13

图 3-1-14

5-6 拍：右腿向前弓步朝 2 点，右手在前提腕动作平行 90°，左手后斜上手 45°，手腕动作 1 拍 1 次，保持弓步舞姿做提压腕

7-8 拍：右腿从弓步后撤形成踏步，上身舞姿动作不变，身体重心靠后，核心力量收紧向后躺 25°，反复提压腕一次，头看向 2 点方向

(10) 男女统一动作 8×8 拍

1-8 拍：重复第 7 个 8 拍的舞姿动作，规格、方向、要求不变

(11) 男女统一动作 9×8 拍

1-4 拍：面朝 1 点做柔臂动作，上步左脚，重心往前推，左手在下右手再上做 1 次柔臂动作，4 拍完成，动作停顿在左手上右手下柔臂舞姿动作，手臂在从上往下时要保持弧度，手掌“抹”下来（如图 3-1-15）

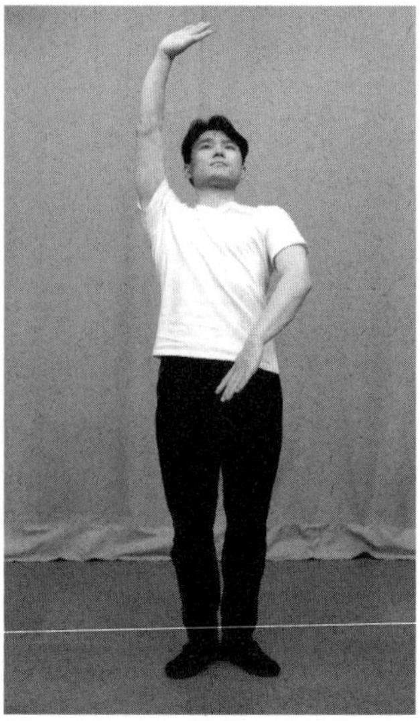

图 3-1-15

5-8 拍：反复柔臂动作，朝 1 点方向上步右脚，重心往前推，右手在下左手在上做 1 次柔臂动作，4 拍完成，动作停顿在左手上右手下柔臂舞姿动作，注意在动作过程中，要以胳膊肘带动，同时形成弧度，尽量放大动作框架

(12) 男女统一动作 10×8 拍

1-8 拍：重复第 9 个 8 拍的舞姿动作，规格、方向、要求不变

(13) 男女统一动作 11×8 拍

1-4 拍：面朝 7 点做柔臂动作，上步左脚，在踏步的基础上做原地踏步动作，同时上身完成 4 拍 1 次柔臂动作，左下右上；脚下动作抬脚踏步离地 15°，左脚全脚，右脚脚掌，1 拍 1 次做 3 次，第 4 拍右脚上步面朝 5 点方向

5-8 拍：面朝 5 点做柔臂动作，上步右脚，在踏步的基础上做原地踏步动作，同时上身完成 4 拍 1 次

图 3-1-16

图 3-1-17

柔臂动作，左下右上；脚下动作抬脚踏步离地 15°，左脚全脚，右脚脚掌，1 拍 1 次做 3 次，第 4 拍右脚上步面朝 7 点方向

（14）男女统一动作 12×8 拍

1-4 拍：面朝 3 点做柔臂动作，上步左脚，在踏步的基础上做原地踏步动作，同时上身完成 4 拍 1 次柔臂动作，左下右上；脚下动作抬脚踏步离地 15°，左脚全脚，右脚脚掌，1 拍 1 次做 3 次，第 4 拍右脚上步面朝 1 点方向

5-8 拍：面朝 1 点做柔臂动作，上步右脚，在踏步的基础上做原地踏步动作，同时上身完成 4 拍 1 次柔臂动作，左下右上；脚下动作抬脚踏步离地 15°，左脚全脚，右脚脚掌，1 拍 1 次做 3 次，第 4 拍右脚上步回到 1 点方向

（15）男女统一动作 13×8 拍

1-4 拍：面朝 7 点，上步左脚变弓步，同时上身后仰，左手单勒马，右手扬鞭，身体往右拧朝 1 点，2 拍完成动作；3-4 两拍上步右脚变踏步半蹲，左手保持舞姿，右手在上步同时变成挥鞭手动作，上身往前趴保持舞姿（如图 3-1-16）。

5-8 拍：左转面朝 5 点，上步左脚变弓步，同时上身后仰，左手单勒马，右手扬鞭，身体往右拧朝 5 点，2 拍完成动作；3-4 两拍上步右脚变踏步半蹲，左手保持舞姿，右手在上步同时变成挥鞭手动作，上身往前趴保持舞姿（如图 3-1-17）

（16）男女统一动作 14×8 拍

1-4 拍：面朝 1 点，1 拍双脚并立半脚尖，双手勒马手，身体往右拧停住 4 拍，眼睛看 1 点方向，注意挺胸立腰，核心收紧（如图 3-1-18）

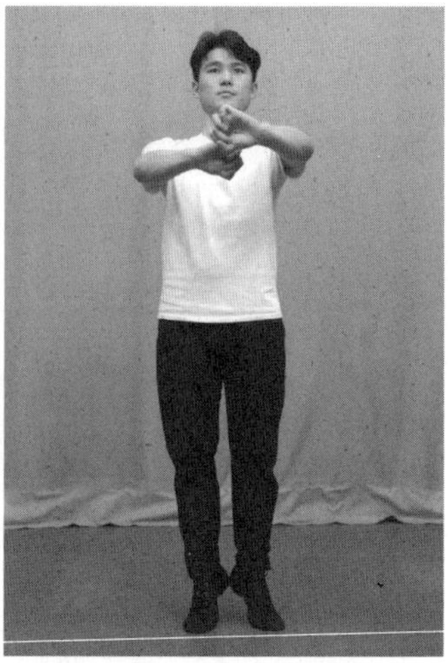
图 3-1-18

5-6 拍：面朝 1 点，1 拍落脚跟的同时，右脚脚尖往旁划 25°，主力腿左腿半蹲的同时下左旁腰，身体重心左移，上身舞姿保持双勒马手

7-8 拍：面朝 1 点，动作不变，重心从左至右移动，左脚脚尖往旁划 25°，主力腿右腿半蹲的同时下右旁腰，身体重心右移，上身舞姿保持双勒马手

（17）男女统一动作 15×8 拍

1-4 拍：面朝 1 点，挺胸立腰，双手掐腰胳膊肘往前架住，往 7 点上步右脚做摇篮步动作，慢做 4 拍一次，完成动作的同时从高到低结束在半蹲舞姿，主力腿为右脚（如图 3-1-19、图 3-1-20）

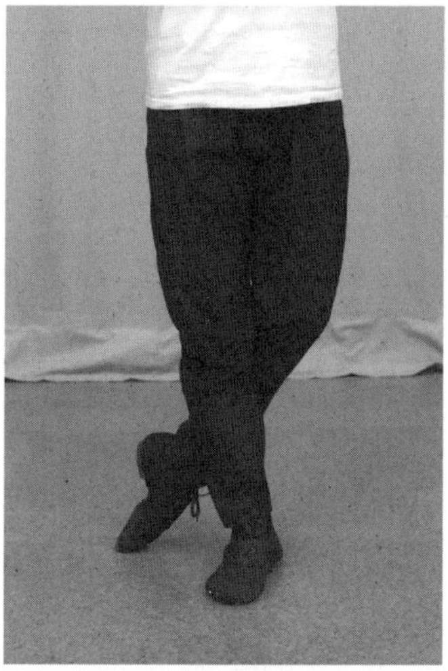
图 3-1-19

5-8 拍：面朝 1 点，挺胸立腰，反复摇篮步动作，注意身体韵律呼吸与动作的结合，重心从右到左移动

（18）男女统一动作 16×8 拍

1-8 拍：重复第 15 个 8 拍的舞姿动作，规格、方向、要求不变

（19）男女统一动作 17×8 拍

1-8 拍：头看向 7 点，做摇篮步动作，左手单勒马手随头朝 7 点方向，右手掐腰，左旁腰往上拔，右脚上步，左右来回切换重心，1 拍 1 次做 8 次

（20）男女统一动作 18×8 拍

1-8 拍：在第 17 个 8 拍的基础上舞姿动作、规格、方向、要求及节奏不变，从左至右自转一圈回到原位

（21）男生动作 19×8 拍

1-4 拍：面朝 1 点，摔跤舞元素动作，双腿扎马步，双手展开平开手，手心朝前，身体前倾 45°，以腰为轴下

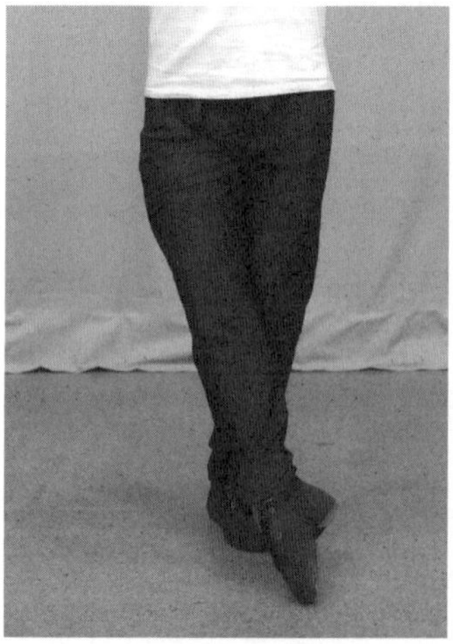
图 3-1-20

图 3-1-21

图 3-1-22

左旁腰左移重心，4 拍完成动作（如图 3-1-21）

5-8 拍：面朝 1 点，摔跤舞元素动作，双腿扎马步，双手展开平开手，手心朝前，身体前倾 45°，以腰为轴下右旁腰右移重心，4 拍完成动作

（22）男生动作 20×8 拍

1-2 拍：面朝 1 点，摔跤舞元素动作，双腿扎马步，双手展开平开手，手心朝前，身体前倾 45°，以腰为轴下左旁腰左移重心，2 拍完成动作

3-4 拍：面朝 1 点，摔跤舞元素动作，双腿扎马步，双手展开平开手，手心朝前，身体前倾 45°，以腰为轴下右旁腰右移重心，2 拍完成动作

5-6 拍：双腿扎马步，双手展开平开手，手心朝前，身体前倾 45°，以腰为轴下左旁腰左移重心，2 拍完成动作

7-8 拍：双腿扎马步，双手展开平开手，手心朝前，身体前倾 45°，以腰为轴下右旁腰右移重心，2 拍完成动作

（23）男生动作 21×8 拍

1-8 拍：面朝 1 点，上步右脚，双手同时由下往上做 1 次柔臂动作，4 拍一次做 2 次，注意挺胸立腰，保持弧度，放大动作框架

（24）42 男生动作 22×8 拍

1-4 拍：面朝 1 点，右腿膝盖 4 拍下单膝跪地，右手放大腿上，左手按住左膝盖，头看 7 点方向斜上方（如图 3-1-22）

5-8 拍：保持舞姿动作 4 拍结束

（25）女生动作 19×8 拍

1-4 拍：头看 7 点斜下 45°，往 3 点上步右脚提右旁腰，左脚脚尖点地拖住，左手在上右手在下，4 拍完成动作

5-8 拍：头看 7 点斜上 45°，往 3 点方向撤左脚变踏步，同时提左旁腰，左手在下右手在上，4 拍完成柔臂动作

（26）女生动作 20×8 拍

1-4 拍：头看 3 点斜下 45°，往 7 点上步左脚提左旁腰，右脚脚尖点地拖住，右手在上左手在下，4 拍完成动作

5-8 拍：头看 3 点斜上 45°，往 7 点方向撤右脚变踏步，同时提右旁腰，左手在下右手在上，4 拍完成柔臂动作

（27）女生动作 21×8 拍

1-8 拍：面朝 1 点，从 1 点经过 7 点、5 点、3 点回到 1 点圆场步围绕男生转 1 圈，同时柔臂动作 4 拍一次右手起做 2 次

（28）女生动作 22×8 拍

1-4 拍：面朝 1 点上步，双手柔臂从下往上停顿在斜上手位置，挺胸立腰，胸腰展开（如图 3-1-23）

5-8 拍：保持舞姿动作 4 拍结束

图 3-1-23

思考与练习

1. 蒙古族舞蹈基本体态与风格是怎样的？它的动作有什么样的要求与特点？

2. 双人动作的配合上，节奏和方向的处理中遇到了哪些问题？需要怎样去解决？

第二节 维吾尔族元素组合

一、小节介绍

维吾尔族主要分布在新疆维吾尔自治区，由于特殊的地理位置，维吾尔族舞蹈吸收整合了维吾尔族的民族元素以及邻近国家和地区的文化，形成了独具特色的舞蹈风格。维吾尔族人民非常热情好客，所以维吾尔族舞蹈的舞蹈风格也十分热情洋溢、豪放、细腻。

本节从维吾尔族舞蹈基本的体态动律、手位以及步伐出发来学习维吾尔族舞蹈。通过维吾尔族舞蹈的学习可以进一步巩固挺拔的身体姿态，也能使学生的动作与情绪表达相结合，能够很好地控制自身，以及通过维吾尔族舞蹈的学习可以了解维吾尔族的文化特色。

二、维吾尔族舞的基本体态、手型、脚位与手位

（一）基本体态

维吾尔族舞的基本体态要求双眼平视前方；下巴微微扬起；双肩自然打开，放松下沉；挺胸，拔腰，立背，提胯；双手放松自然下垂，手指放松；脚下呈小八字位站立，面带微笑。(如图 3-1-24)

图 3-1-24

（二）基本手型

1. 花型

做法：准备时五指自然伸直，然后中

指往下压，大拇指指尖紧贴中指第二个指关节，除大拇指外其余四指弯曲呈“C”形。(如图 3-1-25)

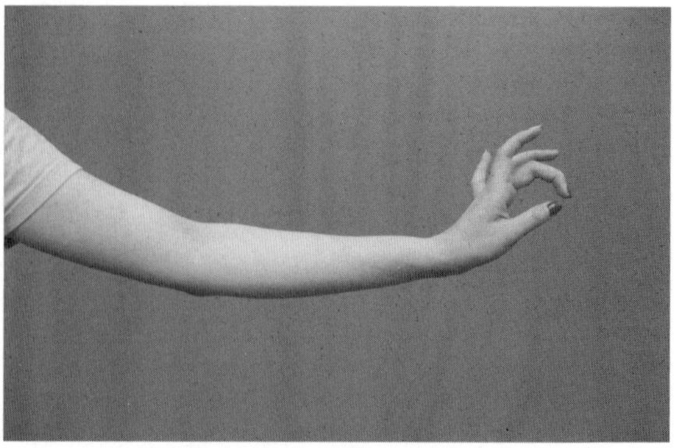

图 3-1-25

2. 掌型

做法：五指自然张开，大拇指打开，其余四指并拢。(如图 3-1-26)

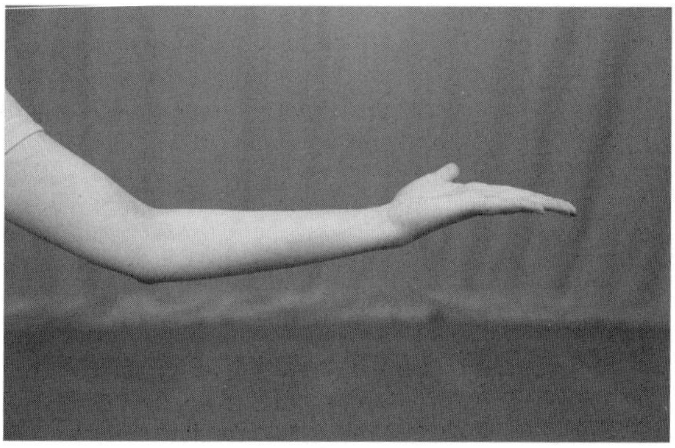

图 3-1-26

3. 空心拳型

做法：双手握拳，不要太紧，中间留出空心，食指和中指回扣于大拇指的第一关节处。(如图 3-1-27)

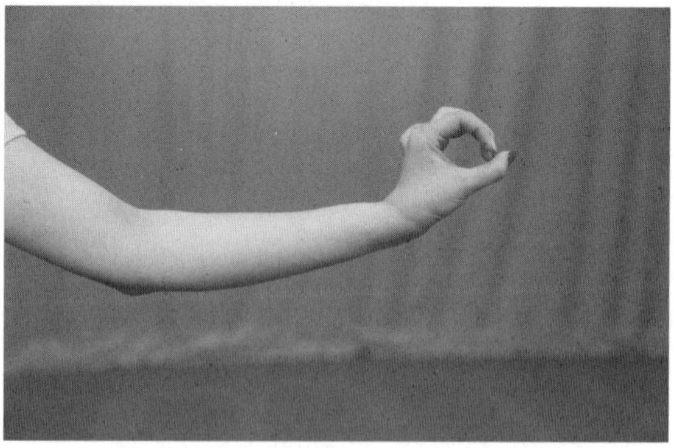

图 3-1-27

（三）基本脚位

1. 小八字位

做法：双脚脚跟靠紧，脚尖分开 45°，重心在中间。(如图 3-1-28)

2. 踏步

做法：(以右脚为例) 右脚向前全脚掌着地，后脚半脚掌着地，重心放在前。(如图 3-1-29)

3. 前点位

做法：(以右脚为例) 小八字位准备，右脚向正前方点出，脚掌点地，整体提胯拎住，大腿内侧夹住，重心在左脚。(如图 3-1-30)

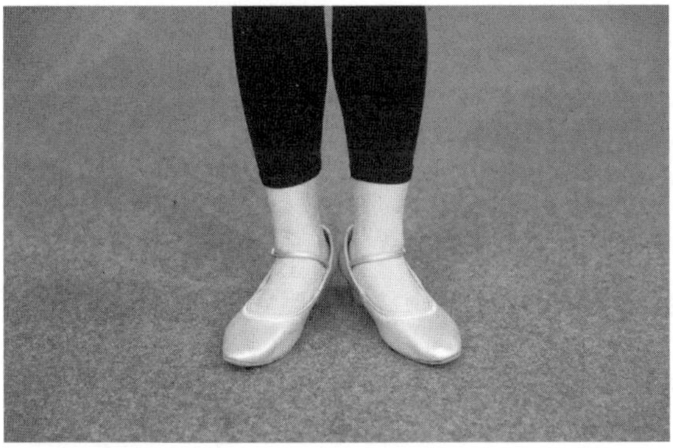

图 3-1-28

图 3-1-29

图 3-1-30

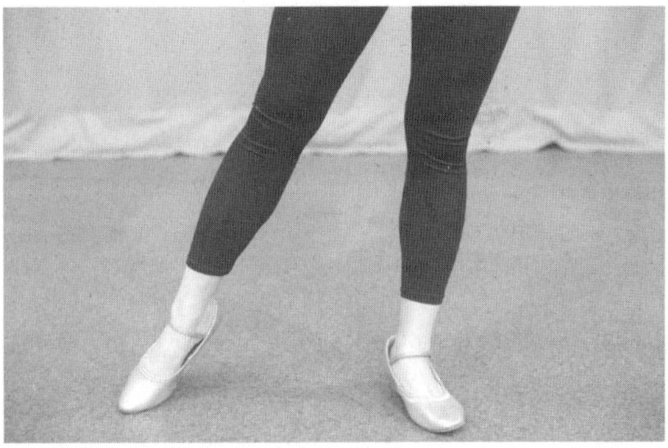

图 3-1-31

4. 侧点位

做法：（以右脚为例）小八字位准备，右脚向旁点出，左脚脚掌着地，主力腿保持直立，重心在左腿上。（如图 3-1-31）

5. 后侧点步

做法：（以右脚为例）小八字位准备，右脚向右后侧 45° 出脚，脚掌点地，重心在左脚，主力腿膝盖保持直立。（如图 3-1-32）

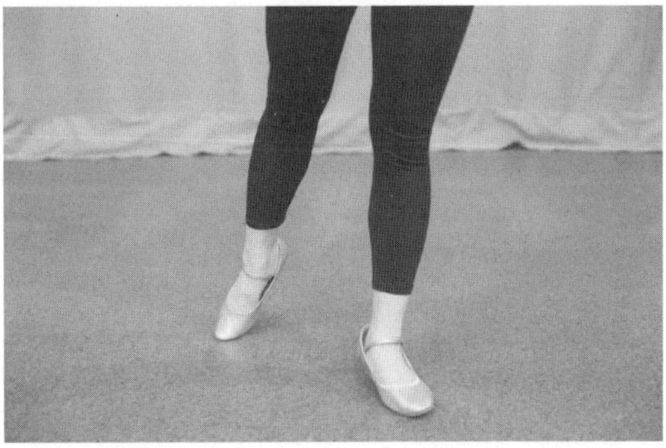

图 3-1-32

（四）基本手位

1. 一位手

做法：双手位于斜下 45°，位置在体侧偏前，手型为花型，手腕下压，手臂有流畅弧线，腋下要留出空间。(如图 3-1-33)

2. 平开式（二位手）

做法：双手在侧平举的位置稍向前放，手腕下压，手型为花型，立掌，手臂有流畅弧线。(如图 3-1-34)

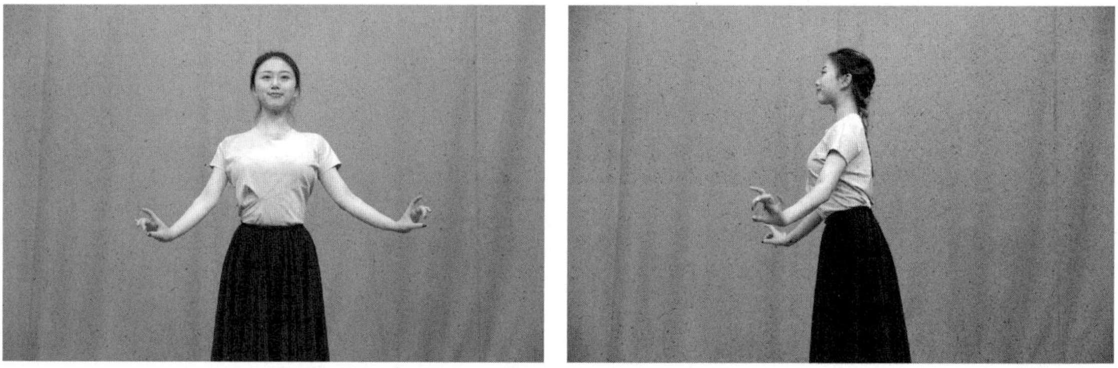

图 3-1-33

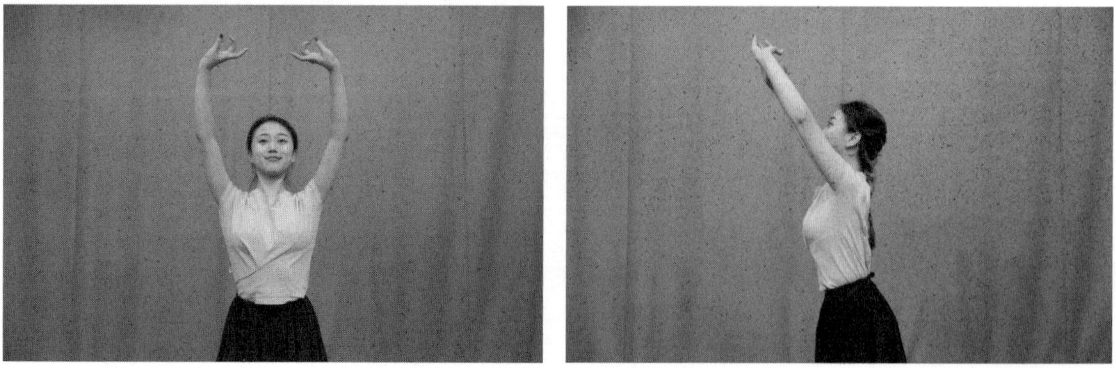

图 3-1-34

3. 上举式（三位手）

做法：双手上举于头顶斜前方，手臂微微弯曲，呈括弧状，手型为花型，指尖相对，要有向上推的感觉。(如图 3-1-35)

4. 托颚式（五位手）

做法：左手屈肘，食指指尖点在下颚，右手手背托住左手胳膊肘，不能贴住身体，要有往外推的感觉，双手手型为花型。(如图 3-1-36)

图 3-1-35

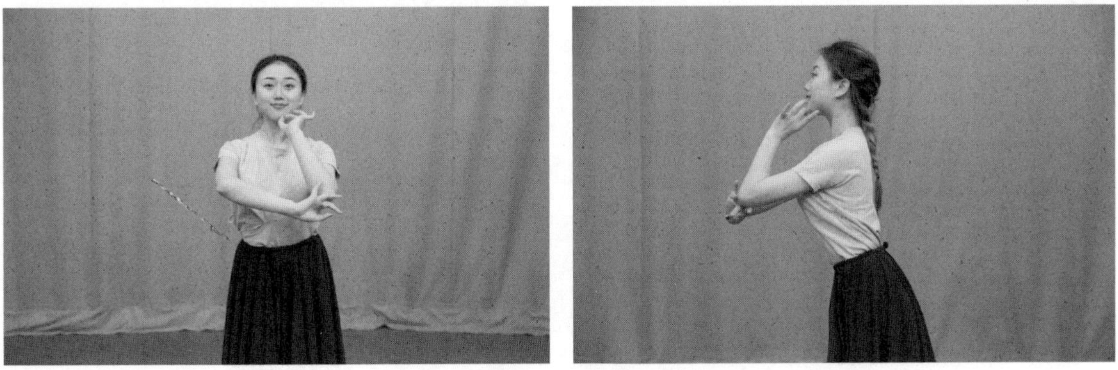

图 3-1-36

5. 顺风旗式

做法：（以右手为例）右手呈上举式，左手为平开式压腕，手臂微曲，手型为花型。（如图 3-1-37）

6. 托帽式

做法：(以右手为例) 右手位于斜上 45° 推掌; 左手手心向上放于左耳后侧，做托帽状，胳膊肘打开，双手手型为花型手。(如图 3-1-38)

7. 围手式

做法：(以右手为例) 右手手型为空心拳型，按掌放于胃前，左手背手，胳膊肘架起来，右手不要贴住身体，与身体有一定距离。(如图 3-1-39)

8. 瞭望式

做法：(以右手为例) 右手掌心向下回扣于额前，左手掌心向下回扣于胸前，做瞭望状，两只手的胳膊肘架平，手型为兰花指。(如图 3-1-40)

图 3-1-37

图 3-1-38

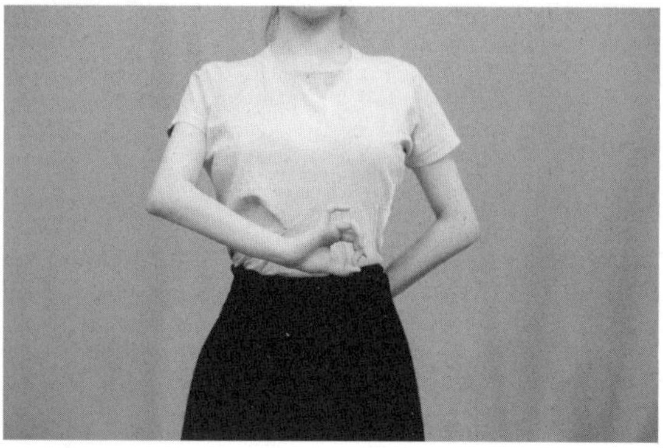

图 3-1-39

图 3-1-40

三、基本步伐

1. 蹲点步

做法

准备：小八字位，自然体态站立

1 拍：（以右脚为例）右脚往前上步，做一个四位蹲

2 拍 : 左脚经过右脚向前，前脚掌点地，膝盖打直，到前点地位

反面动作的动作要领与正面相同，（该步伐可做前点地或者旁点地，上步也可以换成退步）

动作要求：上步时注意脚尖外开，蹲时膝盖对脚尖方向，不用蹲太低。前点地位时，膝盖保持微曲，不要完全打直，膝盖要保持有韧劲，不要僵硬的直上直下。(如图 3-1-41)

2. 横垫步

做法

准备：小八字位，自然体态站立。

1 拍：（以左脚为例）左脚向右斜前方出脚到踏步位出脚时脚后跟先着地，重心由脚跟过渡到脚尖

2 拍：右脚向右跟上左脚，保持踏步舞姿

3-7 拍：重复 1、2 拍动作

8 拍：保持不动

图 3-1-41

四、组合展示

（一）手位组合

在学习初期可以通过简单的手位组合来让学生掌握维吾尔族舞的基本体态、舞蹈动律以及舞蹈的情绪和感觉，也可以让基本的手型、手位和脚位更加熟练。

准备：小八字准备，自然体态站立。

1×8 拍

1-4 拍：左手起，双手胸前提手交叉，往外掏

5-8 拍：双手打开至平开式

2×8 拍

1-8 拍：双手收回胸前，中指指尖相对点在胸口，胳膊肘架起；眼睛看左斜下方，行礼（如图 3-1-42）

2.3×8 拍

1-2 拍：左手起，双手胸前提手交叉，往外掏

3-4 拍：双手打开到斜下 45°

5-6 拍：手腕往里绕腕，眼睛看向左手手腕

7-8 拍：压腕到一位手，头回到 1 点

4×8 拍

1-8 拍：保持原舞姿不动，移颈 1 拍 1 次，左起做 8 次

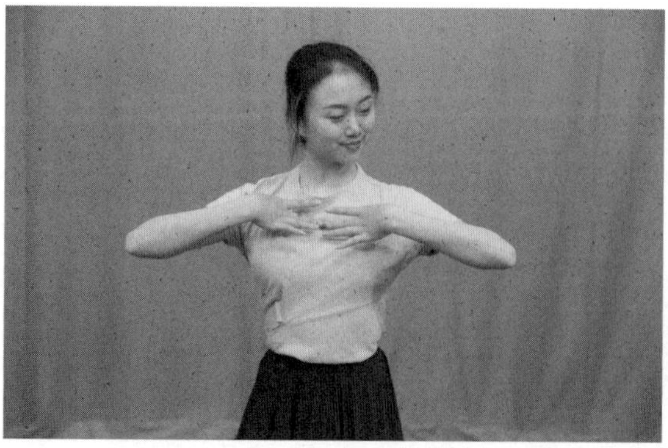

图 3-1-42

5×8 拍

1-4 拍：手腕往里绕腕，眼睛看向左手手腕

5-8 拍：压腕到二位手，头回到 1 点

6×8 拍重复第 4 个 8 拍的动作

7×8 拍

1-4 拍：手腕往里绕腕，眼睛看向左手手腕

5-8 拍：双手压腕到三位手，头回到 1 点

8×8 拍重复第 4 个 8 拍的动作

9×8 拍

1-2 拍：手腕往里绕腕，眼睛看向左边斜下方

3-4 拍：双手下落到五位手（右手在上），头回到 1 点

5-8 拍：左起做移颈，1 拍 1 次，做 4 次

动作要求：所有的手位变化都要匀速进行，注意手臂不能僵硬，不能 1 拍 1 动，应该整个动作连贯柔美

10×8 拍

1-2：右脚向前做蹲点步；双手从体侧斜下 25°往上推，掌心向上，手是掌型

3-4：左脚向旁点出到旁点位；双手经过绕腕呈右手在上顺风旗式，眼睛看向右手

5-8：保持原舞姿不动，左起移颈，1 拍 1 次，做 4 次

11×8 拍做第 11 个 8 拍的反面动作

12、13×8 拍重复第 10、11 个 8 拍的动作，将手型换呈托帽式（右手先起）

14×8 拍

1-2：左手起，双手胸前提手交叉，往外掏

3-4：双手打开至平开式

5-8：双手自然下落到体侧，回到自然体态

（二）综合组合

该组合是手位组合基础上的进阶组合，难度进一步加大，将灵活运用学习到的基础步伐和手位，加上一些舞姿动作组成。学生可以强化手眼与步伐的配合，提高身体协调性；对于维吾尔族舞的体态、韵律、节奏以及舞蹈风格的准确表达；加强情绪和舞蹈表现力。

准备：面向 7 点，左脚在前跪立，双手呈顺风旗式，右手在上（如图 3-1-43）。

1×8 拍（预备拍）

1-8 拍：保持原舞姿不动，双脚匀速站立呈后踏步；同时左起移颈 1 拍 1 动，做 8 次

2×8

1-2 拍：面向 1 点，收回右脚呈小八字站位；左手起，双手胸前提手交叉，往外掏

3-4 拍：双手打开至平开式

5-8 拍：双手屈肘收回至胸前行礼，转头看向左斜下方

动作要求：注意动作和音乐的配合，动作要把音乐节奏撑满。

1×8 拍

1-2 拍：上右脚，蹲点步，双手斜下 45°翻腕，头转向左边，眼睛看左手手腕

3-4 拍：左脚向前呈前点步，双手呈一位手，手型花型，压腕，头回到 1 点

5-8 拍：保持原舞姿，做 2 次点颤，2 拍 1 次，做 2 次

2×8 拍左第一个 8 拍的反面动作

动作要求：主力腿膝盖的点颤动律不易过大，保持小而有韧性的颤动；上半身的体态保持拔腰立背，面带微笑。

3×8 拍

1-2 拍：右脚向前蹲点步，双手从体侧摊掌往上举（如图 3-1-44）

图 3-1-43

图 3-1-44

3-4 拍：上左脚对 2 点呈旁点步；双手经过翻腕呈右手在上的顺风旗手位，头转向右斜上方，眼睛看右手（如图 3-1-45）

5-8 拍：保持原舞姿不动，点颤动律，2 拍 1 次，做 2 次

4×8 拍做第 3 个 8 拍的反面动作

5×8 拍

1-2 拍：上身保持体态；向 5 点退右脚蹲点步，左手中指点左肩，眼睛看向左边肩头

3-4 拍：左脚点向 8 点，双脚站直呈旁点步，左手掌心向 8 点推出呈平开位，眼睛看左手（如图 3-1-46）

图 3-1-45

图 3-1-46

5-8 拍：重复 1-4 拍的动作

6×8 拍

哒拍：右脚直接收回到小八字位，双手翻腕做左手在上托帽式，头看左手

1-8：保持原舞姿不动，重心在左脚，右脚脚掌点地，做 2 拍 1 次的点颤，同时移颈，1 拍 1 动

7×8 拍

1-2 拍：上身保持体态，右脚向 1 点上步蹲点步，左手中指点肩，眼睛看左边肩头

3-4 拍：左脚点向 7 点，双脚站直呈旁点步，左手掌心向 8 点推出呈平开位，眼睛看左手

5-8 拍：重复 1-4 拍的动作

8×8 拍

哒拍：右脚直接收回到小八字位

1-8 拍：重心在左脚，右脚脚掌点地，做 2 拍 1 次的点颤，做 4 次；双手经过胸前交叉，掌心向上打开至平开位；同时移颈 1 拍 1 动

动作要领：注意手眼的配合，手推出去时，眼睛跟随手的方向看出去，并且指尖有延伸，上身体态保持住

9×8 拍

1-8 拍：右脚先起横垫步，节奏 2 拍 1 次；右手从平开位摊掌经过身体前方到左点肩，眼随手动

10×8 拍做第 9 个 8 拍的反面动作

11×8 拍

1-8 拍：保持脚下横垫步步伐不变，手呈上举式手背相对，推腕先

往左推,两拍一动,眼睛看左边斜上方(如图 3-1-47)

12×8 拍做第 11 个 8 拍的反面动作

动作要领：横垫步注意身体起伏不能太明显，膝盖要有韧劲，要控住。推手腕的动作要注意协调性，两只手腕同时往一个方向推动，不能倒手掌，要用手腕发力

13×8 拍

1-4 拍：右脚向前，呈前点位，右起猫洗脸 4 拍 1 次

5-8 拍：保持脚下步伐不变，重复右起猫洗脸 4 拍 1 次（如图 3-1-48）

图 3-1-47

图 3-1-48

14×8 拍

1-2 拍：双手呈右手在上瞭望式，身体往前探；脚下保持前点位不动，做点颤动律

3-8 拍：上身舞姿以及脚下步伐都不动，在点颤动律的基础上，由 1 点转向 3 点

15×8 拍

1-4 拍：向 1 点上左脚至后踏步，猫洗脸 4 拍 1 次，做 1 次

5-8 拍：保持脚下步伐不动，重复 1-4 拍的动作

16×8 拍

1-4 拍：向左平转一圈，手位经过平开位收回胸前，掌心向下，指尖相对

5-8 拍：出右脚至后侧点步位，双手经过翻腕到左手在上托帽式，眼睛看左手

17×8 拍

1-4 拍：三步一踢（向旁），双手经翻腕至顺风旗式，右脚先出

5-8 拍：做 1-4 拍动作的反面

18×8 拍重复第 17 个 8 拍的动作

19×8 拍

1-4 拍：面对八点做进退步（右脚出）；双手经过划手到托帽式

5-8 拍：重复 1-4 拍的动作

20×8 拍

1-8 拍：保持原舞姿不动，旁点地做点颤动律；2 拍 1 次，做 4 次

21×8 拍

1-4 拍：三步一踢（向后），右脚先出，向右转一圈，到右脚在前踏步，双手由前后围手经过摊掌至一位手

5-8 拍：保持原舞姿不动，移颈 1 拍 1 次

22×8 拍做第 21 个 8 拍的反面动作

23×8 拍

1-4 拍：面对八点做进退步（右脚出）；双手经过划手呈托帽式

5-8 拍：重复 1-4 拍的动作

24×8 拍

1-4 拍：转头面向 7 点，收右脚踩步回小八字位；双手在额前击掌（如图 3-1-49）

5-8 拍：舞姿造型

图 3-1-49

思考与练习

维吾尔族舞蹈膝盖的颤膝动律与藏族舞蹈的颤膝动律有何不同？

第三节 藏族元素组合

藏族元素组合是民族元素训练中的基础训练，在藏族舞蹈元素的学习过程中，练习者能够在舞蹈的风格特征上了解藏族舞蹈文化特点，通过单一动作及短句动作，使练习者能够掌握藏族舞蹈的基本体态与动势，激发对该地域舞蹈及人文环境的兴趣，形成民族文化认同感与自豪感。该组合通过“屈伸”训练可以初步解决练习者膝盖僵硬的问题，同时在膝盖位置动作的起伏——“屈伸”练习中，有助于提高练习者的节奏感，为后续完整连贯的综合组合打下基础。

（一）基本体态与手型

1. 基本体态：脚下为自然位（小八字），上身往前倾，头自然目视前方，双手扶胯，膝盖微微弯曲。(如图 3-1-50)

2. 基本手型：五指自然并拢。(如图 3-1-50)

3. 基本脚位：小八字位、丁字位。(如图 3-1-51、图 3-1-52)

4. 基本脚型：自然勾脚。(如图 3-1-53)

5. 扶胯：五指自然并拢，双手扶在胯的两侧，胳膊肘架住与身体平行。(如图 3-1-50)

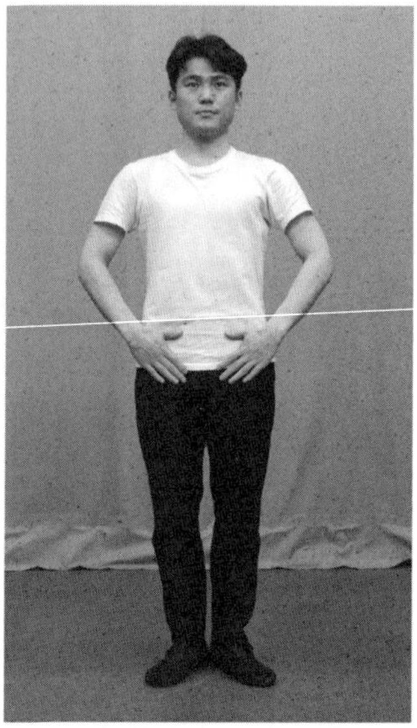

图 3-1-50

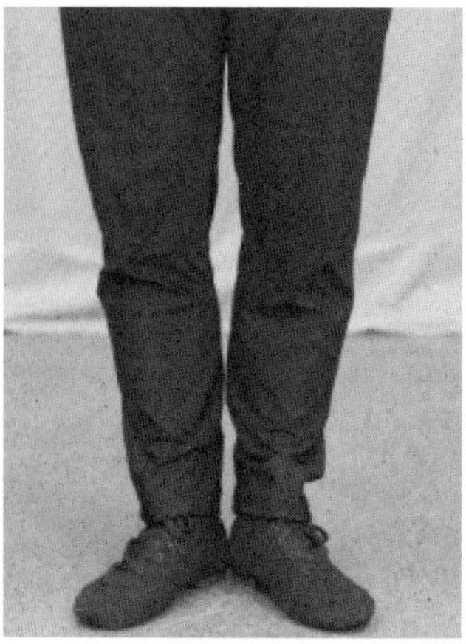

图 3-1-51

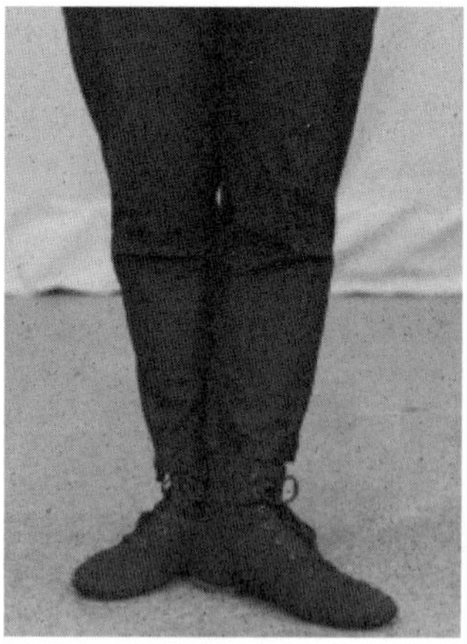

图 3-1-52

图 3-1-53

（二）元素组合

“屈伸”在藏族舞蹈中占有重要的位置，在一屈一伸间要把握膝盖的松弛有度和节奏多变。膝部的屈伸也始终贯穿在舞蹈动作当中，所以在藏族舞蹈中“屈伸”是非常重要的。“屈伸”的形成有两方面的原因，首先由于地理因素，藏族人民在高原上长期徒步攀爬，使膝关节灵活发达，久而久之增强了膝关节的控制能力与柔韧度；其次由于服饰的因素，藏族人民的衣袍宽大，重量集中于胯部，在行走过程中身体前倾、泄胯能够帮助分担重量，保持重心，所以藏族舞蹈的风格性逐渐就突出了。在同一地域的藏族舞蹈同样有一些差异，所以在屈伸的节奏、快慢上也有些许不同，在对“屈伸”的训练中，本组合主要选用较单一的动作节奏，使练习者可以更准确地把握动作要求，为接下来更为复杂的组合做准备，同时也循序渐进地增强练习者的音乐节奏感。

组合动作

(1) 5-8 拍朝 1 点方向，基本体态站好

5-6：拍双手扶胯

7-8：拍微蹲。

(2) 1×8 拍保持体态

1-4：拍膝盖上抻

5-8：拍膝盖下沉

(3) 2×8 拍保持体态

1-4：拍膝盖上抻

5-8：拍膝盖下沉，膝盖松弛进行上下起伏，重拍在上，上身保持体态，注意膝盖的节奏与屈伸动作的“抻”与“韧”劲，松弛有度

(4) 3×8 拍保持体态

1-2 拍：膝盖上抻

3-4 拍：膝盖下沉

5-6 拍：膝盖上抻

7-8 拍：膝盖下沉

(5) 4×8 拍

重复第 3 个 8 拍动作，动作要求、规格不变

(6) 5×8 拍面朝 1 点继续保持体态，注意面部表情，注意动作的呼吸

1-4 拍：膝盖上抻

5-8 拍：膝盖下沉

（7）6×8 拍保持体态

1-4 拍：膝盖上抻

5-8 拍：膝盖下沉，膝盖松弛进行上下起伏，重拍在上，上身保持体态，注意膝盖的节奏与屈伸动作的“抻”与“韧”劲，松弛有度，同时在屈伸过程中加入呼吸，身体不可僵硬

（8）7×8 拍

1-2 拍：膝盖上抻

3-4 拍：膝盖下沉

5-6 拍：膝盖上抻

7-8 拍：膝盖下沉

（9）8×8 拍保持体态

1-4 拍：膝盖上抻

5-8 拍：膝盖下沉，结束单一屈伸训练

（10）9×8 拍面朝 1 点方向，双手扶胯，保持基本体态

1-2 拍：做单靠动作，先旁出右脚，左脚脚后跟点地

3-4 拍：换脚反方向做 1 次

5-8 拍：动作反复 1 次（如图 3-1-54）

（11）10×8 拍面朝 1 点方向，双手扶胯，做三步一靠动作

1-4 拍：出右脚往旁，横向三步，1 拍 1 步，第 4 拍左脚脚跟点地

5-8 拍：出左脚往旁，横向三步，1 拍 1 步，第 4 拍右脚脚跟点地（如图 3-1-54）

（12）11×8 拍

面朝 1 点方向，双手扶胯，保持基本体态

1-2 拍：做单靠动作，先旁出右脚，左脚脚后跟点地

3-4 拍：换脚反方向做 1 次

5-8 拍：动作反复 1 次（如图 3-1-55）

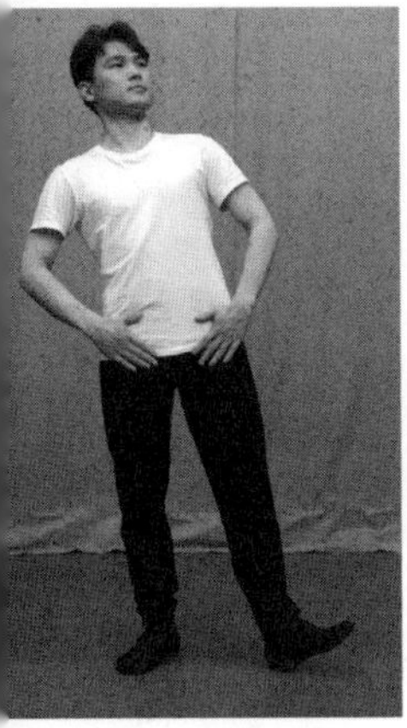
图 3-1-54

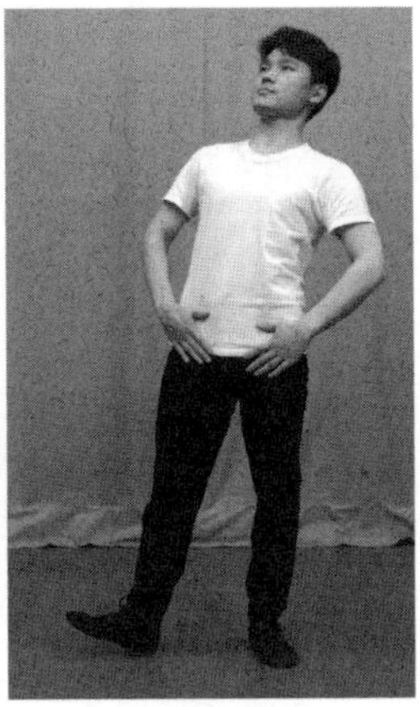
图 3-1-55

图 3-1-56

图 3-1-57

(13) 12×8 拍面朝 1 点方向，双手扶胯，做三步一靠动作

1-4 拍：出右脚往旁，横向三步，1 拍 1 步，第 4 拍左脚脚跟点地

5-8 拍：出左脚往旁，横向三步，1 拍 1 步，第 4 拍右脚脚跟点地

(14) 13×8 拍

面朝 1 点方向，前进后退撩腿动作，做三步一撩后退动作，先退右脚，1 拍 1 步第 4 步撩左脚，4 拍完成动作，身体随韵律上下起伏，在完成动作的过程中，做髋前划手，第 1 拍起手，从右至左保持 25° 高度，4 拍完成

5-8 拍：前进后退撩腿动作，先上步左脚，最后撩右脚，手部动作反复一次，姿态、方向及高度不变（如图 3-1-56）

(15) 14×8 拍：

方向不变，保持体态，双手右髋前划手过渡到扶胯手，落地右脚朝 3 点做单靠动作，左脚脚后跟点地，2 拍 1 次，1 个 8 拍共 4 次完成，方向由 3 点、5 点、7 点、1 点依次进行

(16) 15×8 拍：

面朝 1 点方向，做三步 1 点前进动作，先上右脚，1 拍 1 步第 4 拍左脚脚后跟点地，4 拍完成动作，在完成动作的同时，做髋前划手，第 1 拍起手，从右至左保持 25° 高度，4 拍完成（如图 3-1-57）

5-8拍: 先进左脚,1拍1次最后右脚点地,手的动作反复1次,姿态、方向及高度不变(如图3-1-58)。

(17) 16×8拍

面朝1点，先右脚往旁2拍1次做单靠动作，第2拍左脚脚跟点地，做4次；双手2拍斜下25°展开，2拍回到扶胯手位置，反复2次。

(18) 17×8拍

1-4拍：面朝1点方向，做长靠动作，双手从身体两侧由手背带动打开至七位手，左手经过盖手下沉后，胳膊肘带动于身体前直线往上拉至头顶上方，呈五位手，右手保持不动。眼睛看向8点斜上方，胸腰微微上扬，同时右脚往3点方向横向三步，后左脚脚后跟经过屈伸抬脚点地

5-8拍：方向不变，双手晃手经过头顶，由手背带动呈七位手，右手经过盖手下沉后，胳膊肘带动于身体前直线往上拉至头顶上方，呈五位手，左手保持不动，同时左脚往7点方向横向三步，后右脚脚后跟经过屈伸抬脚点地（如图3-1-59、图3-1-60）

(19) 18×8拍

1-4拍：面朝1点方向，做长靠动作，双手从身体两侧由手背带动打开至七位手，左手经过盖手下沉后，胳膊肘带动于身体前直线往上拉至头顶上方，呈五位手，右手保持不动。眼睛看向8点斜上方，胸腰微微上扬，同时右脚往3点方向横向三步，后左脚脚后跟经过屈伸抬脚点地

图3-1-58

图3-1-59

图3-1-60

5-8 拍：方向不变，双手晃手经过头顶，由手背带动呈七位手，右手经过盖手下沉后，胳膊肘带动于身体前直线往上拉至头顶上方，呈五位手，左手保持不动，同时左脚往 7 点方向横向三步，后右脚脚后跟经过屈伸抬脚点地

(20) 19×8 拍面朝 1 点方向，保持体态，双手扶胯做三步 1 点前进后退动作

1-4 拍：出左脚往后退，身体随舞蹈韵律摇摆，后退三步，1 拍 1 步，第 4 拍右脚脚跟点地

5-8 拍：右脚前进，身体随舞蹈韵律摇摆，前进三步，1 拍 1 步，第 4 拍左脚脚跟点地

(21) 20×8 拍面朝 1 点方向，保持体态，双手扶胯做三步 1 点原地动作

1-4 拍：先踩右脚，注意屈伸，身体随舞蹈韵律摇摆，原地三步，1 拍 1 步，第 4 拍左脚脚跟点地

5-8 拍：先踩左脚，保持屈伸，身体随舞蹈韵律摇摆，原地三步，1 拍 1 步，第 4 拍右脚脚跟点地（如图 3-1-61）

(22) 5-8 拍：1 点方向，哈达势

5-6 拍：踩右脚吸左脚，双手手心朝下胸前交叉手

7-8 拍：右脚脚跟朝 8 点方向脚后跟点地，双手展开手心朝上，身体前倾 45°（如图 3-1-62）

图 3-1-61

图 3-1-62

思考与练习

1. 在藏族舞蹈组合的学习中，“屈伸”动作的要求有哪些？

2. 在舞蹈动作的练习中，如何把握藏族舞蹈的风格性？它的基本体态是怎样的？

第四节 多民族融合训练组合

一、小节介绍

该组合整合了前几节学习的民族舞蹈，是一个集藏族舞、蒙古族舞、维吾尔族舞、东北秧歌和彝族舞的综合性舞蹈组合。该组合能让学生继续深入学习，在各种舞蹈风格之间快速转换，更加熟练地掌握所学内容。组合使用宋祖英演唱的《爱我中华》，融合多个民族的舞蹈元素，让学生在学习舞蹈的同时了解民族文化，增强民族自信。

二、彝族舞学习内容

（一）基本体态

自然体态，挺胸抬头，眼睛自然平视前方，肩膀放松下沉，双手自然放在身体两侧，脚下小八字站立。(如图 3-1-63)

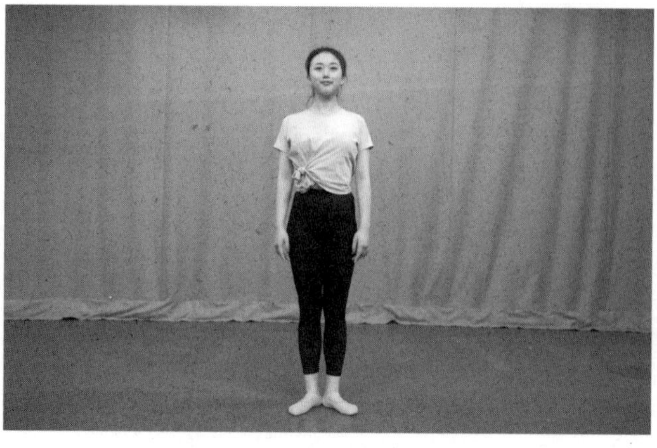

图 3-1-63

（二）基本手型

1. 掌型

做法：五指自然打开伸直，大拇指微微打开，其余四指并拢。(如图 3-1-64)

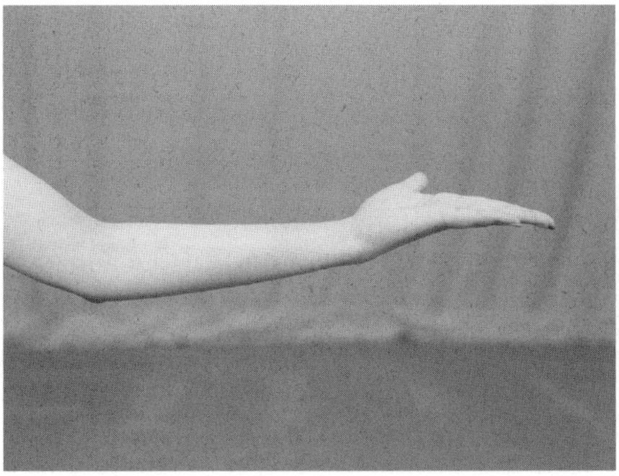

图 3-1-64

2. 反叉腰手

做法：手型为掌型，虎口打开，用虎口掐住腰，大拇指冲向 1 点，其余四指冲向 5 点。(如图 3-1-65)

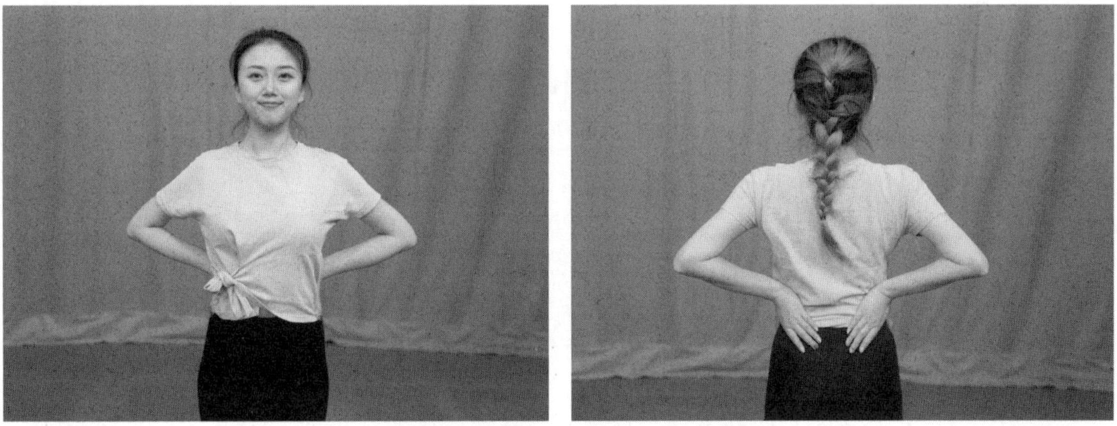

图 3-1-65

（三）基本脚型

1. 端脚

做法：（以左脚为例）重心在右脚，主力腿站直，左腿屈膝，整个小腿内侧往上端到与主力腿膝盖尽量齐平位置，类似于踢毽子的动作。(如图 3-1-66)

图 3-1-66

图 3-1-67

2. 点步

做法：（以左脚为例）左脚点在右脚斜前方 25°，脚尖点地，重心放在右脚，大腿内侧收紧夹住。(如图 3-1-67)

（四）基础步伐

1. 晃步

做法

准备：（以左脚为例）面向 1 点，自然体态站立，双手自然垂于体侧，小八字位站立。

1 拍：左脚向 7 点迈步

2 拍：右脚经过左脚前方向左边斜前方迈步

3 拍：左脚从后面迈步，到横跨步

4 拍：右脚向左斜前方撩脚

5-8 拍：做 1-4 拍的反面动作（如图 3-1-68）

2. 踩步

做法

准备：（以左脚为例）面向 1 点，自然体态站立，双手反叉腰，小八字位站立。

1 拍：手保持不动，左脚向 7 点迈步，重心放在双脚之间，头转向左边，眼睛看左斜下方，身体微微向前倾

图 3-1-68

2 拍：重心移到左脚，右脚向前端起，脚的内侧朝上（类似于踢毽子的动作），上身和头的姿态保持不动

3-4 拍：做 1-2 拍的反面动作

5-8 拍：重复 1-4 拍的动作

动作要求：踩脚坐胯，重拍向下，身体随韵律自由摆动。

3. 跳步

做法

准备：（以左脚为例）面向 1 点，自然体态站立，双手反叉腰，小八字位站立。

1 拍：哒拍起左脚，第 1 拍起跳左脚落地，右脚跟随左脚起跳落地后点在左脚前 25°

2 拍：不动保持舞姿，头看左斜下 45°，提右旁腰

3-4 拍：重复 1-2 拍的动作

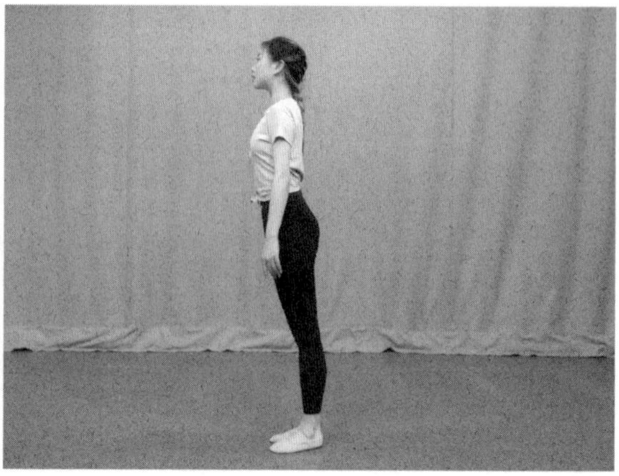

图 3-1-69

三、东北秧歌

（一）基本体态

自然体态站立，眼睛平视前方，下巴微微下压，略微含胸，重心靠前，正步位站立。(如图 3-1-69)

（二）基本手型

兰花指，五指放松打开伸直，中指往下压，大拇指紧贴于中指的第二关节处。

（三）基本手绢花

手绢花拿法：将手绢花展开，拿住八角形的一个角，一直往里抓，抓到手绢花的中间。

1. 单臂绕花

做法

1 拍：（以左手为例）左手从体侧起手，手心向上抬手腕起

2 拍：手臂固定不动，向内绕手腕

3 拍：手腕发力向下压，手臂落下，回到体侧

动作要求：做绕花时，手臂位置不能过高，一般抬于胃的前方就可以了。

2. 双臂绕花

做法：在单臂绕花的基础上双手一起做。

3. 十字绕花

做法：双手在胃前交叉，左手在上，经过抬腕、绕腕和压腕。

（四）基本步伐

十字步

做法

准备：东北秧歌自然体态站立，正步位，面向 1 点。

1 拍：（以左脚为例）左脚向 2 点迈步

2 拍：右脚经过左脚前方向 8 点出脚，形成前后交叉

3 拍：左脚向 6 点退步

4 拍：右脚收回到正步位

5-8 拍：重复 1-4 拍的动作

四、综合组合展示

（一）准备部分

准备：面向五点，自然体态，小八字位，双手垂于身体两侧。

1×8 拍

1 拍：右脚向 5 点上步，呈踏步，双手斜上举，掌心向上，斜上方抬头 45°

图 3-1-70

2-8 拍：保持舞姿不动（如图 3-1-70）

2×8 拍

1 拍：向左转 180°，面向 1 点，变为左脚在前踏步，双手经过放下再次举起到斜上举，头看向斜上方

2-8 拍：保持舞姿不动

3×9 拍

1-2 拍：转向 7 点，造型（可选取组合内不同民族的造型）

3-8 拍：逆时针方向分别转向 5 点、3 点、1 点摆造型，每 2 拍转动 1 次并且换造型

9 拍：面向 1 点，上左脚回到左脚在前踏步舞姿，双手斜上举

（二）彝族舞蹈部分

1×8 拍

1-4 拍：面向 1 点，7 点方向行进，左脚起晃步一拍一步，双手在腰两侧 25°向前画圈，手型为掌型压腕，1 拍 1 圈做 4 次，走的同时头转向左边眼睛看斜下方，身体微微前倾

5-8 拍：做 1-4 拍的反面动作

2×8 拍重复第 1 个 8 拍的动作

3×8 拍

1-2 拍：左脚向左边迈步做踩步，双手反叉腰，胳膊肘架住，头看向左边

3-4 拍：做 1-2 拍的反面动作

动作 2 拍 1 次，重复 4 次

4×8 拍

1-2 拍：左脚起跳做跳步，双手保持反叉腰手，眼睛看 1 点，头微微向左边转动 25°

3-4 拍：做 1-2 拍的反面动作

动作 2 拍 1 次重复 4 次

5、6×8 拍重复第 1、2 个 8 拍的动作

7×8 拍重复第 3 个 8 拍的动作

8×8 拍

1 拍：小八字位立半脚尖，双手斜上举，五指并拢，掌心向下

2 拍：双腿半蹲，双手经过头顶交叉落至胃前保持双手交叉

3 拍：空中燕式跳舞姿，上身直立，双手斜上举

4 拍：双脚落地到自然体态站立，双手收回自然垂于身体两侧

5-8 拍：重复 1-4 拍的动作

9、10×8 拍

1-4 拍：转到 7 点，左脚起跳步，双手反叉腰手，2 拍 1 次，做 2 次

逆时针方向，分别转向 7 点、5 点、3 点，最后回到 1 点。跳步，2 拍 1 次，每四拍换一次方向

（三）蒙古族舞部分

1×8 拍面向 1 点小八字站立，准备拍，双手拇指压腕叉腰，右肩向前。

1-2 拍：右脚踏步向前，硬肩前后交换两次，1 拍 1 次

3-4 拍：右脚踏步向后，硬肩前后交换两次，1 拍 1 次

5-8 拍：重复 1-4 拍的动作

2×8 拍

1-2 拍：保持脚下踏步动律不变，双手呈胯前端手，五指并拢，掌心向上，同时含胸埋头

3-4 拍：保持脚下踏步动律不变，双手由胯前端手变为左手在前的单手勒马式，同时挺胸抬头看 1 点方向

5-8 拍：重复 1-4 拍的动作

3×8 拍

1-8 拍：双手叉腰位，右脚向前交叉起摇篮步，1 拍 1 次，做 1 个 8 拍

4×8 拍

1-4 拍：保持摇篮步动律不变，手由叉腰手变为胸前按手，1 拍 1 次向下压手臂，重拍在下

5-8 拍：保持摇篮步动律不变，逆时针方向分别转向 7 点和 5 点，每两拍转动一次，双手随节奏慢慢打开

5×8 拍

1-4 拍：保持摇篮步动律不变，逆时针方向转向 3 点和 1 点，每两拍转动一次，双手随节奏慢慢打开至体侧平举位

5-8 拍：面对 1 点，继续做摇篮步

动作要求：做摇篮步时双脚相互移动重心，注意要推脚背，上身随动，注意动作整体的流畅度。

6×4 拍

1 拍：向 8 点上右脚后踏步，呈左手在前扬鞭勒马手舞姿

2-4 拍：保持造型不动

7×8 拍

1-4 拍：保持造型不变，双脚向下蹲

5-8 拍：保持造型不变，双脚站直，回到原舞姿

（四）藏族舞部分

1×8 拍

1-8 拍：三步一靠，右脚起向 3 点走，两拍一动，双手经过划手到顺风旗式

2×8 拍做第 1 个 8 拍的反面动作

3×8 拍重复第 1 个 8 拍的动作

4×8 拍

1-4 拍：吸右脚，到左腿膝盖处，双手微微屈肘头顶交叉

5-8 拍：右脚脚后跟向右边斜前方点地，重心放在左脚，双腿膝盖微曲，双手打开放于斜上方 45°，上身前倾 45°，行双手哈达礼（如图 3-1-71）

动作要求：注意藏族舞的体态要求，膝盖屈伸保持连续有韧性，整个动作松弛舒展。

图 3-1-71

（五）维吾尔族舞部分

1×8 拍

1-2 拍：小碎步调整位置，回到中点

3-4 拍：右手经过体前打开到平开式，手型为掌型，掌心向上，眼随手动

5-6 拍：左手掌心向上打开至平开式，眼随手动

7-8 拍：右手收回左胸，中指点肩，左手自然垂于体侧，同时埋头

2×8 拍

1-4 拍：左脚起三步一踢（向旁），双手由前后围手到平开式

5-8 拍：做 1-4 拍的反面动作

3×8 拍重复第 2 个 8 拍的动作

4×8 拍

1-4 拍：面对 2 点做进退步（左脚出）；双手经过划手到托帽式（右手在上）

5-8 拍：重复 1-4 拍的动作

5×8 拍

1-8 拍：保持原舞姿不动，做点颤动律，2 拍 1 次，做 4 次

6×8 拍

1-2 拍：左脚原地踩步，左手拇指冲点左肩，眼睛看手

3-4 拍：右脚向三点迈步，左脚迅速跟上回到小八字位，左手划半圆落到体侧

5-8 拍：做 1-4 拍的反面动作

7×8 拍

1-4 拍：重复第 6 个 8 拍的动作，但是节奏加快，2 拍 1 次，做 2 次

5-8 拍：面向 1 点，左脚前踏步，双手斜上举 45° 造型

（六）东北秧歌部分

1×8 拍

1-8 拍：左脚起秧歌十字步，脚下步伐 2 拍 1 次，双手双臂绕花，一个手对正面绕花，一个手对侧面绕花。

2×8 拍：重复第 1 个 8 拍的动作

3×8 拍：重复第 1 个 8 拍的动作，但是动作节奏加快，变为 4 拍一次，做 2 次

4、5×8 拍

1 拍：面向 1 点，左脚往左迈步，右脚快速收回勾脚紧贴于左脚脚踝，双手前举十字绕花

2 拍：右脚向右迈步，左脚快速收回勾脚紧贴于右脚脚踝，双手打开至平开位双臂绕花

3-4：重复 1-2 拍的动作

第 5 拍开始，保持动作不变，逆时针方向转圈，每两拍转 90° ，回到 1 点

最后四拍右脚在前踏步，双手上举 45°

6×4 拍

1-4 拍：造型（可以自行发挥）

思考与练习

除了本小节学习过的民族舞蹈，你还了解其他的民族舞蹈吗？知道它们的基本步伐吗？

第二章　现当代舞训练

学习提示：本章通过现代舞基础训练，培养学生正确的身体姿态及灵活的形体协调支配能力。通过当代舞的艺术表达，以身体为表现基础，由内而外，随着心意与情感发展进行情感表现，传递富有中国特色的艺术表达。身体姿态与线条在肌肉的紧张与放松中得到延伸，把情感和动作质感放在舞蹈感觉中，利用地心引力及地面反作用力，使力量的运用产生新的支点，运用收缩放松、流动静止、跳跃等动作方法，对形体训练的肢体语言形成基本认知与把控。

现代舞是19世纪末20世纪初在西方兴起的一种舞蹈流派，是反对古典芭蕾封闭僵化、脱离现实生活和单纯追求技巧为前提所产生的文化现象，主张以合乎自然运动法则的舞蹈动作，自由地抒发人的真实情感，一直在探索发现肢体的无限可能性。当代舞是中国独有的一个舞种，也称之为“新舞蹈”。在20世纪50年代后开始创作和表演，当代舞以当下社会生活为背景进行创作，题材为百姓熟悉、贴近生活、通俗易懂，能反映当下的思想情感与艺术表达。在作品选材上鲜明地指向了中国人当代生活的感情状态，顺应国情与艺情。对于中国戏曲舞蹈、芭蕾舞、民间舞、西方现代舞中的舞蹈元素则采取了兼收并蓄的方式，进行吸收融合再出发，从而发展出新的风格。

第一节 现代舞的基本特征

一、基本站位与体态

要求：掌握基本体态，感受回归自然的意境。

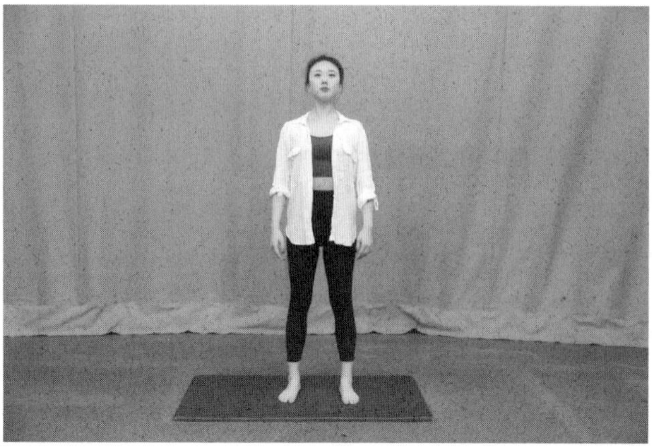

图 3-2-1

内容：全身保持直立，体态放松自然，脚尖向正前方，脚位为正步，与肩同宽，脊椎向上运动，两肩向外运动，要求脊椎头部一条直线。双手自然垂放于大腿两侧，均匀呼吸，感觉所有骨骼伸延伸展开。(图 3-2-1)

二、呼吸的练习

要求：在训练过程中，要求学生掌握身体的呼吸节奏，以及体会身体在放松状态下的感觉。

内容：随着音乐，缓慢入境，放空自己内与外，感受呼吸。

三、手位与脚位

要求：了解现代舞的基本手位与脚位。

现代舞手位一般来说都是属于自然基本形态，双手垂于大腿两侧，逐渐向上延伸至 90°，由手指带动两臂缓缓打开延伸至十字架式，再由手心与大臂的力量向人体的中心轴集中，手肘发力与肩同宽自然垂下，在基本形态的基础上脚呈正步为现代舞最常用的脚位。

现代舞的脚位与芭蕾舞的脚位截然相反，芭蕾舞要求“开”，而现代舞是关着的，完全解放自己的身体。

第二节 地面热身训练

通过身体接触地面对各个关节的灵活性、延续性、控制性等进行动作训练，使学生掌握在单一动作及连贯动作中形成的训练要素，为后面的训练做好准备。

“收缩与放松”练习

（一）特点：通过训练，开发脊椎和肌肉的屈伸能力，以及各关节的灵活性与控制力，接触地面，气息和感觉的把控。

（二）目的：通过活动练习，提高对躯干的控制能力及各关节的延展能力与协调能力。

（三）基础训练

1. 平躺与地面接触，练习放松、呼吸。

2. “大”字形延伸。

3. 利用末梢带动身体的练习。

（四）方法：

1. 准备动作：躺地，双腿自然放松与肩同宽，双手打开放在身体两侧。(如图 3-2-2)

2. 脚掌贴地，双脚回收。(如图 3-2-3)

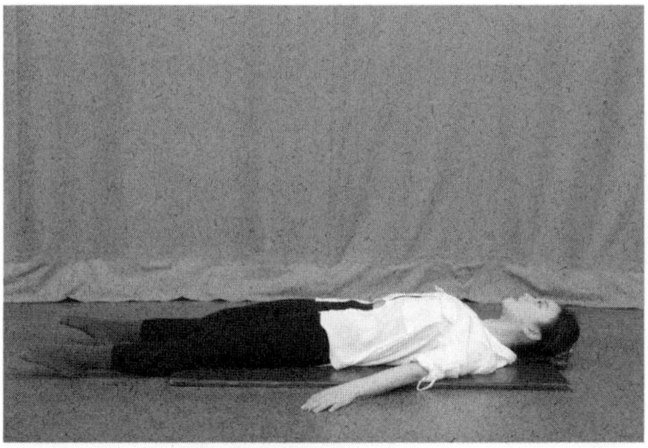

图 3-2-2

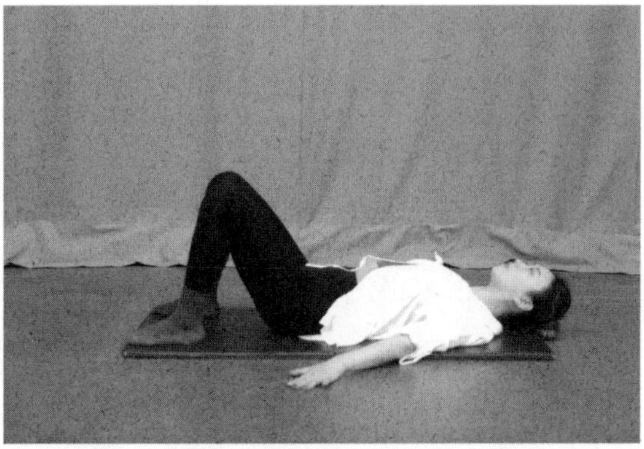

图 3-2-3

3. 右手向上画圆，带动身体向左转身，左侧身体着地，呈蜷缩状。(如图 3-2-4)

4. 弯曲膝盖，由尾椎带动，向上顶腰，肩胛骨着地。(如图 3-2-5)

5. 平趴在地面上，双手撑住地面，胸和腰往后发力，双脚呈半脚掌着地，大腿面控制住，离地面有距离。(如图 3-2-6)

6. 双手位置不动，腹部和后背发力向上，膝盖打直，半脚掌蹬地，身体与地面呈三角形状。(如图 3-2-7)

图 3-2-4

图 3-2-5

图 3-2-6

图 3-2-7

图3-2-8

图3-2-9

7. 在前面动作的基础上，直出右腿，保持向上控制住，右腿朝天，左腿着地，头垂直于地面，视线看左脚。依次方法，重复反面动作。(如图 3-2-8、图 3-2-9)

要点：

1. 强调呼吸在所有动作或静止中的贯穿。

2. 放松肌肉，与地面接触。

3. 感受每一个肌肉神经末梢及不同力量的运用。

思考与练习

1. 地面基础训练时，与体态矫正的联系有哪些？

2. 利用“收缩——放松”，思考动作的发力方式有几种？

第三节　“倒地与爬起”训练

一、呼吸与躯干练习

(一) 特点：用不同节奏的呼吸来带动不同力度的动作。

(二) 目的：利用呼吸，倒地爬起，静动态结合的练习，培养学生对身体的高度控制能力，通过对动作节奏的变化和爆发力的把握，感受肌肉紧张与松弛的关系。

（三）方法

准备动作：双脚朝前与肩同宽，直立站好，调整状态，全身放松，身体面朝 1 点方向。（如图 3-2-10）

1. 吸气，头往上抬 45°。吐气，低头。（如图 3-2-11、图 3-2-12）

2. 吸气，头往上抬 45°，同时双手从身体两侧抬起。吐气，低头，手回到身体两侧。（如图 3-2-13、图 3-2-14）

图 3-2-10

图 3-2-11

图 3-2-12

图 3-2-13

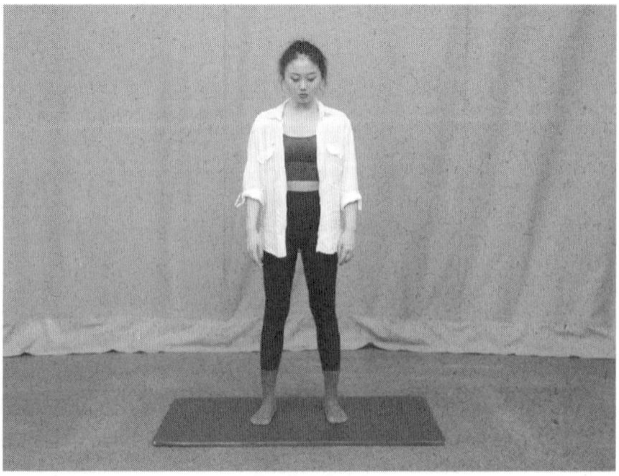

图 3-2-14

3. 吸气的同时双手从身体两侧平举到头顶，吐气的同时低头双手回到身体两侧。(如图 3-2-15、图 3-2-16)

4. 吸气头往上抬 45°，吐气一拍瞬间形成半蹲，头往右侧，视线看地面。吸气，用丹田带动发力让躯干一节一节匀速恢复原位。依此方法，重复动作，四个方向分别练习。(如图 3-2-17、图 3-2-18)

图 3-2-15

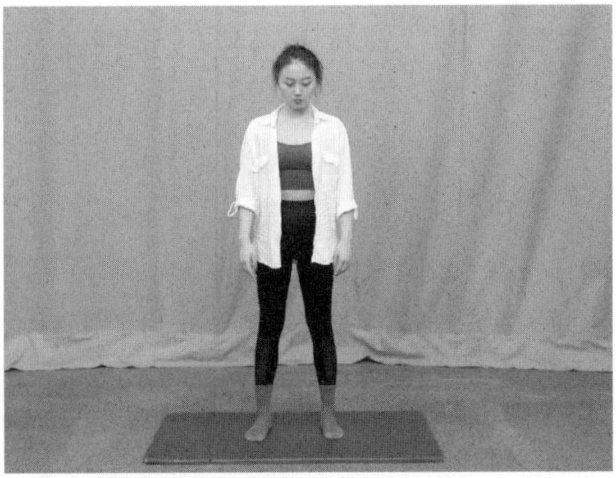

图 3-2-16

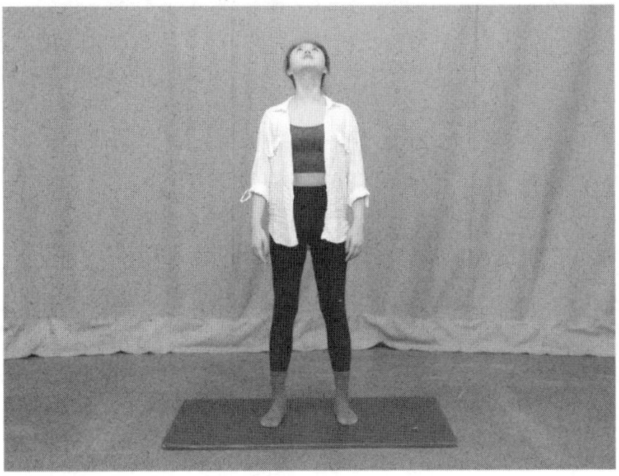

图 3-2-17

图 3-2-18

二、倒地爬起训练

（一）特点：身体运动处于一种平衡与不平衡之中，利用手臂、躯干去形成摆动、弧线等运动，控制节奏训练。

（二）目的：训练身体的控制平衡力，节奏与爆发力。

（三）方法

准备动作：双脚冲前与肩同宽，直立站好，调整状态全身放松，身体面朝 1 点方向。（如图 3-2-19）

1. 身体保持直立，半蹲放松身体向一侧倒地。（如图 3-2-20、图 3-2-21）

图 3-2-19

图3-2-20

图 3-2-21

2. 手推地面至全蹲，然后从尾椎骨向上一节一节站直。依此方法，重复动作，变换方向（如图 3-2-22—图 3-2-24）

3. 通过慢节奏的控制力和快节奏的爆发力分别训练。

要求：

1. 学习要点：现当代舞训练中，寻找倒地爬起的身体控制点。

2. 延伸学习：根据自己的兴趣发展一下，选择主题自己进行小舞段编创 4 至 6 个 8 拍。

图3-2-22

图3-2-23

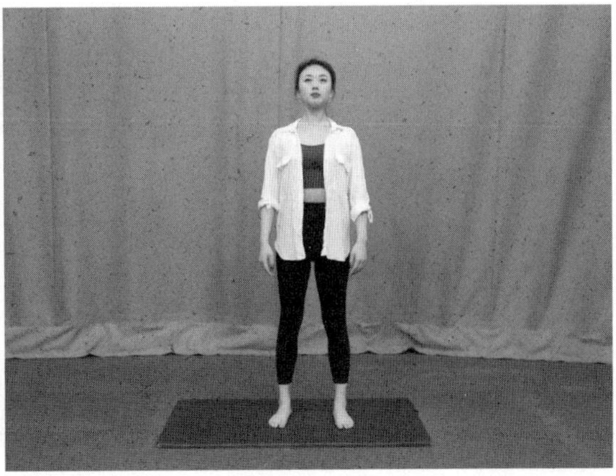

图3-2-24

思考与练习

1. 地面基础训练时，要注意哪些方面？

2. 爬起训练时，注意脊柱放松与动作路线。

第四节 重心与移动

一、蹲中重心移动

（一）特点：通过蹲完成重心的转换。

（二）目的：在蹲的同时进行重心移动，完成最新的转换。

（三）方法

准备动作：双脚与肩同宽，脚尖朝前，直立站好，面朝 1 点。（如图 3-2-25）

1. 保持身体直立向下半蹲，向右侧移动重心，右脚抬起，身体向右侧倾倒。（如图 3-2-26）

2. 放下右腿，身体恢复到直立半蹲状态。（如图 3-2-27）

3. 依此方法，重复动作，变换方向。

二、舞姿中重心移动

（一）特点：在舞蹈动作中进行重心的变化，完成一重心向另一重心的转换。

（二）目的：在舞姿中游刃有余地完成重心转换。

（三）方法

准备动作：双脚尖向前与肩同宽，直立站好，身体对 1 点方向。

1. 双手从旁往上划到左手平举，右手贴耳朵。身体从 1 点方向变到 7 点方向，同时左腿半蹲，右腿抬起，脚离开地面，由双腿重心换至左腿重心。（如图 3-2-28）

2. 右腿落地，左腿不动，双手平行举起经过 1 点平抹回自然位，变回中间重心。（如图 3-2-29）

3. 随后，重心换至右腿，左腿跟上，同时身体面朝 3 点，上身直立，半蹲。（如图 3-2-30）

图3-2-25

图3-2-26

图3-2-27

图3-2-28

图3-2-29

图3-2-30

要求：

1. 学习要点：现当代舞训练中，解放身体的价值、基本方法。

2. 延伸学习：根据自己的兴趣研究一下，其他舞种与现代舞的区别与对比

思考与练习

舞姿中移动时，要注意哪些方面？

第五节　跳跃

实现跳跃的方式各种各样，都是为了突破引力，属于三度空间范畴。

一、双起双落跳跃

（一）特点：重点训练腿部肌肉能力，找到跳跃时接地发力的原理。

（二）目的：通过单一的跳跃训练，提高自身的爆发力与控制能力。

（三）方法

准备动作：双脚向前与肩同宽，直立站好，面朝 1 点。（如图 3-2-31）

1. 双手侧平举，带动身体，腿半蹲向上屈膝跳跃，身体保持直立状态。（如图 3-2-32）

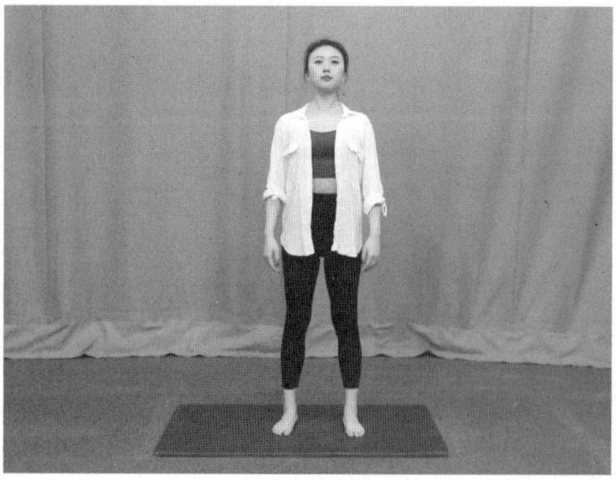

图 3-2-31

图3-2-32

2. 双手手心向上，五指张开，手腕往下发力与身体形成对抗力量，腿半蹲向上直腿蹬地跃起跳跃，身体保持直立状态。两种方式。（如图 3-2-33—图 3-2-36）

二、双起单落跳跃

（一）特点：重点训练在跳跃中感受重心变换，强调落地时身体的稳定性。

（二）目的：通过跳跃训练，提高自身的稳定能力，以及重心的变换。

图 3-2-33

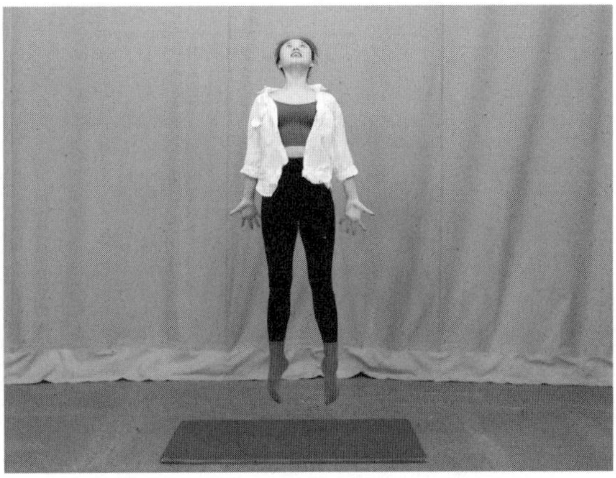

图 3-2-34

图 3-2-35

图 3-2-36

（三）方法

准备动作：双脚向前与肩同宽，直立站好，面朝1点。

1. 双手自然放松，腿半蹲向上屈膝跳跃，空中重心往左侧移动，左腿先着地，重心在左腿，同时右腿向右延伸。（如图3-2-37、图3-2-38）

2. 落地时，左腿半蹲先落地重心在左腿，随后右腿落地，重心转移，左腿并右腿。（如图3-2-39、图3-2-40）

图3-2-37

图3-2-38

图3-2-39

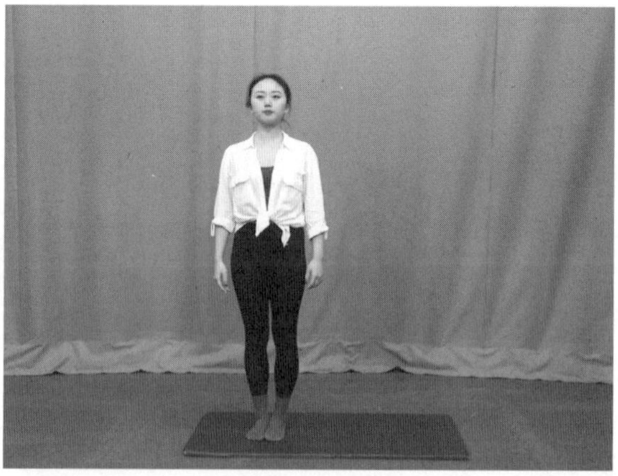
图3-2-40

三、单起单落跳跃

（一）特点：重点训练在跳跃中感受重心变换，提高身体灵活能力。

（二）目的：通过跳跃训练，提高自身的协调能力以及重心的变换。

（三）方法

准备动作：双脚向前与肩同宽，直立站好，面朝 1 点。

1. 双手自然放松，交换腿跳，右脚屈伸向上，重心往左腿移动，同时左腿蹬地屈膝跳跃。（图 3-2-41）

2. 落地时，左腿上半蹲落地重心在左腿，右腿屈伸向上。（如图 3-2-42、图 3-2-43）

图 3-2-41

图 3-2-42

图 3-2-43

四、单起双落跳跃

（一）特点：重点训练在跳跃中感受重心变换，强调关节与身体配合的稳定性。

（二）目的：通过跳跃训练，提高自身肌肉控制能力以及重心的变换。

（三）方法

准备动作：双脚向前与肩同宽，直立站好，面朝 1 点 。

1. 双手从两侧变成胸前二位手，同时重心在右腿上，左腿绷脚吸腿至右腿小腿下方，蹬地跳跃，空中保持姿态，身体保持直立。(如图 3-2-44、图 3-2-45)

2. 落地时，双腿打开半蹲大二位着地。(如图 3-2-46)

3. 依此方法，重复动作，变换方向。(如图 3-2-47、图 3-2-48)

要求：

1. 学习要点：现当代舞训练中，理解感悟跳跃的价值及基本方法。

2. 延伸学习：根据自己的兴趣研究一下，自行编创 4—6 个 8 拍，包含四种跳跃。

思考与练习

1. 移动重心跳跃训练时，要注意哪些方面？

2. 在移动重心时，可以实现了哪几种跳跃，分别是什么？

图 3-2-44

图 3-2-45

图 3-2-46

图 3-2-47

图 3-2-48

第六节 表现力组合

表现力组合中的动作更加多元化和具有丰富性，是前面单一组合的综合展示。教师在训练时可把以上各部位训练短句进行难易结合，根据学生自身的不同特征进行针对性练习。

方法：

准备动作：双脚朝前与肩同宽，直立站好，低头 45° 目视斜下方，调整状态全身放松，身体面朝 1 点方向。(如图 3-2-49)

1×8：身体重心放在前半脚掌上，身体直立保持不动，视线由下往前移动，头缓慢匀速抬起，目视前方。(如图 3-2-50)

2×8：脖子发力，第 1 拍往前点头，2 至 4 拍原路返回正位，第 5 拍往后点头，6 至 8 拍原路返回正位。

3×8：第 1 拍往右点头，2 至 4 拍原路返回正位，第 5 拍往左点头，6 至 8 拍原路返回正位。

4×8：第 1 拍往前点头，第 2 拍原路返回正位，第 3 拍往后点头，第 4 拍原路返回正位，第 5 拍往右点头，第 6 拍原路返回正位，第 7 拍往左点头，第 8 拍原路返回正位。

5×8：以头心为点，匀速顺时针画圆一圈。

6×8：反向逆时针画圆一圈。

7×8：双手用手腕发力经过腋下往上延伸经过指尖，打直在耳朵两侧

8×8：1 至 4 拍左手保持不动，右手贴左耳，带着头往右下发力，脖子左侧完全拉伸到极致。5 至 8 拍原路返回双手平行朝天举手。(如图 3-2-51—图 3-2-53)

9×8：换方向，依此方法重复动作。

10×8：双手头顶平举，右手第 1 拍快速垂直着地，同时半蹲，视线注视地面，2 至 4

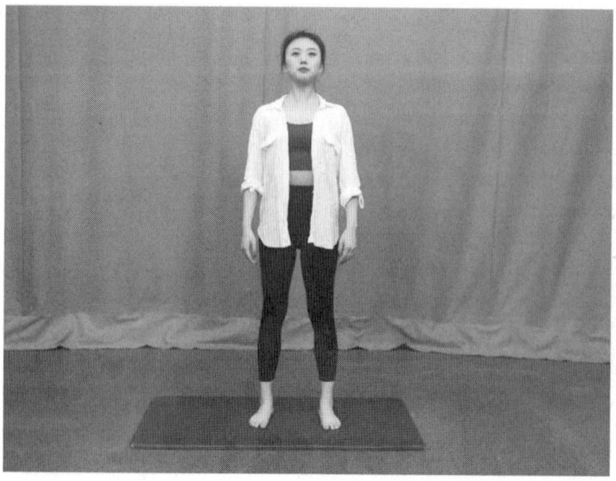

图 3-2-49

图 3-2-50

拍保持不动，5 至 8 拍，右手原路返回头顶平举。(如图 3-2-54、图 3-2-55)

11×8：双手头顶平举，左手第一拍快速垂直着地，同时半蹲，视线注视地面，2 至 4 拍保持不动，5 至 8 拍左手原路返回头顶平举。(如图 3-2-56)

图 3-2-51

图 3-2-52

图 3-2-53

图 3-2-54

图 3-2-55

图 3-2-56

12×8：1至4拍双手头顶平举缓慢向两边打开至自然垂手，5至7拍腿半蹲，双手由腋下至耳朵往正前方延伸，第8拍身体回到直立状态。（如图3-2-57—图3-2-59）

13×8： 重复一次。

14×8：身体从直立状态由头带着脖子脊柱往地面放松双手自然垂于地面，双腿保持直立状态。匀速节奏。（如图3-2-60—图3-2-64）

15×8：第1拍身体快速平行于地面，双臂与双腿同宽垂直于地面，塌腰延伸，2至4拍保持不动5至8拍上半身放松与地面平行。（如图3-2-65）

图3-2-57

图3-2-58

图3-2-59

图 3-2-60

图 3-2-61

图 3-2-62

图 3-2-63

图 3-2-64

图 3-2-65

16×8：重复一次。

17×8：慢慢回到直立状态。

18×8：半蹲往左转身，做逆时针转一圈，1至4拍，一拍一步，四步回到1点，5、6拍由半蹲到直立，7、8拍身体直立向上跳跃。(如图3-2-66—图3-2-68)

19×8：双手侧平举打开，同时半蹲，向右平转一圈，回正。(如图3-2-69—图3-2-71)

图3-2-66

图3-2-67

图3-2-68

图3-2-69

20×8：双手侧平举打开，同时半蹲，向左平转一圈，回正。

21×8：1 至 4 拍身体面向左边，撤右腿，呈弓箭步，身体直立，5 至 8 拍，转向 1 点。（如图 3-2-72、图 3-2-73）

22×8：1 至 4 拍转向右边，双腿打直，身体延伸由下至上。5 至 8 拍回正，双手垂手。

图 3-2-70

图 3-2-71

图 3-2-72

图 3-2-73

23×8：半蹲往右转身，做顺时针转 1 圈，1 至 4 拍，一拍一步，四步回到 1 点，5、6 拍由半蹲到直立，7、8 拍身体直立向上跳跃。(如图 3-2-74—图 3-2-76)

24×8：双手侧平举打开，同时半蹲，向左平转一圈，回正。

25×8：双手侧平举打开，同时半蹲，向右平转一圈，回正。

26×8：2 至 4 拍身体面向右边，撤左腿，呈弓箭步，身体直立，5 至 8 拍，转向 1 点。

27×8：1 至 4 拍转向左边，双腿打直，身体延伸由下至上。5 至 8 拍回正，双手垂手。

28×8：1 至 4 拍转向左边，双腿打直，身体延伸由下至上。5 至 8 拍回正，双手垂手。

29×8：平趴在地面上，双手撑住地面，胸腰和腰往后发力，双脚呈半脚掌着地，大腿面控制住，离地面一定距离。(如图 3-2-77)

30×8：双手位置不动，腹部和后背发力向上，膝盖打直，半脚掌蹬地，身体与地面呈三角形。(图 3-2-78)

31×8：直出右腿，保持向上控制住，右腿朝天，左脚着地，头垂直于地面，视线看

图 3-2-74

图 3-2-75

图 3-2-76

图 3-2-77

左脚。(如图 3-2-79、图 3-2-80)

32×8/33×8：依次方法，重复反面动作。

34×8：身体一节一节打直，回到准备位置，身体放松。(如图 3-2-81—图 3-2-83)

图 3-2-78

图 3-2-79

图 3-2-80

图 3-2-81

图 3-2-82

图 3-2-83

要点：

现当代舞综合训练中，解放身体的价值、基本方法。

思考与练习

1. 控腿训练时，有哪些部位在发力？

2. 身体放松时如何运动，分别是什么？

第七节 小品训练

经过单一训练与复合训练，对躯干、表情表演有基本认知与体验后，便可对原创作品《逆行》进行综合训练，以培养学生正确的身体姿态及灵活的形体协调支配能力。通过当代舞的艺术表达，以肢体语言为表现基础，由内而外，随着真实的情感发展进行情感表达。

一、主题思想与结构

（一）主题思想

2019 年底，新型冠状病毒肺炎疫情暴发，抗疫战争打响，此作品主要演绎了社会、家庭中不同的鲜明人物面对疫情选择大家，牺牲小家，奔赴一线战“疫”的故事。将面对残酷疫情时，那美丽的灵魂、不屈的精神和万众一心的团结、舍我其谁的责任感和使命感演绎得淋漓尽致。

（二）结构

开端：

春节的绚烂晴空，家家户户洋溢着浓浓的喜庆气氛，但突如其来的疫情笼罩了全国，举国上下都被这场突如其来的灾难按下了暂停键。

发展：

本是阖家团聚的时刻，全国人民却陷入了恐慌和紧张，面对未知未来的不安……

高潮：

疫情来势汹汹，却挡不住战“疫”战士逆行而上的身影。当集结的号声响起，各行各业的人群从四面八方汇集而来，义无反顾地奔向疫情的生死战场！一对医生和警察夫妻，面对疫情选择大家，牺牲小家，勇敢坚定奔赴一线。

尾声：

疫情得到控制，疫情过后人们对于未来充满希望。当医生得知爱人去世的噩耗后仍奋斗在抢救一线，在他人面前未表露一丝痕迹。脱下口罩，脸颊的勒痕、泪痕纵横交错，缓慢而坚定地走向前，不灭的温情，穿过黑暗，引来光明与希望。

二、目的与要求

训练学生内在情感表达与外在身体肢体能力，内外结合，可以提升学生动作的协调性、稳定性，对肌肉的控制能力，跳跃中对重心的把控能力，以及强调身姿的挺拔感、动作的质感和力度感，也是对双人舞的配合与默契训练。

通过舞蹈语言表情传意，不断加深学生对艺术的认识，“艺术来源于生活，而高于生活”，提升对艺术表达领悟力与共情能力。让学生学会表情达意，提高眼神的传情和表演能力，将塑造的人物形象，感知到的情感，传递给观众。

培养学生爱岗敬业、坚守奉献等良好的个人意志品质，在提高审美素质的同时将课程思政完美地融合进课堂中去。与逆行者、守夜人、志愿者、医护工作者等战“疫”人员进行跨越时空的对话。

三、思政进课堂

1. 坚守爱岗敬业

大难关头，一方有难八方支援，每一个有责任有担当的中国人，都坚守在自己的岗位上，正是因为有这么一群可爱、可敬的工作者们，才会有万家安心，万家幸福！

2. 坚信中国精神

一场突如其来的疫情，打破了原本祥和欢乐的节日氛围，“病毒感染”“封城”“新增病例”，这场疫情每时每刻的变化都牵动着亿万国人的心。当下虽然很艰难，但对未来我们充满信心！抗击疫情愈是艰难险阻，愈能体现我们中华儿女的万众一心，众志成城，愈能显现我们中华民族的凝聚力，从中我们也看到了实现中华民族伟大复兴应有的“中国速度”“中国力量”“中国制度”与“中国精神”。

3. 坚信党的领导，坚信希望

我们坚信，有中国共产党的伟大领导、有全国各族人民的团结一心，纵然征途坎坷，荆棘密布，但最终的胜利必将属于伟大的中国，我们也必将以“不破楼兰终不还”的决心，去赢得这场战“疫”的完全胜利。回看疫情之下的中国，举全国之力，全民统一意志统一行动，这一仗打得不易，却展示出了我泱泱大国的威武之气，战役还未结束，但是胜利的曙光已至眼前。

4. 用肢体传情达意，身心合一

通过舞蹈肢体语言与逆行者、守夜人、志愿者、医护工作者等战“疫”人员进行跨越时空的对话，叙述了抗疫过程中平凡而伟大的人和事，他们是值得我们尊敬的人。结尾时战胜疫情，迎来希望的曙光，传递中国精神。

四、动作组合

（一）开端部分

具体动作：6 个 8 拍

男生部分：

1×8：男生面向女生朝 7 点方向，1 至 4 拍起身，5 拍拉起女生，抢到遥控器，6 至 8 拍变换调度朝 2 点方向。

2×8: 男生站在女生身后，2 拍变弓箭步，3、4 两拍右手掏出遥控器与女生相对，5、6 两拍起身 7、8 拍双人一起面向 5 点方向，随女生动作方向。

女生部分：

1×8：从地面动作起来，面朝 2、8 点。

2×8：男生站在女生身后，2 拍变弓箭步，3、4 两拍右手掏出遥控器与女生相对，5、6 两拍起身 7、8 拍双人一起面向 5 点方向，随女生动作方向。

男女齐舞：

3×8：1、2 拍快速从 1 点转身面向 5 点，3 至 8 拍保持不动。

4×8：双手同时举起来一拍一个方向，1 拍左上，2 拍右上，3 拍左下，4 拍右下，5、6 拍女生蹲下，同时 5、6 拍男生站直，摆造型。7、8 拍保持不动。

5×8/6×8: 保持身体直立状态。

（二）发展部分

具体动作：6 个 8 拍

男生 / 女生部分：（齐舞）

1×8：1、2 拍右手左手依次屈肘提起；3、4 拍向下小幅度蹲两次；5、6 拍上身埋下去；7、8 拍抬头。

2×8：前四拍右手扼喉，左手向前举起，身体慢慢站直；5、6 拍左手向后划一圈；7 拍男生上右脚身体向左转，女生上左脚身体向右转，两人相对，双手屈肘指尖相对放在嘴前；8 拍身体转回到 1 点，呈弓步站立。

3×8：前四拍向上站直；5、6 拍上左脚向旁，右脚旁起 45°，右手上举，左手平举；7、8 拍面向 3 点半蹲蜷腰。

4×8：1、2 拍右手上举抬头；3、4 拍收手回到半蹲；5、6 拍重复 1、2 拍动作；7、8 拍向 3 点跑；da 拍男生左转 180° 面向女生出右手制止女生向前，女生原地停住。

男生部分：

5×8：1、2 拍，面向 1 点左脚在前五位半脚尖，双手侧平举斜上 45°；3、4 拍蹲下，双手侧点在身体两侧；5 拍左脚在前屈腿分腿跳，双手侧平举斜上 45°；6 拍蹲下；7、8 拍不动。

6×8：1 拍撤左腿往 7 点，面向 3 点呈弓步，右手上举，左手平举对 1 点；2 拍面向三点蹲下；3、4 拍双手侧举斜上 45°，右脚在前鹿跳，回到蹲；5-8 拍不动。

女生部分：

5×8：1、2 拍向后退两步；3、4 拍右脚跪地 5-8 拍向后滚地一周。

6×8：1 拍撤左腿往 7 点，面向 3 点呈弓步，右手上举，左手平举对 1 点；2 拍面向 3 点蹲下；3、4 拍不动；5、6 拍双手侧举斜上 45°，右脚在前鹿跳，回到蹲；7、8 拍不动。

（三）高潮部分

具体动作：8个8拍

男生部分：

1×8：前4拍风火轮划手两次，1、2拍3点划到7点，做1次蹲起；3、4拍7点划到3点，做1次蹲起；5至8拍转向7点呈左脚在前的弓步，出右手向前到水平位置。

2×10：1、2拍右手屈肘同时重心前移至左脚；3、4拍回到1点双脚打开自然站立；5、6拍身体左右摇晃两次；7至10拍向左错一步与女生拉开。

3×8：前四拍面向1点，出右手向前跑；后四拍向后退。

女生部分：

1×8：前4拍风火轮划手两次，1、2拍3点划到7点，做1次蹲起；3、4拍7点划到3点，做1次蹲起；5-8拍面向三点右脚在前的弓步，出左手向前到水平位置。

2×10：1、2拍屈肘推重心向前；3、4拍向3点迈两步到男生身后重叠站立，双手扶住男生肩膀；5、6拍身体右左晃动两次；8至10拍向右边迈步与男生错开成一横排。

3×8：前4拍出右手面向1点向后退；后4拍向前跑。

男生部分：

4×8：1、2、3点划到7点，做1次蹲起；3、4拍7点划到3点，做1次蹲起；5至8拍转向7点呈左脚在前的弓步，出右手向前到水平位置。

5×10：1、2拍右手屈肘同时重心前移至左脚；3、4拍回到1点双脚打开自然站立；5、6拍身体左右摇晃两次；7至10拍向左错一步与女生拉开。

6×8：1拍出右手到斜上同时右脚向右跨一步；2拍右手从3点划到8点斜上，身体转向8点；3面向8点蹲下；4拍左脚在前，直腿的蹬腿跳，右手向后屈肘提起，跳完回到蹲下位置，空4拍。

7×8：前4拍男生7点到3点风火轮，到面向3点呈右脚在前的弓步，埋头，手收到胸前；后四拍不动。

8×8：1、2拍右脚在前踏步，双手打开至体侧；3、4拍向前跑两步；5拍向左边转180°，跪右腿；6至8拍向1点滚地一圈，左手撑地双脚打开。

女生部分：

4×8：1、2拍3点划到7点，做1次蹲起；3、4拍7点划到3点，做1次蹲起；5至8拍面向3点右脚在前的弓步，出左手向前到水平位置。

5×10：1、2拍屈肘推重心向前；3、4拍向3点迈两步到男生身后重叠站立，双手扶住男生肩膀；5、6 拍身体右左晃动两次；8 至 10 拍向右边迈步与男生错开成一横排。

6×8：1 拍出右手到斜上同时右脚向右跨一步；2 拍右手从 3 点划到 8 点斜上，身体转向 8 点；3 拍面向 8 点蹲下；4 拍左脚在前，直腿的蹬腿跳，右手向后屈肘提起，跳完回到蹲下位置，空 4 拍。

7×8：前 4 拍不动；后 4 拍 7 点到 3 点风火轮，到面向 3 点呈右脚在前的弓步，埋头，手收到胸前。

8×8：1、2 拍转向 7 点左脚在前踏步，双手打开至体侧；3、4 拍向前跑两步；5 拍向右边转 180°，跪左腿脚；6 至 8 拍向 1 点滚地一圈，右手撑地双脚打开。

（四）尾声部分

具体动作：4 个 8 拍

男生部分：

1×8: 前四拍不动，后四拍向后滚地，跑到女生右边。

2×8：前四拍搂住女生肩膀，后四拍先向右边晃动身体两次，2 拍 1 次。

女生部分：

1×8：前四拍向后滚地；5、6 拍向 1 点跑；7、8 拍双脚分开站立，双手叠在一起从 1 点拉回胸口，埋头。

2×8：1 拍抬头；2 至 4 拍手慢慢放下；后四拍先向右边晃动身体两次，2 拍 1 次。

男生部分：

3×8：前四拍继续晃动身体；5、6 拍右手向上举，抬头看右手。

4×8：1、2 拍往 7 点退两步，左腿跪地呈跪立姿势；3、4 拍不动；5 至 8 拍完成托举，手扶住女生膝盖。

女生部分：

3×8：前四拍继续晃动身体；5 至 8 拍左脚蹲下，出左手向前。

4×8：1、2 拍向 3 点转一圈（从男生前面走）；3 至 8 拍完成托举（双脚站在男生腿上，身体立直，出右手向前）

要求：

1. 学习要点：现当代舞训练中，解放身体的价值、基本方法。

2. 延伸学习：根据自己的兴趣发展一下，选择主题进行 4 至 6 个 8 拍的小舞段编创。

思考与练习

1. 地面基础训练时，要注意哪些方面？

2. 在逆行舞蹈中，实现了哪几种跳跃，分别是什么？

参考书目

[1] 张桂兰 . 形体训练 [M]. 北京：电子工业出版社，2021.

[2] 保罗・杰克逊・曼斯菲尔德，唐纳德・A. 诺依曼 . 基础肌动学 [M]. 祁奇等，译 . 北京：北京科学技术出版社，2022.

[3] 张艺宏等 . 运动机能评定理论与方法 [M]. 北京：科学出版社，2018.

[4] 田培培 . 舞蹈与形体训练 [M]. 北京：人民音乐出版社，2015.

[5] 陈宝珠 . 形体训练与形象塑造 [M]. 北京：清华大学出版社，2020.

[6] 钟璐 . 现代舞教学课程 [M]. 上海：上海音乐出版社，2010.

[7] 张苏 . 当代舞技术教学法与训练教程 [M]. 北京：高等教育出版社，2020.

[8] 吴蕾 . 形体训练教程 [M]. 武汉：武汉大学出版社， 2017.

[9] 南仲喜 . 身体素质训练指导全书 [M]. 北京：北京体育大学出版社，2003.

[10] 贾安林，钟宁 . 中国民族民间舞初级教程 [M]. 上海：上海音乐出版社，2004.

[11] 钟宁 . 中国民族民间舞中级教程 [M]. 上海：上海音乐出版社，2014.

[12] 黄学喜，王笑 . 古典芭蕾基本功训练教学法 [M]. 辽宁：辽海出版社，2012.

[13] 田麦久 . 运动训练学 [M]. 北京：人民体育出版社，2000.

[14] 明晓辉等 . 职场礼仪 [M]. 北京：北京理工大学出版社，2015.

[15] 金正昆 . 社交礼仪教程 [M]. 北京：中国人民大学出版社，2019.

[16] 张岩松 . 实用礼仪教程 [M]. 北京：中国人民大学出版社，2012.

[17] 张岚 . 形体训练 [M]. 北京：旅游教育出版社，2004.

[18] 张燕 . 形体健美 [M]. 合肥：合肥工业大学出版社，2004.

[19] 杨斌 . 形体训练纲论 [M]. 北京：北京体育大学出版社，2002.

[20] 潘志涛 . 中国民族民间舞教学法 [M]. 上海：上海音乐出版社，2004.

[21] 朱立人 . 芭蕾术语词典 [M]. 上海：上海音乐出版社，2021.